Menschen, die
Geschichte schrieben

John Andreas Fuchs und
Michael Neumann (Hrsg.)

Menschen, die Geschichte schrieben

Die Moderne

marixverlag

Bibliografische Information der Deutschen Nationalbibliothek
Die Deutsche Nationalbibliothek verzeichnet diese Publikation in der Deutschen Nationalbibliografie; detaillierte bibliografische Daten sind im Internet über http://dnb.d-nb.de abrufbar.

Genehmigte Lizenzausgabe für marixverlag in der
Verlagshaus Römerweg GmbH, Wiesbaden 2015

Covergestaltung: network Werbeagentur GmbH, München
Bildnachweis: akg images / picture alliance / dpa
Satz und Bearbeitung: Medienservice Feiß, Burgwitz
Der Titel wurde in der Palatino gesetzt.
Gesamtherstellung: CPI books GmbH, Leck – Germany

ISBN: 978-3-7374-0974-2
www.verlagshaus-roemerweg.de

Inhalt

Editorische Vorbemerkung

Die bald 100 Bände umfassende Buchreihe marixwissen, in der nun *Menschen, die Geschichte schrieben – Die Moderne* vorliegt, steht seit vielen Jahren für Publikationen, die aus kompetenter Hand komplexe Zusammenhänge einer breiten Leserschaft zugänglich macht. Aus diesem besonderen Grund legen wir nun eine siebenbändige Reihe wieder auf, die vormals im Pustet Verlag erschienen ist und seinerzeit leider nur einem kleinen Publikum zugänglich war. Die diesen Bänden zugrundeliegende Ringvorlesung *Die Mythen Europas* fasziniert durch ihre thematische Breite und löst darüber hinaus das Ziel unserer marixwissen-Reihe ein, humanistische Bildung und das Wissen Europas lebendig zu halten. Die zentralen Begriffe „Mythen", „Europa" und „Schlüsselfiguren" sind heute von einer ebenso großen, wenn nicht noch größeren Bedeutung getragen. Wir legen Ihnen die Bände in ihrer Textgestalt unverändert vor, lediglich die Titel wurden der Reihe marixwissen angepasst.

„Es war die beste aller Zeiten,
es war die schlechteste aller Zeiten,

es war das Jahrhundert der Weisheit,
es war das Jahrhundert der Dummheit,

es war die Epoche des Glaubens,
es war die Epoche des Unglaubens,

es war die Saison des Lichts,
es war die Saison der Dunkelheit,

es war der Frühling der Hoffnung,
es war der Winter der Verzweiflung,

wir hatten alles vor uns,
wir hatten nichts vor uns,

wir gingen alle direkt in den Himmel,
wir gingen alle direkt in die andere Richtung."

Aus: Charles Dickens,
A Tale of Two Cities (1859)
Aus dem Englischen übersetzt von:
John Andreas Fuchs

Einleitung

von John Andreas Fuchs

„Es war die beste aller Zeiten, es war die schlechteste aller Zeiten“ – als Charles Dickens 1859 seine Geschichte zweier Städte schrieb, konnte er nicht ahnen, welche Aussagekraft seine Charakterisierung der Zeit der Französischen Revolution, mit all ihren Hoffnungen und Schrecken, für folgende Generationen haben würde. Vielleicht noch mehr für das zwanzigste als für das neunzehnte Jahrhundert.

Nach sieben Jahren ist die Reihe Mythen Europas mit dem vorliegenden Band im 20. Jahrhundert an- und damit zu ihrem Abschluss gekommen. Sie führte ausgehend von der Antike übers Mittelalter in die Neuzeit, durch die Renaissance, vom Barock zur Aufklärung und schließlich durch das 19. Jahrhundert und zeigte die jeweiligen Mythen als Spiegel ihrer Entstehungszeit und Gesellschaft. Im 20. Jahrhundert stellt sich die Betrachtung der Mythen aufgrund der kurzen historischen Distanz komplex dar: Einige Schlüsselfiguren der Imagination begegnen einem als lebende Legenden. Die Gesellschaft, die sich in den Mythen spiegelt, ist auf einmal die – zumindest teilweise – eigene: John F. Kennedy, Marilyn Monroe, Johannes Paul II. und Madonna sind keine legendären Gestalten aus einer längst vergangenen Zeit, sondern ein Teil der eigenen Vergangenheit; um sie ranken sich Mythen, deren Wirkung einen eventuell selbst beeinflusst hat oder bei deren Konstruktion man gar selbst beteiligt war. Bereits Kurt Hübner beschreibt Mythos und Wissenschaft als alternative Formen der Wirklichkeitsbewältigung ohne absoluten Wahrheitsanspruch.[1] Mythos und Wissenschaft sind nicht mehr unvereinbare Gegensätze, sondern liefern beide Erklärungsmodelle für die Welt. Die Autoren dieses Bandes versuchen aus verschiedenen fachlichen Blickwinkeln, hinter die

Figuren unserer Imagination zu blicken und die realen Personen neben ihren Mythos zu stellen. Sie versuchen der Frage auf den Grund zu gehen, was einen Menschen des 20. Jahrhunderts zum Mythos werden lässt. Dies geht nicht, ohne vertraute Vorstellungen über unsere Helden zu hinterfragen und ihren Entstehungshintergrund zu dechiffrieren.

Das „kurze 20. Jahrhundert" ist *das* Jahrhundert des Antagonismus und zeigte sich von Anfang an als *Zeitalter der Extreme*, wie Eric Hobsbawm die Zeit von 1914 bis 1991 nennt.[2] Hatten sich im 19. Jahrhundert die in der Französischen Revolution und ihren Nachwehen angelegten Gegensätze auf nationaler Ebene in Europa weiter ausgeprägt, trieb das 20. Jahrhundert diese Gegensätze auf die Spitze: Die „Urkatastrophe des 20. Jahrhunderts" (George F. Kennan), der Erste Weltkrieg, verwirklichte auf radikalste Weise eine der Forderungen der Französischen Revolution: Vor den Mündungsfeuern der Maschinengewehre waren tatsächlich alle gleich. Beim Töten und Getötet-Werden in den Schützengräben gab es keinen Unterschied zwischen den gesellschaftlichen Ständen. Es war ein Kampf Mensch gegen Maschine, vormoderne Tugenden wie Mut und Opferbereitschaft zählten nicht mehr. Der Fortschritt der Technik veränderte den Krieg und das Leben, die Maschine trat, so Ernst Jünger, ihre Herrschaft an.[3] Die Tötungsindustrie zeigte ihr furchtbares Gesicht bald darauf wieder im Zweiten Weltkrieg. Der totale Krieg und der Einsatz der Atombombe trieben die zivilen Opferzahlen auf bisher nicht gekannte Höhen, um noch vom Wahnsinn des Holocaust an Entmenschlichung übertroffen zu werden. Das Leben des Einzelnen und selbst ganzer Völker galt im Totalitarismus nichts mehr. Einzelne hatten die Macht, die ganze Menschheit auszurotten.

Nicht nur auf den Schlachtfeldern begann das 20. Jahrhundert mit Umbrüchen, auch die soziale Ordnung geriet ins Wanken. Die Folge des Kriegs waren u. a. Revolutionen in Russland, Deutschland und Österreich. Die Oktoberrevolution in Russland zog den Beginn des Konflikts zwischen Ost und West nach sich, der nach dem Zweiten Weltkrieg über vierzig Jahre lang als Kampf der Werte und Ideologien die Welt in zwei Lager teilen sollte. Das Verschwinden dieser beiden Blöcke markiert, so Hobsbawm, auch das Ende des kurzen 20. Jahrhunderts.

Doch das 20. Jahrhundert wäre kaum *das* Jahrhundert des Antagonismus, wenn es nicht auch selbst in zwei „Blöcke" zerfiele: der erste geprägt von Katastrophen, der zweite, zumindest in der westlichen Welt, von Wohlstand und Frieden. Die zweite Hälfte des 20. Jahrhunderts sah das Ende der alten Kolonialreiche. Großbritannien gab in einer modernen *translatio imperii* seine Rolle an die USA ab. Das 20. Jahrhundert wurde damit endgültig zum „amerikanischen Jahrhundert" (Hobsbawm), ein weltpolitischer Rahmen, dem die Auswahl hier vorgestellter Mythen Rechnung trägt.

Das 20. Jahrhundert ist nicht nur das Jahrhundert der Umbrüche und Katastrophen, sondern auch das der Aufbrüche und des Fortschritts. Quantentheorie, Relativitätstheorie, Quantenmechanik und Heisenbergsche Unschärferelation eröffneten völlig neue Perspektiven in der Physik. In der Biologie führte die Weiterentwicklung der Evolutionstheorie und Genetik zur Gentechnologie. Der Mensch betrat den Mond und erschuf künstliche Intelligenz. All dies bereitete den Boden für eine große Anzahl neuer Mythen, bei deren Erschaffung und Verbreitung die kulturellen und sozialhistorischen Umbrüche der ersten Moderne halfen: die Durchsetzung der Konsumgesellschaft, die zunehmende Urbanisierung sowie Suburbanisierung und das Aufkommen der Massenmedien, wie Kino, Illustrierte und Werbung. Gerade die Medienrevolution brachte eine entscheidende Veränderung: Die Wirklichkeit wurde nicht mehr nur dargestellt, sondern sie wurde visuell, auditiv, audio-visuell reproduziert oder auch völlig neu produziert. So arbeiten die Schlüsselfiguren des 20. Jahrhunderts mit Hilfe der Medien an ihrer „Ausstrahlung im Raum des Imaginären"[4] oder werden gar von Anfang an von den Medien als mythische Figuren konstruiert.

Mit der Produktion des NEUEN MENSCHEN beschäftigt sich *Michael Hagemeister* im ersten Beitrag des Bandes. Hagemeister zeigt am sowjetischen Streben nach dem *homo creator* die Langlebigkeit von Mythen, da die Idee des Neuen Menschen keinesfalls neu war: Die Bolschewiki griffen auf Platons Mythos des ganzheitlichen ungeschlechtlichen Menschen zurück und stellten sich auch in die Tradition der Kirchenväter, die bereits einen Zusammenhang zwischen „Geschlechtlichkeit, sexuell vermittelter Erbsünde und Todesverfallenheit" postuliert hatten. Ungeschlechtlichkeit sowie die alchemistisch erscheinende Vereinigung des Männlichen und Weiblichen war jedoch nur einer der Wege, die in Russland eingeschlagen wurden. Weitere Möglichkeiten stellten die Unsterblichkeit in Form eines Kollektivs, in welchem der Einzelne in der Masse aufgeht und dessen Tod somit unbedeutend wird, die Verlangsamung des Alterns oder gar die Auferweckung der Toten dar. So wurde Lenins Mumifizierung von Zeitgenossen als Maßnahme für dessen spätere Auferweckung verstanden. Die Bolschewiki versuchten entsprechend ihren totalitären Heilslehren den Menschen zu vergöttlichen und aus dem „Gefängnis der Natur" zu befreien. Dabei schufen sie jedoch nicht das Paradies auf Erden, sondern machten „das Dasein zur Hölle".

Die Anfälligkeit der Menschen zu Beginn des 20. Jahrhunderts für neue Heilslehren erklärt *Hans Maier* mit der Urkatastrophe und dem Ende des Liberalismus. Mit Lenin beginnt für ihn die Apotheose der Diktatoren im 20. Jahrhundert, die an dessen Ende im Denkmalsturz münden sollte. Im Herrscher- und Führerkult setzte sich die schon beim Neuen Menschen festgestellte Säkularisierung fort. Lenin, Stalin, Hitler, Mussolini und Mao waren Heilsbringer „politischer Religionen". So unterschiedlich die Genannten in ihren Ideologien auch waren, gemeinsam waren ihnen der totale Herrschaftsanspruch, die wirkungsvolle Beeinflussung der Massen und ihre mediale Selbstinszenierung zur Generierung ihres eigenen Mythos. Folge dieser Selbsterhöhung war der unvermeidliche Sturz und die Dekonstruktion des mythischen Herrschers. Sei es durch die Niederlage im Krieg – Hitler und Mussolini – oder durch die Hand derer, denen der Personenkult zu weit ging. Stalin wurde postum zur Unperson, Personenkult und Kommunismus waren unvereinbar. Die Gefahr eines neuerlichen Totalitarismus sieht Maier nach dem Denkmalsturz der Diktatoren zwar als gering an, weist aber darauf hin, dass der Personenkult in der Verehrung von Warlords, Guerillakämpfern und dem Märtyrertum von Terroristen wiederkehren könnte.

Einer der Heilsbringer des 20. Jahrhunderts der gegen sämtliche Dekonstruktionsversuche gefeit war, ist der Rubrik der Warlords und Guerillakämpfer zuzuordnen. Ernesto „Che“ Guevara ziert weiterhin Poster, T-Shirts und Kappen immer neuer Generationen von Jugendlichen. Sein Nachleben versucht *Stephan Lahrem* zu erklären. Lahrem sieht den Mythos nicht als reine Fiktion und Imagination, sondern als „Projektionsfläche für Sehnsüchte, Hoffnungen, Wünsche und Ängste, die auf eine historische Person projiziert werden“: die Wahrheit als Grundlage des Mythos. Warum Che Guevara ausgerechnet als Projektionsfläche für gut situierte europäische Jugendliche dient, zeigt Lahrem in dessen Biographie auf. Der aus großbürgerlichen Verhältnissen stammende Ernesto Guevara konnte, auch als studierter Mediziner, durchaus als einer „der ihren“ durchgehen. Zum Mythos machte ihn sein asketischer Lebenswandel sowie seine Kompromisslosigkeit, Bescheidenheit, Unbestechlichkeit und Radikalität. Sartre sah in ihm den „vollkommensten Menschen unserer Zeit“. Zur Überhöhung des Menschen Guevara zur *Imitatio Christi* trug letztlich auch sein Tod im Kampf für die Revolution bei. Dank der Medien, mit ihrer für die Mythenbildung gravierenden Bedeutung, erreichte das Bild des christusgleich daliegenden toten Che die ganze Welt. Castro nutzte die Gelegenheit Che zum „Mensch der Zukunft“, wenn man möchte einem Neuen Menschen, zu erheben.

Auch bei John F. Kennedy trug ein früher, gewaltsamer Tod zur Mythenbildung bei. Anders als Che Guevara steuerte Kennedy das Ausmaß seiner Mythisierung allerdings sehr bewusst zu seinen Lebzeiten. Sie war quasi Vorbereitung und Grundlage für seinen Weg ins Weiße Haus, wie *Winfried Fluck* in seinem Beitrag zeigt. Gekonnt setzte Kennedy die Manipulationskraft der Medien ein, um dem Bild eines strahlenden, tatkräftigen und vor allem jungen Abenteurers gerecht zu werden, obwohl er mit seinen zahlreichen schweren Krankheiten von ständiger ärztlicher Betreuung abhängig war. Mit seinen Gegensätzen könnte der Mythos Kennedy quasi zum Synonym für das antagonistische 20. Jahrhundert werden: Strahlender Held und Invalide, treuer Familienvater und notorischer Ehebrecher, archetypischer Amerikaner und Europäer. Kennedy gelang die Verbindung der Imagination eines amerikanischen Abenteurers, eines *Frontiersman*, mit dem Lebenswandel eines europäischen Aristokraten. Aus dem rauen Grenzer, wurde der strahlende Ritter. Diese Synthese wurde von Jackie Kennedy treffend mittels Rückgriff auf den Artus-Mythos unter dem Schlagwort *Camelot* verdichtet. Kennedy machte sich die europäische „Kultur der Nobilität" zu Eigen und demokratisierte sie. Zugleich nutzte er den zivilisatorischen Gestus von *Camelot*, um das Image der Kulturlosigkeit der USA zu widerlegen. So zog JFK gleichermaßen Amerikaner wie Europäer in seinen Bann. Heute übernimmt Barack Obama diese Rolle. Die frenetische Begeisterung, die dem ersten afro-amerikanischen Präsidenten entgegenschlägt, trägt fast die Züge des Personenkults.

„Jeder soll als Person respektiert und keiner vergöttert sein"[5], forderte maßgeblich der wohl bekannteste Physiker des 20. Jahrhunderts. Dennoch wurde Albert Einstein von seinen Zeitgenossen auf einen Sockel gehoben und als „Werkmeister des Kosmos" und „Heiland der Narzissen" bezeichnet. *Hubert Goenner* schildert in mehreren Schritten ausgehend vom Wissenschaftler und Menschen Einstein, wie aus einem „eingefleischten Individualisten" ein „in Wort und Bild vielfach reproduzierter *Typ*" und ein Markenzeichen in Wissenschaft und Gesellschaft wird. Wesentlichen Anteil hatte daran, neben der schon von anderen mythischen Figuren bekannten Selbstdarstellung, das Geheimnisvoll-Bedrohliche, das Einstein und seine allgemeine Relativitätstheorie umgab; brachte man ihn doch stets mit der Atombombe in Verbindung, dem Symbol für die eingangs erwähnte Herrschaft der Maschinen schlechthin. Laut Goenner trägt Einstein hier die Züge eines „Magiers" und „Frankensteins". Zudem galt er als Neuordner der Welt, was ihm in Zeiten von Revolutionen und Krieg einen messianischen Nimbus verlieh, der sich auch in Darstellungen Einsteins mit Gloriole im Ölberg niederschlug. Neben seiner charmanten Art, war es seine Vielschichtigkeit, die sich für viele als Markenzeichen nutzbar machen lässt, die Einstein zum perfekten Mythos für das mediale 20. Jahrhundert mach(t)en.

Stefan Samerski beschäftigt sich mit einem Mythos, der viele der bereits genannten Eigenschaften in sich vereint: JOHANNES PAUL II. war mediengewandt, offen, zugänglich, zu Beginn seines Pontifikats jugendlich. Er war fest in seinem Glauben, litt für seine Überzeugungen, war politisch engagiert und führte ein öffentliches Leben bis in den Tod. Samerski zeichnet die Biografie eines Papstes der Superlative, der die Begegnung mit seinen Mitmenschen suchte, ob über die Medien, bei Audienzen oder auf seinen zahlreichen Reisen. Er konnte die Massen begeistern, aber er polarisierte mit seinen festen, unnachgiebigen Standpunkten auch. Mit seiner Fähigkeit Gegensätze zu vereinen, war er der ideale *Pontifex* des 20. Jahrhunderts.

So wie Johannes Paul II. auch ein Papst der Populärkultur war, man denke an die von ihm ins Leben gerufenen Weltjugendtage und seine Ernennung zum Mann des Jahres 2004 durch das *Time Magazin*, schaffte es PABLO PICASSO, so *Carsten Peter Warncke*, zum Künstler der Populärkultur zu werden. Sein Name ist Synonym für moderne Kunst. Wie bereits bei Einstein, hat dies zur Folge, dass sein Ruhm nicht nur präsentiert, sondern auch in anderer Form reproduziert und für Werbung genutzt wird, unter anderem in Form des *Citroën Xsara Picasso*. Der Slogan „Inspiration ist alles“ gibt genau das von Picasso anvisierte Bild eines Genies wieder. Bewusst nutzte er Fotografie und Film, um seinen eigenen Mythos des vitalen Genies zu formen. Er stilisierte sich zum „genialen Künstler, der jederzeit alles kann“.

Wurden Einstein, Picasso und in gewisser Weise auch Che Guevara, nachdem sie ihren mythischen Status erlangt hatten, von den Medien, der Populärkultur und der Werbeindustrie für ihre jeweiligen Zwecke vereinnahmt, war MARILYN MONROE von Anfang an ein Objekt, das die an sie gestellten Erwartungen zu erfüllen hatte, wie *Anita-Maria Goda* schildert. Dennoch war Marilyn Monroe viel mehr als nur Projektionsfläche für männliche Phantasien. Eine Erkenntnis, zu der auch Elton John in *Candle in the Wind* kommt: Er sieht „mehr als nur Marilyn

Monroe", mehr als nur ein Sexobjekt. Allerdings verstellt der Mythos Marilyn – an dem sie selbst zu arbeiten versuchte, auch wenn sie hauptsächlich benutzt wurde – den Blick auf das kleine Mädchen Norma Jean Baker. Es bleibt die Frage, wer der Mensch hinter dem Mythos wirklich war. Vielleicht behält Elton John recht: „Goodbye Norma Jean, obwohl ich dich überhaupt nie kannte." Die allen bekannte Monroe war eine Imagination, die jeder nach seinen Vorstellungen formte und noch immer formt, wie die zahlreichen Nachahmer aus dem Showgeschäft zeigen.

Bernd Dolle-Weinkauf führt mit seinem Beitrag die Reihe wieder zurück an ihren Anfang vor sieben Jahren. Mit dem listigen Gallier ASTERIX widmet er sich einer der Antike entsprungenen Comicfigur, die es zum Mythos des 20. Jahrhunderts gebracht hat. Die Kunstfigur Asterix wird nicht nur rasch zum nationalen Mythos, sondern meistert auch den erfolgreichen Sprung über die Grenzen Frankreichs hinweg. Geschätzt wird der kleine Gallier wegen seines unermüdlichen Kampfes gegen einen übermächtigen Gegner, dem er nicht nur mit Kraft, sondern auch mit Witz und Charme entgegentritt. Er und sein dicker Freund Obelix werden so zur Projektionsfläche der Sehnsüchte der Machtlosen im Kampf gegen die Mächtigen, seien es die Bürokratie oder die Politik. Als Alltagsmythos erlaubt Asterix seinen Lesern die Flucht in eine gerechte und unterhaltsame Imagination.

Ebenfalls die Flucht ermöglicht ihren Fans, so *Helmut Hein*, die Pop-Ikone MADONNA. Die wahre Madonna bleibt dabei nicht nur hinter dem selbst geschaffenen Mythos Madonna verborgen, sondern bietet ihren Fans die Möglichkeit in „übersteigerter, glamouröser, tröstender Form ihr eigenes Schicksal zu studieren". Das Konstrukt wird so zur Identifikationsfigur und öffnet die Tür zu unzähligen anderen Identitäten und Imaginationen. Madonna wollte nicht die Monroe kopieren, sie zitierte sie und nutzte sie, um ihren eigenen Mythos zu schaffen. Dabei behielt sie, anders als MICHAEL JACKSON, stets die Kontrolle über ihre künstliche und künstlerische Identität. Wie Madonna wandelte Jackson zwischen verschiedenen Welten und Identitäten, doch während Madonna alltäglicher und ihr Mythos blasser wird, hat Jacksons Tod seinen Mythos wieder belebt und ihn über alle Zweifel erhoben. Manchmal gehören nicht Kontrolle und Erfolg, sondern (auch) Scheitern und Tragik zum erfolgreichen, dauerhaften Mythos.

Die in diesem Band zusammengestellten Beiträge wurden – mit Ausnahme des Madonna-Beitrags von Helmut Hein – im Wintersemester 2008/09 an der Katholischen Universität Eichstätt-Ingolstadt als Vorträge gehalten. Die Konzeption wie die organisatorische Durchführung der Vortragsreihe lag in den Händen von John Andreas Fuchs, Christine Gottstein-Strobl, Andreas Hartmann, Saskia Hertlein, Bea Klüsener, Michael Neumann, Markus Raasch, Alexei Rybakov, Andreas Umland und Betsy van Schlun.

Anmerkungen

1 Hübner, Kurt 1985: Die Wahrheit des Mythos, München.
2 Hobsbawm, Eric 1996: The Age of Extremes. A History of the World 1914–1991. New York.
3 Diner, Dan 1999: Das Jahrhundert verstehen. Eine universalhistorische Deutung, München, S. 40 ff.
4 Neumann, Michael 2004: Mythen Europas. Schlüsselfiguren der Imagination, Regensburg, S. 10.
5 Einstein, Albert 1956: Mein Weltbild, Frankfurt a. M., S. 8.

„Die Geburt des Neuen Menschen“;
Gemälde von Heinrich Vogeler, 1923.

Der neue Mensch

Projekte der frühen Sowjetzeit

von Michael Hagemeister

Im September 1923 tat die Moskauer *Prawda*, das Zentralorgan der Kommunistischen Partei, einen Blick in die Zukunft. Es werde eine Zeit kommen, hieß es, da man „die Welt als gefügigen Ton zum Modellieren immer vollkommenerer Lebensformen“ ansehen und lernen werde, „Flüsse und Berge zu versetzen und Volkspaläste auf dem Gipfel des Mont Blanc und auf dem Grund des Atlantiks zu errichten“. Der Mensch werde nicht nur die Erde „nach seinem Geschmack umgestalten“, sondern auch sich selbst „harmonisieren“, die „unbewussten Prozesse im eigenen Organismus […] der Kontrolle durch Verstand und Willen“ unterwerfen und dadurch „ungleich stärker, klüger und sensibler“ werden. „Der durchschnittliche Menschentyp wird sich zum Niveau eines Aristoteles, Goethe und Marx emporschwingen. Und über dieser Gebirgskette werden sich neue Gipfel erheben.“[1]

Der dies schrieb, war kein Geringerer als Leo Trotzki, der nüchterne Berufsrevolutionär und siegreiche Führer der Roten Armee, und er war keineswegs der einzige Visionär. Zuvor schon hatte der Schriftsteller Maxim Gorki an die Völker der Welt appelliert, alle Kräfte auf den Kampf gegen die Natur und ihre Unterwerfung zu konzentrieren:

> *Arbeit und Wissen besiegen alles. […] Zweifellos wird eine Zeit kommen, da der Mensch Herr über die Natur sein wird und ein solcher Wundertäter, dass es für ihn keinerlei Hindernisse mehr geben wird. Vielleicht wird er auch die interplanetaren Räume erobern, den Tod besiegen und all seine Krankheiten und inneren Mängel, und dann wird höchstwahrscheinlich das Paradies auf Erden sein.*[2]

Die Jahre nach der russischen Oktoberrevolution waren eine Hochzeit überschießender utopischer Projekte und Experimente. Erstmals in der Geschichte schien ein Teil der Menschheit sich vom Joch der Ausbeutung befreit zu haben. Man erwartete die Weltrevolution, das apokalyptische „letzte, entscheidende Gefecht", wie es im russischen Text der „Internationale" heißt, das die finsteren, reaktionären Mächte der Vergangenheit ein für allemal vernichten und eine strahlende „neue Welt" heraufführen werde, ein ewiges Reich des Friedens, der Freiheit und der Vernunft. Wissenschaft, Kunst und Technik würden, so glaubte man, aus den Fesseln widerstreitender partikularer Interessen befreit und erstmals dem Wohl der gesamten Menschheit dienend, einen ungeahnten Aufschwung nehmen, den Weg in eine „lichte Zukunft" bahnen und schließlich auch die letzte Barriere vor dem Tor zum Paradies auf Erden überwinden, die Endlichkeit des Menschen in Raum und Zeit. Damit verbunden waren Vorstellungen und Pläne eines Ausgreifens in den Weltraum, der Regulierung geologischer, meteorologischer und kosmischer Vorgänge, der künstlichen Verjüngung und beliebigen Verlängerung des Lebens bis hin zu Visionen einer völligen Umgestaltung und Beherrschung des Universums, der Schaffung eines übermächtigen Neuen Menschen und der Erlangung der Unsterblichkeit. Wir können alles, wir müssen es nur wagen!, lautete die Parole, mit der sich jene kühnen Antizipationen verbanden, die angesichts der mangelhaften Gegenwart als Trost und Ausgleich, aber auch als Beschwörung und Ansporn dienten. Der alte illusionäre Jenseitsglaube – das Marxsche „Opium des Volks" im Elend[3] – hatte ausgedient. An die Stelle Gottes war das allmächtige Kollektiv der vereinten Menschheit getreten mit dem Anspruch, sich selbst „aus dem Elend zu erlösen", wie es weiter in der „Internationale" heißt.

Der Neue Mensch war zugleich Subjekt und Objekt hochgespannter Projekte. Den alten Menschen mit seinen Schwächen und Begrenztheiten sah man weder imstande, die neue Welt zu bauen, noch hielt man ihn für würdig, sie zu bewohnen. Zahlreiche Entwürfe zielten darauf ab, den Menschen durch Abrichtung und Züchtung zu optimieren, defekte Elemente hingegen auszulöschen. Den Prototyp des Neuen Menschen erblickte man im Proletarier, dem Angehörigen der siegreichen Klasse. Geschaffen für kollektives Handeln und von nahezu unbegrenzter Formbarkeit, sollte er durch die sozialistische Umwelt zu einem gesunden, starken und disziplinierten Arbeiter und Kämpfer herangebildet werden, wobei, so erwartete man, die erworbenen Eigenschaften sich auf die Nachkommen vererben würden. Verbreitet waren soziale und eugenische Selektionsvorstellungen, wonach durch Auslese der Besten und ihre gezielte Vermehrung bei gleichzeitiger Verhinderung der Fortpflanzung „Minderwertiger" ein – so Trotzki – „höherer gesellschaftlich-biologischer Typus" gezüchtet werden könne, ein „Über-Mensch". Noch 1932 hielt Trotzki an der Vision des *homo creator* fest:

> *Ist er einmal mit den anarchischen Kräften der eigenen Gesellschaft fertig geworden, wird der Mensch sich selbst in Arbeit nehmen, in den Mörser, in die Retorte des Chemikers. Die Menschheit wird zum ersten Male sich selbst als Rohmaterial, bestenfalls als physisches und psychisches Halbfabrikat betrachten. Der Sozialismus wird einen Sprung aus dem Reiche der Notwendigkeit in das Reich der Freiheit auch in dem Sinne bedeuten, dass der gegenwärtige, widerspruchsvolle und unharmonische Mensch einer neuen und glücklicheren Rasse den Weg ebnen wird.*[4]

Das Projekt des Neuen Menschen und seiner totalen Verfügungsmacht speiste sich aus vielfältigen Quellen. Schon Humanismus und Aufklärung hatten den Menschen als ein unvollendetes, zugleich aber allmächtiges Wesen gezeichnet, einen *homo secundus Deus*, der sich selbst und seine Welt in einer „zweiten Schöpfung" erschaffen und vervollkommnen muss.[5] Damit verband sich der Glaube an den Fortschritt als einer unaufhaltsamen Entwicklung zum Höheren, Vernünftigen, Vollkommenen. Hinzu kamen in Russland Vorstellungen aus der christlichen Gedankenwelt, vor allem der östlichen Kirchenväter, aber auch der religiösen Sektierer und Apokalyptiker, wie etwa die heilsgeschichtlichen Konzepte der Vergöttlichung (*theosis*) und Verklärung (*metamorphosis*) des Menschen oder der Wiederbringung (*apokatastasis*) und Erlösung der gesamten Schöpfung am Ende der Zeit, Vorstellungen, die in der orthodoxen Theologie und religiösen Philosophie entfaltet und durch Literatur und Publizistik verbreitet wurden. In den russisch-sowjetischen Projekten des Neuen Menschen wurden diese Konzepte säkularisiert und mit Ideen von Feuerbach (Gott als menschliches Geschöpf und Projektion), Marx („Reich der Freiheit" als Ziel der Geschichte), Darwin (Entwicklung immer vollkommenerer Lebewesen) und Nietzsche (der Mensch als „Brücke zum Übermenschen") verbunden. An die Stelle der „Rückkehr des Menschen zu Gott" traten nun – nach dem „Tode Gottes" – „Gotterbauertum" und Selbstvergöttlichung (*autotheosis*).

Der Prometheismus der frühen Sowjetzeit beruhte nicht zuletzt auf einem magischen Verständnis von Wissenschaft und Technik. Was bisher Sache von Alchemisten und Kabbalisten gewesen war, wurde nun zur Aufgabe von Wissenschaftlern und Ingenieuren: die Überwindung der Naturgesetze, die Umwandlung der biologischen Arten und chemischen Elemente, die künstliche Erzeugung von Leben und dessen beliebige Verlängerung, die Herrschaft über Raum und Zeit, der Vorstoß in neue Dimensionen und vor allem der Kampf gegen den Tod, diesen letzten Rest unbezwungener Natur, der den Menschen daran hindert, vollkommen, gottgleich zu werden.[6]

Überwindung der Geschlechtlichkeit: Menschenproduktion und Anthropotechnik

Der Neue Mensch ist ganzheitlich, und das heißt ungeschlechtlich, eine Vorstellung, die bis zu Platons Mythos im *Symposion* zurückreicht. Der bereits von den Kirchenvätern traktierte Zusammenhang von Geschlechtlichkeit, sexuell vermittelter Erbsünde und Todesverfallenheit auf der einen und Jungfräulichkeit (*virginitas*) als höchster Stufe menschlicher Vollkommenheit auf der anderen Seite ist von russischen Philosophen und

Schriftstellern immer wieder hervorgehoben worden; beispielsweise von Wladimir Solowjow: „Es ist klar, dass der Mensch, solange er sich vermehrt wie das Tier, auch stirbt wie das Tier.“[7] Bei Nikolaj Berdjajew heißt es:

> *Das Geschlecht ist nicht nur Quelle des Lebens, sondern auch Quelle des Todes. Durch das Geschlecht wird man geboren, und durch das Geschlecht stirbt man. Das Geschlecht bindet den Menschen an jene vergängliche Naturordnung, in der unendlicher Wechsel von Tod und Geburt herrscht. Nur der Sterbliche zeugt, und nur der Gezeugte stirbt.*[8]

Erinnert sei auch an Leo Tolstois berühmte Erzählung *Die Kreutzersonate* mit ihrem Aufruf zur Selbsterlösung durch sexuelle Abstinenz. Einen im wahrsten Sinne radikalen Weg der Selbsterlösung beschritten die Angehörigen der russischen Sekte der Skopzen oder Kastraten, die um die Mitte des 18. Jahrhunderts entstanden war und bis weit in die Sowjetzeit existierte: Durch die als „Feuertaufe“ bezeichnete chirurgische Beseitigung der Geschlechtsteile suchten sie den reinen, „weißen“ Urzustand des Menschen vor dem Sündenfall, also vor dem Einbruch des Todes und der Zeit in die Welt, wiederherzustellen.

Auch der Neue Mensch in den Projekten der russisch-sowjetischen Biotechnologen sollte auf dem Weg der Selbstvervollkommnung seine Geschlechtlichkeit beherrschen, reduzieren und schließlich vollständig überwinden. Dem „Pansexualismus“ des verdorbenen Westens wollte man mit „revolutionärer Sublimierung“ begegnen, mit der Umleitung libidinöser Energien in „soziokreative Bahnen“ und in den Klassenkampf. Zu diesem Zweck erließ der Neurologe Aron Salkind zwölf „Gebote des Sexuallebens für das revolutionäre Proletariat“, in denen er zu vorehelicher Enthaltsamkeit und maßvollem, beherrschtem Geschlechtsverkehr aufrief. Der Schriftsteller und Ingenieur Andrej Platonow sah in allen zivilisatorischen Leistungen, die „im Kampf gegen den großen Feind, den Tod“ errungen wurden, das Ergebnis gelungener Sublimation, d. h. der Verwandlung jener „mächtigen inneren Körperkraft“, die gewöhnlich zur

Zeugung von Nachkommen verwendet wird, in schöpferische Aktivität. Während die bürgerliche Gesellschaft ganz der Sexualität und damit der Quelle des Todes verfallen sei, werde die nun anbrechende „Kultur des Proletariats" mit der Sexualität auch den Tod überwinden:

> *Jetzt ist die Zeit des völlig keuschen Menschen angebrochen, und er wird eine große Zivilisation schaffen, er wird die Erde und alle übrigen Gestirne lenken [...], und er wird die Erde und selbst die Zeit überdauern.*[9]

Noch allerdings sollte der Mensch sich vermehren, wenn auch nicht länger durch unkontrollierte geschlechtliche Fortpflanzung. Walerian Murawjow, ein hochgebildeter Adliger, der sich den Bolschewiki angeschlossen hatte und mit Trotzki befreundet war, entwarf bereits 1924 ein Projekt zur Auslese wertvoller Menschentypen und zu deren rationeller, in Laboratorien stattfindender massenweiser Herstellung:

> *Es wird eine Zeit kommen, da der Prozess der Geburt rationalisiert wird und in die Laboratorien übergeht. Die Eugenik und die Wissenschaft der Menschenproduktion werden dann die Formeln eines jeden Lebewesens kennen und sie entsprechend erschaffen und erziehen. Wichtig ist,* was *geschaffen wird, nicht* wie *es geschaffen wird. [...] Ebenso wie der erfahrene Gärtner den natürlichen Wachstumsprozess der Pflanzen durch die gezielte Züchtung bestimmter Sorten ersetzt, muss die organisierte und sich ihrer selbst bewusst gewordene Menschheit von der zufälligen Produktion wertvoller, aber auch minderwertiger Menschentypen übergehen zur Herstellung ausschließlich der ersteren.*[10]

Diese Worte antizipieren Aldous Huxleys berühmte Schilderung einer „Brut- und Normzentrale" in der negativen Utopie *Brave New World,* die acht Jahre später erschien, doch hatte bereits Friedrich Engels 1881 in einem Brief an K. Kautsky von Menschenproduktion gesprochen:

> *Sollte aber einmal die kommunistische Gesellschaft sich genötigt sehen, die Produktion von Menschen ebenso zu regeln, wie sie die Produktion von Dingen schon geregelt hat, so wird gerade sie und allein [sie] es sein, die dies ohne Schwierigkeiten ausführt.*[11]

Im nächsten Schritt, so Murawjow, werde der Neue Mensch dann ein mit Hilfe von „Anthropotechnik“[12] und „Anthropourgie“ geschaffenes Kunstwerk sein, ein androgynes vollkommenes Doppelwesen, in kollektiver Arbeit entworfen und hergestellt von einer Gruppe genialer Künstler-Wissenschaftler. Der Schöpfungsvorgang – Murawjow nennt ihn „rituelle“ oder „geheiligte Handlung“ – erinnert an das alchemische Werk, die Vereinigung der Gegensätze des Männlichen und des Weiblichen, symbolisiert im Hermaphrodit. Mit der Abschaffung der sexuellen Attraktion und der geschlechtlichen Fortpflanzung würden, so Murawjow, auch die „absurden und abstoßenden Erscheinungen des heutigen irrationalen Geschlechtslebens“ beseitigt. Durch die allmähliche Ersetzung alles Natürlichen durch Künstlich-Geschaffenes werde sich die Menschheit in „Übermenschen“ verwandeln, in vollkommene, mächtige Wesen „mit kosmischem Horizont und kosmischer Macht“.[13] Diese künstlichen Wesen würden sich mit enormer Geschwindigkeit bewegen, sich von Licht ernähren, also vom Stoffwechsel mit der Natur unabhängig sein, und über weite Entfernungen denken, fühlen und handeln. Am Ende ihrer Selbstvervollkommnung würden ihre Körper eine Metamorphose erfahren, die an die christliche Vorstellung der Verklärung und Vergeistigung der Leiber der Gerechten erinnert: Sie würden sich in elektrische Kraftzentren verwandeln und mittels elektronischer Entladungen miteinander kommunizieren.[14] Dabei würden sie ihre Macht über das Universum ausdehnen und eine wahre „Kosmokratie“ und „Pantokratie“ errichten. Das Ende der Erdgeschichte werde der Beginn der Geschichte des Kosmos sein. – Die irdische Geschichte nahm indes einen anderen Verlauf: 1929 wurde Murawjow verhaftet und in ein Arbeitslager im Norden Russlands deportiert; dort verlieren sich seine Spuren.

Entgrenzung in Raum und Zeit: Unsterblichkeit

Bis zur Errichtung einer Kosmokratie unsterblicher Wesen war es freilich noch ein weiter Weg. Doch nicht alle Zeitgenossen wollten sich auf eine ferne Zukunft vertrösten lassen, vielmehr lag ihnen an einer Verlängerung und Steigerung ihrer jetzigen Existenz mit der Aussicht auf persönliche Unsterblichkeit. Am 4. Januar 1922 erschien in der Moskauer Regierungszeitung *Iswestija* ein Aufruf, in dem gefordert wurde, unverzüglich die beiden einzigen fundamentalen Menschenrechte zu verwirklichen, nämlich das Recht auf unbegrenztes Sein und auf Bewegungsfreiheit im kosmischen Raum. Es sei unerträglich, so hieß es, die Begrenztheit in Raum und Zeit noch länger hinzunehmen, sie gar als Naturnotwendigkeit zu sanktionieren. Unterzeichnet war der Aufruf von einer Gruppe mit dem Namen „Biokosmisten-Immortalisten“. Dem Aufruf vorangegangen war ein Aktionsprogramm, in dem es hieß:

> *Wir erklären, dass die Frage der Verwirklichung persönlicher Unsterblichkeit jetzt in vollem Umfang auf die Tagesordnung gehört. […] Wir setzen auch den ‚Sieg über den Raum‘ auf die Tagesordnung. Wir sagen: nicht Luftfahrt – das wäre viel zu wenig –, sondern Raumfahrt. […] Man darf nicht länger nur Zuschauer sein, sondern muss aktiver Teilnehmer am kosmischen Leben werden.*[15]

Während Kommunisten und Anarchisten sich mit dem Umbau der Gesellschaft und der Abschaffung des Staates begnügten und glaubten, auf diesem Weg aus dem „Reich der Notwendigkeit“ ins „Reich der Freiheit“ zu gelangen, gingen die Biokosmisten viel weiter. Sie forderten die „maximale Freiheit und das maximale Recht der Persönlichkeit“, das aber hieß: die vollständige Befreiung des Menschen aus dem „Gefängnis der Natur“ und seine volle Souveränität über Raum und Zeit.

Die Forderungen der Biokosmisten zeugen nicht nur von revolutionärer Ungeduld, in ihnen kommt auch ein apokalyptisch-millenaristischer Zug zum Vorschein, der kennzeichnend ist für das russische utopische Denken: Das Paradies auf Erden wird nicht als mehr oder weniger fernes Ergebnis einer allmählich fortschreitenden Verbesserung und Vervollkommnung erwartet, sondern soll als radikaler Gegensatz zum Bestehenden und als Folge einer Katastrophe hier und jetzt herbeigezwungen werden. Die alte, verdorbene Welt muss untergehen bzw. vernichtet werden, damit an ihre Stelle die vollkommene neue Welt treten kann.

Dabei ging es stets um vollständige Entgrenzung. Bis dieses Ziel erreicht war, galt es, zumindest den Prozess des Alterns zu verlangsamen und die Lebensspanne des einzelnen erheblich auszudehnen. Experimente zur künstlichen Verjüngung und Lebensverlängerung waren in Russland in den ersten Jahrzehnten des 20. Jahrhunderts außerordentlich populär. Die dabei angewandten Verfahren reichten von der Abbindung der Samenleiter über die Transplantation von Affenhoden bis zu Injektionen mit dem Urin schwangerer Frauen. Satirisch wurde das Thema der Verjüngung und Verbesserung des Menschen in Michail Bulgakows berühmter Novelle *Hundeherz* (1925) behandelt, in der ein Professor Preobrashenski[16] einen Straßenköter durch Einpflanzung der Hoden und Hypophyse eines jungen Mannes in einen Hundemenschen verwandelt, dann aber bei dem Versuch, diesen zu kultivieren, scheitert.

Die meisten dieser Experimente zielten nur auf eine Steigerung der Vitalität und Virilität, doch gab es auch Bestrebungen, das Leben unendlich zu verlängern. Dabei geriet wieder der Zusammenhang zwischen Sterblichkeit und geschlechtlicher Fortpflanzung in den Blick, diesmal freilich unter naturwissenschaftlichem Aspekt: Als potentiell unsterblich galten, nach gängiger Lehrmeinung, einzellige, ungeschlechtliche Organismen (Bakterien, Protozoen, einige Algen), die sich durch anscheinend unbegrenzte Teilung fortpflanzen, ohne je eines natürlichen Todes zu sterben, die also im Gegensatz zu den höher entwickelten Arten keinen ‚Leichnam' hinterlassen. Unbegrenzte Teilungsfähigkeit und damit potentielle Unsterblichkeit wurde auch bei Tumorzellen beobachtet. Der tödliche Sündenfall der Menschheit bestand demnach in der Geschlechtertrennung und der geschlechtlichen Fortpflanzung. Erst wenn durch Teilung oder künstliche Vermehrung die Geburt aus dem Leben ausgeschaltet sei, würde ein geschlechtsfreies menschliches Wesen die Erde bevölkern, welches weder Alter noch Tod kenne.

Überwindung der Vereinzelung: Physiologischer Kollektivismus

Der Neue Mensch war als Gemeinschaftswesen konzipiert. In der alten, bürgerlichen Gesellschaft, in der das Individuum sich absondert und sein Leben als Privatbesitz betrachtet, kämpfen einzelne oder Gruppen gegeneinander um die Erhaltung der je eigenen Existenz. Die Menschheit verausgabt somit einen Großteil ihrer Kräfte zur wechselseitigen Paralysierung ihrer Aktivitäten; die Herrschaft der Natur bleibt ungebrochen, das isolierte kleine Ich am Ende weiterhin der völligen Vernichtung preisgegeben. Wahre Dauer verheißt hingegen das kollektive große Wir der Neuen Menschheit, dem der einzelne sich hingibt, dem er dient und in dem er schließlich aufgeht.

Voraussetzung dafür ist, dass die subjektiven Wünsche mit den objektiven Interessen der Allgemeinheit zusammenfallen. In der sozialistischen Gesellschaft werden die Bemühungen aller Menschen auf ein Ziel gelenkt, das ein jeder als sein eigenes und zugleich als ein allen gemeinsames erkennt – die Entfaltung und Steigerung des allgemeinen Lebens durch zunehmende Beherrschung und Umwandlung der Natur, um ein „Maximum an Leben“ zu erreichen. Im gemeinsamen zielgerichteten Schaffen verwirklicht sich die Einheit der Menschheit, werden die Individuen gleichsam zu Zellen eines „unsterblichen Überorganismus“. Damit aber verliert auch der persönliche Tod seinen Schrecken. Er wird so geringfügig sein wie das Absterben einer Zelle in einem großen Organismus. Das Individuum, das aufgeht in der unendlichen Gesamtmenschheit „wie eine Welle im Meer“, so Anatoli Lunatscharski, Volkskommissar für das Bildungswesen, verlangt nicht nach persönlicher Unsterblichkeit. Die Gattung, ein überindividuelles, allmächtiges und unendliches Wesen, wird zum Gegenstand des Glaubens und der Verehrung und nimmt damit den Platz Gottes in der atheistischen „Religion des Fortschritts" ein.

Ein konkretes Verfahren zur Schaffung eines „physiologischen Kollektivismus" beschrieb der Arzt, Philosoph und Mitstreiter Lenins Alexander Bogdanow in seinem utopischen Roman *Der rote Stern* (1908): kollektiven Blutaustausch. Blut ist für Bogdanow Träger der Lebenskraft. Während der Kapitalist vampirhaft-parasitär durch fremdes Blut, das er sich tötend aneignet, die eigene Lebenskraft zu erhalten suche, werde im Gegensatz dazu der neue sozialistisch-kollektivistische Mensch durch wechselseitige Blutübertragung die Vitalität aller steigern, Krankheiten und Defekte beseitigen und die Lebensdauer verlängern. Mehr noch: Kollektiver Blutaustausch wird zu einer physischen und geistigen Entgrenzung führen, die Einzelwesen gleichen sich einander an und verschmelzen schließlich im Kollektiv. Auch die Geschlechtsunterschiede schwinden: So sind die von Bogdanow in *Der Rote Stern* geschilderten kollektivistischen Marsbewohner weder ihrem Namen noch ihrem Äußeren nach als männlich oder weiblich zu erkennen. Bogdanow beließ es nicht bei Spekulationen: 1926 gründete er in Moskau mit Unterstützung Stalins ein Institut für Bluttransfusionen, das erste seiner Art. Er starb bereits zwei Jahre später, nachdem er sich bei einem Selbstversuch mit dem Blut eines Malaria- und Tuberkulosekranken infiziert hatte.

Erlösung der „Opfer der Geschichte": Auferweckung der Toten

Alle bislang genannten Projekte zur Schaffung eines Neuen Menschen bzw. einer Neuen Menschheit waren in die Zukunft gerichtet. Das Paradies auf Erden, bevölkert von einem Geschlecht vollkommener, glücklicher und vielleicht gar unsterblicher Wesen sollte erst noch verwirklicht werden. Was aber, wenn dieses Ziel erreicht sein würde? Was wäre mit den unzähligen namenlosen Verstorbenen, die dieses Paradies errichten halfen? Was geschähe mit den „Opfern der Geschichte"?

Sergej Bulgakow, erst Marxist, dann orthodoxer Priester und Theologe, sprach voll Abscheu von der Unbekümmertheit künftiger Generationen, die,

> *nachdem sie das sozialistische irdische Paradies errichtet haben und dabei auf den Schultern der gesamten vorangegangenen Menschheit stehen, sich ihrer dumpfen Glückseligkeit hingeben, indem sie egoistisch und lästerlich den Preis dieses Paradieses, die unzähligen Mühen und Opfer, die zu seiner Errichtung gebracht wurden, vergessen. […] Dieses Bild eines Festmahls der Nachkommen auf den Gräbern der Vorfahren ist abstoßend durch seine Roheit und seinen Zynismus[…].*[17]

Falls aber, so Bulgakow, die künftige Menschheit mit einem „schärferen Gewissen und einem höher entwickelten Gefühl allmenschlicher Solidarität" ausgestattet sei, werde sie im Bewusstsein all der Opfer verzweifeln und damit unfähig sein, ihr Wohlergehen zu genießen.[18]

Die Schaffung eines irdischen Paradieses, sollte es vollkommen sein, erfordere deshalb, dass alle daran teilhätten. Was die christliche Häresiologie als *Apokatastasis panton* bezeichnet, die „Wiederbringung aller" am Ende der Zeiten und ihre allumfassende Erlösung – da es für die Gerechten keine Seligkeit geben kann im ewigen Anblick einer *massa damnata* und ihrer Höllenqualen –, und was die russische Philosophie dann abstrakter als Wiederherstellung der ursprünglichen „All-Einheit" erstrebt hatte, das sollte nun unter diesseitigen Bedingungen mit Hilfe von Wissenschaft und Technik angegangen und aktiv herbeigeführt werden.

Wohl niemals wurde das Projekt einer allumfassenden, immanenten Selbstvervollkommnung und Selbsterlösung, die ausnahmslos auch alle Toten einschloss, kühner und radikaler formuliert als von Nikolaj Fjodorow, dem schlichten, selbstlosen Bibliothekar am Moskauer Rumjanzew-Museum. In seiner zweibändigen, postum 1906 und 1913 veröffentlichten „Philosophie des gemeinsamen Werkes" rief Fjodorow die gesamte Menschheit auf, sich zu vereinigen im „gemeinsamen Werk" der totalen Beherrschung und Verwandlung des Universums, der Bekämpfung und Überwindung des Todes und der Auferweckung aller Verstorbenen.[19]

Ein Dasein auf den Gebeinen der vergangenen Generationen – wie auf Heinrich Vogelers Bild „Die Geburt des Neuen Menschen" – war für Fjodorow zutiefst verwerflich, die Behauptung eines Fortschritts angesichts der Opfer zynisch und absurd. Der Mensch habe deshalb die Pflicht, Leben zu schaffen und es denen zurückzugeben, von denen er es empfangen hat: er hat die „Pflicht zur Auferweckung". Da alle Menschen ihr Leben empfangen haben, erstreckt sich diese Pflicht ausnahmslos auf die gesamte Menschheit. Daraus erwächst die Forderung an alle Lebenden (die „Söhne"), sich „brüderlich" zu vereinigen, um mit rationalen, wissenschaftlich-technischen Mitteln den Tod zu überwinden und alle Verstorbenen (die „Väter") physisch wiederherzustellen. Die „Auferweckung der Verstorbenen" tritt an die Stelle der natürlichen Fortpflanzung durch Zeugung und Geburt, die immer nur Sterbliche hervorbringt und damit den Zustand blinder Naturverfallenheit perpetuiert.

Wiedererweckung aller und die vollständige Befreiung aus den Fesseln der todbringenden Natur bedingen sich gegenseitig: Nur die allumfassende Gemeinschaft der Menschheit (einschließlich aller Verstorbenen) ist *imstande*, die totale Verwandlung der Welt herbeizuführen, während Vollkommenheit und Unvergänglichkeit nur dann gerechtfertigt sind, wenn ausnahmslos alle daran teilhaben und so das geschichtlich akkumulierte Unrecht und Leiden aufgehoben werden. Fjodorows Projekt der Erlösung ist vollkommen: Von allen für alle geschaffen, verwirklicht sein innerweltliches Paradies die Einheit aller Menschen in Raum und Zeit und kennt somit weder „Verdammte" noch „Opfer der Geschichte".

Den Vorgang der Auferweckung beschreibt Fjodorow ganz mechanisch-materialistisch als Aufspüren, Sammeln und Synthetisieren der verstreuten „Teilchen". Das Produkt wird ein reines Kunstwerk sein, geschaffen, nicht gezeugt, und deshalb vollkommen und unvergänglich. Bei der Suche nach dem „Staub der Ahnen" werden die Menschen die Schwerkraft, Ausdruck der Hinfälligkeit und des Todes, überwinden und ins

Weltall ausschwärmen. Auch die Wiedererweckten werden dort ihren ewigen Lebensraum finden, sie werden das Universum umbauen, mit Vernunft erfüllen und vollenden.

Fjodorows Projekt einer Wiedererweckung Verstorbener stieß in der frühen Sowjetzeit auf lebhafte Resonanz. Einen geradezu modern anmutenden Lösungsvorschlag präsentierte der Marxist Nikolaj Roshkow: Wenn es gelänge, die Verbindungen aller Elektronen innerhalb eines (menschlichen) Organismus genau zu bestimmen, sie durch eine mathematische Formel vollständig darzustellen und beliebig zu manipulieren, dann

> *dürfen wir die Hoffnung haben, als Tote zu neuem Leben zu erwachen. Wenn die Typen der physiologischen Strukturen, auf die sich alle individuellen Organismen zurückführen lassen, genau bestimmt sein werden, dann wird ein Porträt, eine Photographie, die einfache Beschreibung einer Person […] ausreichen, um aufgrund dieser Fragmente und Ausschnitte die Strukturformel des jeweiligen Menschen aufzustellen.*

Statt „Strukturformel" würden wir heute sagen: den genetischen Code. Roshkow fährt fort:

> *Dann wird der, welcher vor vielen Jahrhunderten gelebt hat, in einem chemischen Laboratorium auferstehen. Natürlich wird er dann [seinerseits] diejenigen auferwecken, die er gekannt und geliebt hat. Das Problem der Unsterblichkeit wird endgültig gelöst sein.*[20]

Ähnlich formulierte es der bereits genannte Walerian Murawjow: Die Identität eines Individuums beruhe nicht auf der materiellen Substanz, aus der sein Körper zu einem bestimmten Zeitpunkt bestehe (schließlich finde ja ein permanenter Stoffwechsel statt), sondern auf der Anordnung seiner Elemente. Demnach lasse sich auch ein Verstorbener – ein besonders kompliziertes „bewusstes System" – entsprechend seiner jeweiligen Kombinationsformeln aus beliebiger Materie rekonstruieren. Murawjow schwärmte von einer neuen Technik, genannt „Anastatik", der „Kunst, verlorenes Leben wiederzuerwecken."[21]

Die Beteiligung der Wissenschaft an der Auferweckung der Verstorbenen; Kohlezeichnung von W. Tschekrygin, 1921.

Prominentestes Zeugnis des Kampfes gegen den todesbedingten Zerfall und Untergang eines menschlichen Körpers ist die bis heute mit großem Aufwand betriebene Konservierung der Überreste des Führers der Revolution und ihre öffentliche Ausstellung im Zentrum Moskaus. Nicht nur Lenins körperliche Hülle, auch sein sklerotisch deformiertes und stark geschrumpftes Gehirn wurde konserviert, in 30 953 Dünnschnittpräparate zerlegt und einer gründlichen, mehr als zehn Jahre dauernden anatomischen Untersuchung unterzogen, glaubte man doch, in ihm den Prototyp des Gehirns des künftigen Übermenschen vor sich zu haben. Bereits im Januar 1924 hatten die Biokosmisten in der *Iswestija* dazu aufgerufen, die Arbeiten an der Überwindung des Todes zu beschleunigen, da „das Bewusstsein der Werktätigen und Unterdrückten in aller Welt sich niemals mit der Tatsache von Lenins Tod abfinden" werde.[22] Zwar haben neuere Forschungen nachgewiesen, dass die „Kommission für die Verewigung des Gedenkens an Lenin", als sie die Anordnung zur Konservierung des Verstorbenen gab, dies nicht in der Absicht tat, ihn für eine künftige Auferweckung zu präparieren. Zeitgenossen haben indes die Mumifizierung des Leichnams und seine Aufbewahrung an zentraler Stelle als eine Maßnahme verstanden, die sich nur mit dem Gedanken an eine notwendige und unausbleibliche Auferweckung erklären lasse. Konstantin Melnikow, der Architekt, der den gläsernen Schrein zur „ewigen Erhaltung" von Lenins Körper entwarf, ‚löste' das Problem von Lenins Tod, indem er ihn – wie im Märchen von Schneewittchen – ‚schlafend' präsentierte, unverweslich, auf seine Wiedererweckung wartend.

Auch wenn die seinerzeit zahlreichen Experimente zur Auferweckung Verstorbener nicht über eine ‚Wiederbelebung' von Infusorien oder – falls man den entsprechenden Berichten glauben darf – von tiefgefrorenen Fischen, Amphibien und abgetrennten Fingern hinausgelangten, so genügte bereits das Vertrauen auf die künftigen Siege der Wissenschaft, um bei der Bestattung Vorkehrungen für die einstige Wiedererweckung zu treffen. Gefordert wurden eine Abkehr von der modernen Praxis der Beseitigung des Leichnams (z. B. durch Kremation oder Bestattung außerhalb der Städte) und die Rückkehr zu älteren konservatorischen Bestattungsformen, denen der Glaube an ein künftiges Leben zugrunde lag. Ein Anhänger Fjodorows schlug vor, einen „Weltfriedhof" in den Regionen des Dauerfrostbodens anzulegen, auf dem die Verstorbenen unversehrt ihrer Auferweckung entgegenharren würden.

Umstritten blieb freilich die Frage, wer einer Wiedererweckung würdig sei. Während die einen im Sinne Fjodorows forderten, ausnahmslos alle Verstorbenen ins Leben zurückzuholen, damit sie am irdischen Paradies teilhätten (dies entspräche der Vorstellung einer allumfassenden Erlösung), beharrten andere auf der endgültigen Trennung von Gerechten und Verdammten: Auferweckung und ewiges Leben sollten einer Elite vorbehalten bleiben, den großen Persönlichkeiten, sozialistischen Märtyrern, roten Helden und „Siegern der Geschichte". Die historisch Unterlegenen, die Ausbeuter und „Feinde des Volkes", sollten hingegen spurlos untergehen.

Das Schicksal der Unvollkommenen

Dies führt am Ende zu der Frage nach dem Schicksal der Defekten. Bislang war ja nur die Rede von der Vervollkommnung des Neuen Menschen oder der Neuen Menschheit. Was aber erwartete die Unvollkommenen?

Dazu soll abschließend ein Denker zu Wort kommen, der als „Vater der russischen Raumfahrt" bekannt geworden ist, Konstantin Ziolkowski. Bereits zu Lebzeiten war der menschenscheue, fast taube Sonderling aus der Provinzstadt Kaluga zu einem Helden der sowjetischen Propaganda geworden; nach seinem Tod 1935 erließ der Rat der Volkskommissare ein Dekret, das sein Andenken unsterblich machen sollte. Mit dem Beginn des Raumfahrtzeitalters wurde Ziolkowski endgültig zur Kultfigur.

Raumfahrt war für Ziolkowski freilich nur ein *Mittel* – ein technisches Instrument zur Selbstvervollkommnung der Menschheit und zur Erlangung „ewiger Glückseligkeit". In seinen philosophischen Traktaten, die er in den 1920er und 30er Jahren im Selbstverlag publizierte, entwarf Ziolkowski eine *Ethik des Kosmos*, der zufolge es nirgends im Universum auch nur eine Spur von Krankheit, Leiden und Unvernunft geben dürfe. Aufgabe der Menschheit sei es, im Einklang mit diesem universalen Streben zu handeln und alle fehlerhaften, nutzlosen und schädlichen Formen des Lebens – dazu zählt Ziolkowski alle Tiere (er selbst war Vegetarier) und die meisten Pflanzen, aber auch physisch und moralisch defekte Menschen – als Quellen des Leidens wie auch als Opfer auszulöschen. „Die Grundlage unserer Gesetze", hatte Ziolkowski bereits um das Jahr 1917 geschrieben, „muss die Vervollkommnung des Menschen und die Liquidierung aller unvollkommenen Formen des Lebens sein."[23] Im Unterschied zu Fjodorows Anliegen, die Schuld gegenüber den „Opfern der Geschichte" zu begleichen, ging es Ziolkowski allein um die Aufzucht einer künftigen Übermenschheit:

> *Die Macht der Vollkommenen erstreckt sich über alle Planeten, über alle Lebensräume, überallhin. Ohne Leiden zuzufügen, rottet sie alle unvollkommenen Wurzelkeime des Lebens aus und besiedelt diese Stellen mit ihrem eigenen reifen Geschlecht. Das ist so, wie wenn ein Gärtner auf seinem Land alle nutzlosen Gewächse vertilgt und nur das beste Gemüse stehen lässt!*[24]

Hier ist Ziolkowskis Gärtnermetaphorik – die bereits bei Murawjow begegnete – ganz unverhüllt die Sprache der totalitären Utopien. Das Werk der Natur durch Züchtung und Veredelung ebenso wie durch Ausmerzung und Vernichtung gezielt zu Ende führen, das „Absterben" des „Unvollkommenen", „Überlebten" gewaltsam beschleunigen, um dem Neuen Menschen den Weg zu bahnen – das ist im 20. Jahrhundert eine Grundfigur totalitären Denkens.

Immer wieder erging sich Ziolkowski geradezu lustvoll in pedantischen Beschreibungen der planmäßigen Isolierung, Ausjätung und Ausrottung aller nutzlosen und schädlichen Lebewesen durch straff organisierte Arbeitsarmeen, um das Universum in ein kosmisches Paradies „ewiger Glückseligkeit" zu verwandeln. Zu Ziolkowskis monströsen Projekten gehören globale Desinfektionsmaßnahmen zur Vertilgung der – von ihm obsessiv gefürchteten – Bakterien und Insekten, die Vernichtung der Tropenwälder, die Trockenlegung der Meere und die industrielle Verarbeitung der Erdatmosphäre. Am Ende dient die Erde nur noch als Energie- und Rohstoffquelle für eine Menschheit, die ihre „Wiege" längst verlassen hat.

Konsequenzen

Die Projekte zur Schaffung eines allmächtigen und unsterblichen Neuen Menschen sind letzte Ziele eines innerweltlichen Fortschritts- und Erlösungsglaubens, der christliche Vorstellungen aufgreift und säkularisiert: Jungfräulichkeit, Verklärung des Leibes, Erlösung vom Tode, Gemeinschaft der Gerechten. Der Anspruch auf Beherrschung des Universums und Abschaffung des Todes beruht auf dem gnostizistischen Gedanken, der Mensch könne durch seine Erkenntnis Macht über die Mächte dieser Welt gewinnen und durch sie die Welt für seine Zwecke vollständig verwandeln, um selbst allmächtig, allwissend, allgegenwärtig und unvergänglich zu werden – das heißt göttlich.[25] „Eritis sicut deus", wurde den Menschen im Paradies versprochen, wenn sie vom Baum der Erkenntnis essen würden, doch war es die Schlange, die dies versprach.

So werden denn auch die terroristischen Konsequenzen dieser angemaßten Allmacht deutlich, hat doch der „Aufstand gegen den Tod" den Tod millionenfach vermehrt, während die „Befreiung aus dem Gefängnis der Natur" einherging mit der Errichtung des wohl größten Gefängnisses auf Erden. Im Rückblick wird erkennbar, wie die Hybris, den Menschen zu vergöttlichen und das Paradies auf Erden zu verwirklichen, sich in totalitären Heilslehren niederschlug, die das Dasein zur Hölle machten.

Unser Blick ist an den Katastrophen des 20. Jahrhunderts geschult. Wir sollten indes nicht übersehen, dass die russischen Projekte zur Schaffung eines Neuen Menschen mit beeindruckender Kühnheit und Radikalität gedacht waren, versuchten sie doch die *conditio humana*, die Begrenztheit menschlichen Lebens in Raum und Zeit, zu überwinden. Auch dürfen wir nicht verkennen, dass diese Projekte keineswegs überholt sind. Vielmehr kehren sie, nur leicht verkleidet, in den Visionen der Hypermoderne wieder, in den perfekten Menschmaschinen, den Robotern, Cyborgs und Androiden einer posthumanen Zivilisation, während Neuro-, Nano- und Gentechnologie die Grenzen zwischen Organischem und Künstlichem, Gezeugtem und Gemachtem zum Verschwinden bringen.

Anmerkungen

1 Groys und Hagemeister 2005, 418–421.
2 Zitiert nach Hagemeister 2005, 20.
3 Marx 1976, 378.
4 Zitiert nach Hagemeister 2005, 22.
5 Hierzu ausführlich Rüfner 1955.
6 Ausführlich zu dieser Thematik Hagemeister 2005.
7 Zitiert nach Hagemeister 2005, 42.
8 Zitiert nach ebd.
9 Zitiert nach ebd., 25.
10 Groys und Hagemeister 2005, 439.
11 Engels 1967, 151.
12 Murawjow verwendet hier bereits einen Begriff, von dem Peter Sloterdijk glaubte, ihn 1999 in seiner aufsehenerregenden Elmauer Rede „Regeln für den Menschenpark" geprägt zu haben. Siehe http://timms.uni-tuebingen.de/List/List01.aspx?clist=8452$1673
13 Groys und Hagemeister 2005, 439.
14 Ebd., 473.
15 Ebd., 393.
16 Wörtlich: „Umgestalter"; eine Anspielung auf das christliche Konzept der „Transfiguration" im Sinne von Verwandlung und Verklärung (russ. *preobrashenie*) der Kreatur.
17 Zitiert nach Hagemeister 2005, 38 f.
18 Zitiert nach ebd., 39.
19 Zu Fjodorows Projekt und seiner Wirkungsgeschichte ausführlich Hagemeister 1989.
20 Zitiert nach Hagemeister 2005, 32.
21 Zitiert nach ebd., 50, 55.
22 Zitiert nach ebd., 37.
23 Zitiert nach ebd., 60 f.
24 Zitiert nach ebd., 61.
25 Linus Hauser hat diese innerweltlichen Erlösungskonzeptionen als „religionsförmige Neomythen" bezeichnet und ihnen eine groß angelegte Studie gewidmet; Hauser 2005.

Quellen

Bogdanov, Alexander 1982: Der rote Stern, Darmstadt.
Die Neue Menschheit 2005: Biopolitische Utopien in Russland zu Beginn des 20. Jahrhunderts, hg. von Boris Groys u. Michael Hagemeister, Frankfurt a. M. [enthält Texte von Fjodorow, Ziolkowski, den Biokosmisten, Trotzki, Murawjow, Bogdanow und Salkind].
Engels, Friedrich 1967: Brief an Karl Kautsky (1. 2. 1881), in: Karl Marx / Friedrich Engels, Werke, Bd. 35, Berlin (Ost), S. 150–152.
Marx, Karl 1976: Zur Kritik der Hegelschen Rechtsphilosophie. Einleitung, in: Karl Marx / Friedrich Engels, Werke, Bd. 1, Berlin (Ost), S. 378–391.

Literaturhinweise

Benz, Ernst (Hg.) 1961: Der Übermensch. Eine Diskussion, Zürich/Stuttgart.
Hagemeister, Michael 1989: Nikolaj Fedorov. Studien zu Leben, Werk und Wirkung, München.
Hagemeister, Michael 2005: „Unser Körper muss unser Werk sein." Beherrschung der Natur und Überwindung des Todes in russischen Projekten des frühen 20. Jahrhunderts, in: Die Neue Menschheit 2005, S. 19–67.
Hauser, Linus 2005: Kritik der neomythischen Vernunft. Menschen als Götter der Erde (1800–1945), 2. Aufl., Paderborn.
Heller, Leonid; Niqueux, Michel 2000: Geschichte der Utopie in Russland, Ostfildern.
Koenen, Gerd 1998: Utopie der Säuberung. Was war der Kommunismus? Berlin.
Küenzlen, Gottfried 1997: Der Neue Mensch. Eine Untersuchung zur säkularen Religionsgeschichte der Moderne, Frankfurt a. M.
Masing-Delic, Irene 1992: Abolishing Death. A Salvation Myth of Russian Twentieth-Century Literature, Stanford, Ca.
Plaggenborg, Stefan 1996: Revolutionskultur. Menschenbilder und kulturelle Praxis in Sowjetrussland zwischen Oktoberrevolution und Stalinismus, Köln (u. a.).
Rüfner, Vinzenz 1955: Homo secundus Deus. Eine geistesgeschichtliche Studie zum menschlichen Schöpfertum, in: Philosophisches Jahrbuch der Görres-Gesellschaft, 63, S. 248–291.
Rüting, Torsten 2002: Pavlov und der neue Mensch. Diskurse über Disziplinierung in Sowjetrussland, München.
Sinjawskij, Andrej 1989: Der Traum vom neuen Menschen oder Die Sowjetzivilisation, Frankfurt a. M.
Sloterdijk, Peter 2009: Du mußt dein Leben ändern. Über Anthropotechnik, Frankfurt a. M.
Stites, Richard 1989: Revolutionary Dreams. Utopian Vision and Experimental Life in the Russian Revolution, New York/Oxford.

Vladimir Ilyich Lenin;
Aufnahme von ca. 1920.

Josef Stalin;
Offizielles Porträt.

Adolf Hitler;
Porträtaufnahme vom 20.4.1937.

Benito Mussolini;
Porträtaufnahme vom 19.9.1937.

APOTHEOSE UND DENKMALSTURZ: DIKTATOREN IM 20. JAHRHUNDERT

Apotheose

von Hans Maier

Dass Herrscher schon zu Lebzeiten wie Götter verehrt, dass sie nach ihrem Tod in einem eigens dafür geschaffenen Zeremoniell vergöttlicht werden – diese Erscheinung ist uns vor allem aus dem antiken Griechenland und Rom vertraut. Das Wort dafür – apotheosis, Apotheose – stammt aus hellenistischer Zeit. Im Jahr 331 ließ sich Alexander der Große beim Besuch des Ammon-Orakels in Ägypten zum Sohn des Zeus erklären. Nach dem Sieg über die Perser wurde er 324 in Babylon von den Griechen nach Abstimmung zum Gott erhoben. In Rom nahm der Herrscherkult seinen Ausgang von der Erhebung des toten Julius Caesar zum *Divus*. Augustus identifizierte einzelne Aspekte seiner Person mit göttlichen Mächten; während er im Westen als *princeps auctoritate* regierte, wurde er in der östlichen Reichshälfte als Gott verehrt. Seit Nerva war die Apotheose des toten Kaisers fast ausnahmslos die Regel, auch die Kaiserinnen wurden einbezogen.

Das Christentum beendete die Vergöttlichung der Kaiser und dämpfte den exzessiven Herrscherkult. Die mittelalterlichen Fürstenspiegel wandten sich an Menschen, nicht an Götter – sie mahnten die Herrscher an ihre Verantwortung vor Gott und an die Pflichten gegenüber ihren Schutzbefohlenen. Die Verehrung des Monarchen wurde in kirchliche, dynastische, familiäre Vorstellungen und Verhaltensmuster eingebunden. Auch im Mittelalter und in der Neuzeit gab es natürlich Demuts- und Unterwerfungsgesten der Untertanen und den ehrerbietigen Aufblick zum Machthaber – man denke nur an Weltherrscher wie Karl V., an die britischen Könige, die mit ihrem Kolonialreich zu kaiserähnlicher Stellung aufstiegen, oder an moderne Usurpatoren wie Napoleon I. Dieser berief sich ausdrücklich auf antike

Titel und Referenzen – Tribunat, Konsulat, Imperium. Aber nirgends erreichte der Herrscherkult in modernen Zeiten ähnlich schwindelnde Höhen wie in der Antike. Die konventionellen Huldigungen an den König und die Königin, das viktorianische „God save the King“, das wilhelminische „Heil dir im Siegerkranz“ – das alles wirkt anders, bürgerlicher, kommuner als die religiös unterströmten Herrscherapotheosen des Altertums.

Herrscher- und Führerkult

Niemand hätte wohl im „langen 19. Jahrhundert“, zwischen der Französischen Revolution und dem Ende des Ersten Weltkriegs, damit gerechnet, dass das 20. Jahrhundert einen ebenso universellen wie militanten Herrscher- und Führerkult hervorbringen würde. Überdimensionale Parteiveranstaltungen mit Massenaufmärschen, Riesenbauten und Lichtdomen, die Allgegenwart der Mächtigen, Bilder des „Großen Bruders“ auf Straßen und Plätzen, in Ämtern und Privatwohnungen – das war im bürgerlichen Zeitalter noch kaum vorstellbar. Dass man Herrscher als übermenschliche Größen betrachtet, dass man sie als „hohen Mittag“, als „Reife der Völker“ bezeichnet hätte, das war vor dem Ersten Weltkrieg so gut wie undenkbar – und ebenso, dass man von einem politischen Führer allen Ernstes gesagt hätte: „Er organisierte die Berge / Und ordnete die Küsten“ (Stalin), oder von einem anderen: das, was er tue, unterstehe nicht der Justiz, sondern sei selbst „höchste Justiz“ (Hitler) oder wieder von einem anderen (Mao), seine Ideen seien „die Sonne, die ewig scheint“.

Der Erste Weltkrieg hatte die liberale Kultur Europas aus ihren Verankerungen gerissen. Im Chaos von Krieg und Nachkriegszeit wurden viele Menschen anfällig für neue Heilslehren. Der „Frühling der Heilbringer“ war ein gesamteuropäisches Phänomen – nach 1917/18, nach 1922 und erst recht nach 1933. Die Zeit war bewegt von Erlösungsstimmungen; politische Führer wurden zu messianischen Figuren, sie zogen Bewunderung und Verehrung auf sich. Bilder der Führer standen im Mittelpunkt politischer Liturgien, sie wurden bei Märschen mitgeführt, bei

Gedenkfeiern feierlich erhöht und allen sichtbar gemacht. Aber sie drangen auch in häuslichen Formaten in den Alltag ein. Im Russland der Revolution warben kommunistische Funktionäre dafür, häusliche Ikonenecken in „Friedensecken" mit dem Bild Lenins umzuwandeln. Ähnliches geschah im Dritten Reich: Bei Gottesdiensten „Deutscher Christen" kam es vor, dass Hitlerbilder auf den Altar gestellt wurden. Der Hitlergruß mit ausgestrecktem Arm, die Formel „Heil Hitler!", Tischgebete, in denen dem Führer für das „tägliche Brot" gedankt wurde – das alles sind Beispiele für einen Personenkult im Umfeld dessen, was Eric Voegelin und Raymond Aron als die modernen „politischen Religionen" bezeichnet haben. Dieser Kult war mit Hitlers und Stalins Tod keineswegs zu Ende. Man kann die Reihe der „Heilbringer" über die Zeit nach 1945 hinaus erweitern bis in die Gegenwart hinein: Mao Tse-tung, Ho Tschi Minh, Kim-il Sung, Ceausescu, Castro und viele andere.

Dieser im 20. Jahrhundert abrupt aufsteigende Führerkult beginnt schon mit LENIN – so sehr sich dieser zu Lebzeiten noch gegen Tendenzen der Heroisierung und Monumentalisierung gewehrt hat. Doch die Verbreitung heilandsähnlicher Leninbilder und -statuetten, wahrer Ikonen der Revolution, nahm auch ohne seinen Willen ihren Lauf. Die Verehrung des toten Lenin sprengte dann erst recht alle bis dahin üblichen Dimensionen des Gedenkens. Lenin ist der erste moderne Herrscher – wenn man von der verspäteten „Heimholung" Napoleons I. nach Paris absieht –, der nicht nur einbalsamiert und in einem Mausoleum beigesetzt wurde, sondern dem auch eine dauerhafte, bis heute anhaltende kultische Verehrung durch Pilger aus seinem Land und aus aller Welt zuteil geworden ist. Sie hält bis heute an, trotz der immer wieder diskutierten, jedoch nie realisierten Pläne, den Begründer des Sowjetstaates neben seiner Mutter in St. Petersburg beizusetzen, wie er sich das selbst gewünscht hatte. Die Entstalinisierung nach 1956 und das Ende der Sowjetunion 1991 gaben der Leninverehrung neuen Auftrieb. Die Atmosphäre im Lenin-Mausoleum auf dem Roten Platz in Moskau ist denn auch bis zur Gegenwart politisch-religiös geprägt: Der einbalsamierte Revolutionär wird den andächtig vorbeiziehenden Besuchern wie eine Heiligen-Reliquie vor Augen gestellt; diese machen keine Worte (und dürfen nicht fotografieren!). Zu Recht hat Sebastian Haffner in seinen *Historische(n) Variationen* bemerkt: „Lenin ist in der kommunistischen Welt gefeiert und geehrt worden wie kaum je ein Mensch zuvor. Man wird an die Vergöttlichung Cäsars und Augustus' im kaiserlichen Rom erinnert."[1]

Genau genommen, ist die Apotheose Lenins ein historisches Paradox. Die kommunistische Religionspolitik hatte sich früh gegen die Orthodoxie gewandt, und es kam zu Zusammenstößen mit der Kirche, als man in Gotteshäusern und Friedhöfen Schreine und Gräber öffnete und Reliquien vernichtete. Die Zerstörung und Zerstreuung der toten Gebeine sollte nach dem Willen der Revolutionäre die Unhaltbarkeit der Religion erweisen. Im Falle Lenins jedoch – Ironie der Geschichte! – griffen die politischen Führer selbst auf die alten Formen des Reliquienkultes zurück, indem sie den toten Heros der Revolution am Roten Platz zu öffentlicher Verehrung präsentierten – der „Apostel des Weltkommunismus" (so Sinowjew schon 1918) sollte für alle Zeiten fortleben, ungealtert, unverwest.

Der STALIN-Kult ging dann bekanntlich über die postmortale Lenin-Verehrung weit hinaus. Es war der Kult eines Lebenden, und er übersteigerte alle bis dahin bekannten Muster der Herrscher-Idolatrie. Stalinbilder, Stalinbüsten und -denkmäler, Filme, Theaterstücke, Hymnen – das alles verbreitete sich seit den dreißiger Jahren in inflationärem Umfang. Nach dem Zweiten Weltkrieg leuchtete das Konterfei des schnauzbärtigen Diktators von den Plakatsäulen der kommunistischen Welt; die grimmig-gefährliche Bonhomie seines Gesichts inspirierte George Orwell zu der Figur des „Großen Bruders", der in medialer Allgegenwart über die Seinen wacht und sie keine Sekunde lang aus den Augen lässt. Hier verbinden sich alte Bilder des Herrschers als des „Völkerhirten" (das Wort vom „guten Hirten" kommt in mehreren Stalin-Hymnen und -Gedichten vor!) mit modernen Ideen einer lückenlosen technischen „Supervision". Stalin war wirklich überall, er war allgegenwärtig; niemand konnte seinem Blick entrinnen.

Denkmalsturz

Umso tiefer war dann – nach Stalins Tod 1953 und einer dreijährigen „Schamfrist" – der Fall. 1956 rechnete Nikita Chruschtschow auf dem XX. Parteitag der KPDSU in einer Geheimrede mit Stalin ab. Er hielt sie erst nach dem Ende der normalen Tagesordnung unter größten Sicherheitsvorkehrungen vor dem inzwischen neugewählten ZK (die Delegierten wurden eigens zurückgerufen). Es war der erste systematische, von langer Hand geplante Denkmalsturz eines Diktators im 20. Jahrhundert, ausgelöst durch einen seiner Nachfolger, der die alte Garde der Stalinanhänger im ZK ausgeschaltet und sich der Unterstützung neuer Führungsgruppen versichert hatte. Stalins postumer Sturz war etwas anderes als das Ende Mussolinis und Hitlers: Beide waren im Chaos des Weltkriegsendes untergegangen, von Partisanen erschlagen der eine, von eigener Hand getötet der andere; sie hatten kein ruhmvolles Nachleben wie Stalin, und was an sie erinnerte, wurde schon im Augenblick ihres Todes weggeräumt oder verfiel der Verdammung.

Es hat schon seinerzeit – vor mehr als fünfzig Jahren – Aufsehen erregt, dass Chruschtschow in seinem mehrstündigen Bericht nicht nur die Verbrechen Stalins behandelte, seine Terror- und Rachejustiz, die Liquidierungen ohne vorausgehenden Prozess, die Massendeportationen und Genozidien, die verfehlte Agrarpolitik, sein politisches Versagen bei Kriegsbeginn, seinen Defaitismus und seine Inkompetenz, sondern dass er den Hauptakzent auf etwas Spezifisches legte: Stalins Personenkult, seine Selbstverherrlichung, die öffentliche Glorifizierung seiner Person und seiner Taten. Als Hauptbeweis diente ihm die 1948 erschienene „Kurze Biographie", in deren Manuskript Stalin selbst „Verbesserungen" mit eigener Hand eingefügt hatte, die ihn als bedeutendsten Führer, größten Feldherrn, als eine Lenin ebenbürtige Gestalt erscheinen ließen. Chruschtschow zitierte ausführlich aus den handschriftlichen Ergänzungen und Einfügungen Stalins. Sein Fazit:

> *„Genossen! Wir müssen den Personenkult entschlossen abschaffen, ein für allemal […] Wir müssen in unserer gesamten ideologischen Arbeit zu den wichtigsten Thesen der marxistisch-leninistischen*

> *Wissenschaft vom Volk als der bewegenden Kraft der Geschichte […] zurückkehren […] Drittens müssen wir den leninistischen Grundsätzen der sowjetisch-sozialistischen Demokratie, wie sie in der Verfassung der Sowjetunion niedergelegt sind, wieder volle Geltung verschaffen und die Willkür einzelner Personen bekämpfen, die ihre Macht missbrauchen. Die üblen Folgen aller Verstöße gegen die revolutionäre sozialistische Gesetzlichkeit, die sich im Lauf der Jahre infolge des schädlichen Einflusses des Persönlichkeitskults häuften, müssen restlos beseitigt werden."*[2]

Denkmalsturz ist ein riskantes Unternehmen – vor allem für den, der als erster Hand anlegt. In der *Daily Mail* vom 22. 5. 1956 berichtete P. Sergeant vom XX. Parteitag der KPDSU aus Moskau folgendes: „Nach seiner Rede wurde Chruschtschow ein Zettel hinaufgereicht, auf dem geschrieben stand: ‚Was tatest Du, als Stalin diese Verbrechen beging?' – Chruschtschow las die Frage vor und sagte: ‚Ich bitte den Fragesteller aufzustehen.' Niemand rührte sich. ‚Das' sagte Chruschtschow, ‚ist genau das, was ich getan habe, während Stalin an der Macht war'."

Die Entstalinisierung war ein langwieriger, windungsreicher Prozess. Es dauerte Jahre, bis alle Städte, Straßen, Kolchosen den Namen Stalins verloren, und noch länger, bis alle Stalindenkmäler gestürzt wurden; definitiv war dies an vielen Orten erst nach 1989 der Fall – und noch heute bestehen viele in Fels gehauene Monumente fort, vor allem im Kaukasus; vereinzelt sind auch neue Stalindenkmäler errichtet worden, ein Stalinmuseum wurde jüngst in Wolgograd, dem früheren Stalingrad, eröffnet.

Ein entscheidender Schritt im langsamen Fortgang des Denkmalsturzes war die Vertreibung Stalins aus dem Lenin-Mausoleum am Roten Platz. Am 30. Oktober 1961 beschloss der XXII. Parteitag der KPDSU, Stalins Sarkophag aus dem Mausoleum zu verbannen – man bezog sich ausdrücklich auf seinen Machtmissbrauch, seine Verbrechen und die von ihm geprägte „Periode des Personenkultes". In aller Heimlichkeit wurde „J. W. Stalin" (so die neue schlichte Tafel) in der Nacht zum 31. Januar 1962 an der Rückmauer des Kreml beigesetzt. Eine Ladung verdünnter Betonlösung wurde auf den Sarg geschüttet, so dass er nun wirklich „festgemauert in der Erden" liegt – bis heute. Übrigens wurde auch Chruschtschow, wie bekannt, zwei Jahre später, 1964, gestürzt. Im Unterschied zu Stalin erhielt er keinen Platz an der Kremlmauer, er starb als Privatmann, wurde zur Unperson und blieb es bis heute.

Von einfacherem Zuschnitt sind die Denkmäler und Heldenbilder des Faschismus. Wie die italienische Architektur der Mussolinizeit den europäischen Klassizismus der Zeit übernimmt, ihn überhöht und auf die Gegenwart des erneuerten „Impero" bezieht, so klingen auch in den Bildern, Plastiken, Statuen des DUCE altrömische, augusteische Züge an. Gewiss, das Pathos des „faschistischen Schwurs" und die Beschwörung des „Dritten Rom" und einer „Africa Orientale Italiana" wollen uns heute krampfhaft übersteigert und oft lächerlich erscheinen. Doch die faschistische Heldenverehrung und die Emblematik des Liktorenbündels (der „Fasci", denen der Faschismus seinen Namen verdankt) haben – im Unterschied zu Kommunismus und Nationalsozialismus – deutliche historische Bezugspunkte; sie sind eher Programm einer voluntaristischen Erneuerung des Staates als Vision einer nie dagewesenen „neuen Zeit", eines vorbildlosen „neuen Menschen". Auch nimmt der Faschismus da und dort Modernismen auf, kubistische und surreale Elemente, die im Kommunismus der Nach-Lenin-Zeit (und im Nationalsozialismus von Anfang bis Ende) gänzlich fehlen. Ein kubistisches Porträt wie das Mussolinis von Gerardo Dottori (1933) gibt es weder von Stalin noch von Hitler.

Der Nationalsozialismus zeigte in seiner öffentlichen Selbstdarstellung, vielfältige und widerspruchsvolle Züge. Er hatte ja auch, im Unterschied zu Kommunismus und Faschismus, nur eine verhältnismäßig kurze Lebensdauer. Raffiniert-Modernes und Archaisch-Atavistisches stehen in HITLERs Führerstaat unvermittelt nebeneinander – wie denn auch das zentrale Instrument der Meinungslenkung im Dritten Reich, das Goebbels-Ministerium, in seinem Titel Gegensätzliches – Aufklärung und Propaganda – miteinander kombiniert. Die deutlichsten Bild-Signale gingen von Reichsparteitagen, von Festen und Feiern, von Erinnerung und Heldenkult aus; aber auch einzelne Bilder des Diktators blieben im Gedächtnis haften und machten Geschichte: so der Händedruck mit Hindenburg in der Potsdamer Garnisonkirche 1933; Hitlers Rede am Wiener Heldenplatz 1938; Hitlers Blick ins Scherenfernrohr vor dem belagerten Warschau 1939; Hitlers Tanz nach der Niederlage Frankreichs 1940; endlich Hitler und Mussolini nach dem 20. Juli 1944; und zuletzt Hitler mit glasigem Blick und fahlem Lächeln vor blutjungen Flakhelfern 1945, dem „letzten Aufgebot".

Eignete sich Hitlers Gestalt zur politisch-religiösen Überhöhung? War er ähnlich repräsentativ als Ikone der Bewegung wie Lenin, ähnlich bannend als „Generalissimus" und „Völkerhirte" wie Stalin, ähnlich eindrucksvoll als robuster, gefährlich lebender Führer mit Stiernacken und Römerschädel wie der italienische Duce? Ganz offensichtlich nicht. Zeitgenossen haben immer wieder auf das Diffuse, Vieldeutige, Maskenhafte, ständig Wechselnde seiner Physiognomie hingewiesen – ausgeprägter als sein Gesicht waren seine Stimme, seine Körpersprache, seine Hände. So bedurften seine für die Propaganda bestimmten Bilder der Stilisierung. Seit 1933 wurde von Heinrich Hoffmann, dem Leibfotografen Hitlers, eine „totale Durchdringung der politischen Öffentlichkeit mit Hitlers Porträt" angestrebt und erreicht. Ab 1941 erschien Hitlers Profil auf jeder Standardbriefmarke. Neben diesen offiziellen Darstellungen stand eine Fülle von Bildern und Bildbänden, die Hitler privat als „Mann aus dem Volk" zeigten, zu Hause und auf Wanderungen, vor der Kulisse der Bergwelt, als Tier- und Heimatfreund, mit blonden Frauen, mit Kindern und mit Hunden. Offenkundig widerstand Hitlers Gesicht, wie Claudia Schmölders[3] gezeigt hat, der bei anderen Diktatoren erprobten Monumentalisierung. Das größte je von ihm gefertigte Bild (18 m hoch) bei der Technik-Ausstellung „Gebt mir vier Jahre Zeit" (1937) zeigt einen besorgten, ja unfrohen Gesichtsausdruck.

So verwundert es nicht, dass sich der Hitlerkult vor allem im nationalsozialistischen „Feierjahr" manifestierte, in einer Abfolge von Festen und Feiern, die mit dem kirchlichen Festkalender in Konkurrenz traten. Das reichte vom 30. Januar, dem „Tag der Machtergreifung", über den Geburtstag des Führers am 20. April, den 1. Mai, den Muttertag, die Sommersonnenwende, die Reichsparteitage, das Erntedankfest – bis hin zum Gedenktag für die „Gefallenen der Bewegung" am 9. November. An diesem Tag fuhr Hitler um Mitternacht durch das Siegestor in München „über die von Feuerpylonen erhellte Ludwigstraße zur Feldherrnhalle, die mit blutrotem Tuch ausgeschlagen war", um dort die Toten zu ehren. Der 9. November wurde zum „weihevollsten Tag", die Feldherrnhalle zum „heiligsten Ort" des braunen Kults. Wie es Hans Günter Hockerts ausgedrückt hat: „An keinem anderen Feiertag traten die Züge einer ‚politischen Religion' so deutlich hervor: Der 9. November wurde zum Angelpunkt einer Auferstehungs- und Erlösungsdramaturgie, deren Stoff die deutsche Geschichte war."[4]

Ich sagte schon: Mussolini und Hitler gingen im Krieg zugrunde, die allgemeine Katastrophe nahm den persönlichen Denkmalsturz vorweg. Das besagt freilich noch nichts über das unterirdische heimliche Weiterleben der Diktatoren nach dem Krieg. In Italien gab es früh eine neofaschistische Partei. Eine „Entfaschisierung" – ähnlich der deutschen „Entnazifizierung" – hat niemals stattgefunden. Auch in Deutschland reichten die Nachwirkungen der NS-Zeit noch bis in das erste Nachkriegsjahrzehnt hinein. Noch im Mai 1955 meinten 48% der Westdeutschen nach einer Umfrage des Instituts für Demoskopie Allensbach, „ohne den Krieg" wäre Hitler einer der größten deutschen Staatsmänner gewesen. Dass diese Zahl zwanzig Jahre später auf 38% zurückgegangen war und dass die Gegenmeinung, das Dritte Reich sei „in jedem Fall eine schlechte Sache" gewesen, stetig wuchs und im Dezember 1992 in der alten Bundesrepublik 64%, in den neuen Bundesländern sogar 69% Zustimmung fand, eine Zweidrittelmehrheit in ganz Deutschland also – das zeigt zweierlei: dass die Abkehr vom Nationalsozialismus im Lauf der langen Nachkriegsgeschichte allmählich definitiv und unumkehrbar wurde, aber auch, dass dieser Vorgang langsam vor sich ging und erhebliche Zeit in Anspruch nahm.

Auf eine vorläufig letzte Vergöttlichung politischer Herrscher im 20. Jahrhundert stoßen wir im China des „Großen Sprungs", im Maoismus. Wiederum verbinden sich dabei Elemente von Religion und Politik, von „heiliger Lehre" und systematischer, alle Volksschichten durchdringender Katechese. Die Führer des neuen China verstehen sich als Werkzeuge eines säkularen geschichtlichen Umbruchs, der die bisherige Herrschaft der Sippengewalten, der lokalen und regionalen Schutzgötter überwinden und eine klassenlose Gesellschaft, einen paradiesischen Endzustand hervorbringen soll. Seit dem „Langen Marsch" wird der „Große Steuermann" MAO in Bildern, Gedichten, gebetsähnlichen Anrufen zum neuen Messias stilisiert, unter dessen Führung die „finsteren Mächte" vernichtet und „Himmel und Erde in Bewegung" versetzt werden sollten.

In China wurden nicht nur die Schriften Maos früh verehrt und errangen im Lauf der Zeit kanonische Geltung und millionenfache Verbreitung. Um Mao entstand ein regelrechter Sonnenkult, er wurde im Osten – aber auch in den Kulturrevolutionen des Westens! – in Sprechchören, Prozessionen, Revolutionsopern, im ständigen Rezitieren von Sprüchen und Sentenzen verherrlicht. Mao war nach einem ständig wiederholten Wort die „rote rote Sonne in unseren Herzen". Eine ähnliche kulturelle Monokultur wie im China der Mao-Zeit hat es nicht einmal in der Sowjetunion zu Zeiten Stalins gegeben. Sie steigerte sich ein weiteres Mal in der Kulturrevolution – überschlug sich freilich zugleich und machte in heftigen inneren Konvulsionen neuen Kräften Platz. Diese griffen einerseits auf die nie ganz untergegangene konfuzianische Tradition zurück und setzten anderseits ein Experiment in Gang, das bis heute andauert und dessen Ausgang ungewiss ist: die Verbindung einer politischen Diktatur mit liberalen ökonomischen Strukturen.

In China wurden – im Unterschied zur Sowjetunion – nie Städte, Straßen und Plätze nach lebenden Führern benannt. So hat auch nach dem Tod Maos kein offener Denkmalsturz stattgefunden. Im Gegenteil: Das kommunistische Regime erklärte sich zum Erben Maos. Bis heute beherrscht sein Mausoleum den Tian'anmen-Platz im Herzen Pekings. Doch wer im heutigen China nach dem Andenken des „Großen Steuermanns" fragt, dem begegnet ein zwiespältiges Echo: Mao wird nicht mehr verehrt, aber noch nicht verdammt; seine Schriften haben keine kanonische Geltung mehr, aber sie werden nach wie vor gelesen; was seine Verbrechen – oder wie man beschwichtigend sagt: seine Fehler – angeht, so schiebt man sie auf die „Viererbande", auf falsche Berater, auf sein Alter und seine Krankheit. Es ist ein leiser, ein unmerklicher Denkmalsturz. Mao Tse-tungs Ideen sind nicht mehr „die Sonne, die ewig scheint“; die fünfzehnfarbigen Mao-Bilder aus Leinen, die im ganzen Land verbreitet waren, werden nicht mehr gewebt – und wer sich der heutigen politischen Führung entgegenstellt, dem drohen zwar Prozesse und Strafen, doch er muss nicht mehr, wie zu Zeiten der Kulturrevolution, öffentlich unter einem Schandhut beichten und Besserung geloben.

Hat der Totalitarismus ausgespielt?

Blickt man zurück, so waren die Gewaltregime des 20. Jahrhunderts auf schaurige Weise effizient. Die Exzesse überstiegen alle gewohnten Maße. Aber die Zeit der Diktaturen war zum Glück bemessen. Die meisten sind nach kürzerer oder längerer Zeit zugrundegegangen – sang- und klanglos die einen, in Kriegen und Katastrophen die anderen. Nichts währte ewig. Das gilt nicht nur für diejenigen Regime, die den totalitären Schmelzgrad erreichten – Kommunismus und Nationalsozialismus –, es gilt auch für die vielen anderen Diktaturen des 20. Jahrhunderts in Europa und in der Welt, die ich hier nicht behandeln kann. Auch der moderne Personenkult ist verstummt. Apotheosen der Herrscher gibt es kaum mehr. Als große Ausnahme darf Nordkorea gelten, wo der KIM-IL-SUNG-Kult den weltgeschichtlichen Sturz des Kommunismus überlebt hat und wo man nach wie vor ungeniert vom „erhabenen Charakter“ des Führers und den „unsterblichen Geschehnissen“ in seiner Amtszeit spricht.

Dass die Diktaturen ein Ende hatten, dass die Denkmäler der Führer stürzten, ist tröstlich. Es darf freilich zu keiner falschen Sicherheit führen. Den Überlebenden der Katastrophen – und uns allen als Nachgeborenen – stellt sich die Frage, ob die totalitären Regime im 21. Jahrhundert endgültig ausgespielt haben oder ob sie – vielleicht unter neuen Vorzeichen – wiederkehren könnten. Hat Präsident George H. W. Bush recht, wenn er 1989 in seiner Inauguralrede sagte: „Die totalitäre Ära ist im Schwinden, ihre alten Ideen hinweggeweht wie die Blätter eines abgestorbenen

Baumes. Die großen Nationen der Welt bewegen sich auf eine Zukunft der politischen, geistigen und ökonomischen Freiheit zu…"?[5] Oder könnte Jewgenij Jewtuschenko nachträglich recht bekommen, der als junger Mann anlässlich der Überführung Stalins an die Kremlmauer in einem Gedicht „Stalins Erben" die Zeilen schrieb: „Mürrisch / die balsamierten Fäuste geballt, im Sarg an der Ritze horchend / simulierte er den Toten […] Er führt etwas im Schilde. Er hat sich nur zum Ausruhen hingelegt"[6]?

Nun, über diese Alternative kann man ohne prophetische Gaben gewiss nichts Zwingendes aussagen. Aber man kann Argumente sammeln für die eine wie für die andere Möglichkeit. Folgen wir also der bewährten Methode des Sic et Non, summieren wir zunächst die Gründe, die *für* das Verschwinden der totalitären Regime in der Zukunft sprechen.

Die Welt, so könnte man argumentieren, ist seit 1945 – und erst recht seit 1990 – offener, zugänglicher, transparenter geworden. Diktatorische Systeme können sich nicht mehr so leicht etablieren wie früher – entsprechende Vorbereitungen bleiben nicht unbemerkt, sprechen sich rasch herum. Geschlossene Gesellschaften mit weitgehender Abschottung nach draußen haben deutlich geringere Chancen in einer von medialer Neugier durchzogenen Welt. Im „globalen Dorf" sieht einer dem anderen ins Haus hinein – und da fällt es auf, wenn jemand seine Fenster durch Schießscharten, seine Türen durch Stahlplatten ersetzt, wenn er unfreundlich und aggressiv wird gegenüber seinen Nachbarn. Man kann sich dann wenigstens vorsehen, kann Schutzmaßnahmen planen und nach Verbündeten suchen. „Kollektive Sicherheit" heißt das eine Zauberwort – „Inspektion" das andere. Im äußersten Fall gibt es im Rahmen von Weltorganisationen auch die Möglichkeit der Intervention.

Das heißt nicht, dass in der *Einen Welt* von heute unter den jählings zu Nachbarn gewordenen Fremden plötzlich der Neid verschwinden, die Freundschaft zunehmen und allgemeine Harmonie ausbrechen müsste. Die Welt bleibt auch nach dem Ende des utopischen Zeitalters ein ziemlich rauer Aufenthalt. Aber die Antagonismen, die Feindbilder und Aggressionspotentiale gedeihen nicht mehr so leicht wie früher. Dafür ist der Abstand der Länder, die Entfernung der Menschen voneinander längst zu klein, die Tuchfühlung aller mit allen längst zu eng geworden. Menschen dauerhaft davon zu überzeugen, dass andere Menschen – weil sie einer anderen Rasse oder einer anderen Klasse angehören – böse und gefährlich sind und bekämpft, ja vernichtet werden müssen, das gelingt heute nicht mehr so einfach wie in früheren Zeiten, als die Distanzen größer waren und Unkenntnis der Abneigung zu Hilfe kam. Bedenkt man, wie leicht Jahrhunderte hindurch Fremdheit immer wieder in Feindschaft umschlug, wie lange die Unterscheidung von Freunden und Feinden geradezu ein Grundmuster des politischen Lebens bildete – *polizo*, das älteste Wort der Griechen für politisches Tätigsein, hieß ursprünglich Mauerbauen –, dann ermisst man den gewaltigen Unterschied, der das totalitäre Zeitalter von heutigen Zeiten trennt.

Ein Zweites kommt hinzu: Die heutige politische „Großwetterlage“ entspricht nicht mehr derjenigen, aus der die modernen Totalitarismen hervorgegangen sind. Kommunismus, Faschismus, Nationalsozialismus waren Kinder des Ersten Weltkriegs. Sie entfalteten sich in einer von Krieg, Bürgerkrieg, Kleinkrieg, paramilitärischen Aktionen beherrschten politischen Szene. Am greifbarsten ist der Zusammenhang im russischen Kommunismus, der ohne den militärischen Zusammenbruch Russlands 1917 kaum denkbar gewesen wäre. Aber auch Mussolinis Machtergreifung 1922 – als „Marsch auf Rom“ bewusst ins Militärische stilisiert – vollzog sich in einer bürgerkriegsähnlich aufgeladenen Atmosphäre. Auch dem wenig später auftretenden Hitler fehlten die „Squadre“ nicht, die „Braunen Bataillone“, die auf Straßen und Plätzen ihre terroristische Energie entfalteten. Auch Maos Aufstieg ist ohne den „Langen Marsch“ nicht zu denken. Der Diktator trat als *Warlord* in die chinesische Geschichte ein.

Drittens liegen in der Welt nach 1989/90 kaum mehr rechtfertigende Ideologien für totalitäre Gewalt bereit. Es gibt heute keine gültigen, wirkungskräftigen Denkmuster mehr, die imstande wären, Menschen einfach in die Richtung zu lenken, in der die Herrschenden sie haben wollen. In dieser Hinsicht geht man kaum fehl, wenn man das Zeitalter der Ideologien und Utopien für beendet hält. Nicht nur der Marxismus-Leninismus als katechetisch strikte Antwort auf die Rätsel der Geschichte ist obsolet geworden – ähnliches gilt auch für die Gegenideologien, die auf eine „Remystifizierung" der Natur hinauslaufen und „Politik als biologische Sendung" deuten, wie es Michael Burleigh vom Nationalsozialismus gesagt hat.[7] Der Gegenwart steht eher postmoderne Beliebigkeit ins Gesicht geschrieben als revolutionäre Gewissheit. Im Zeitalter der Dekonstruktion wird alles zu einem Phantom der Grammatik, zu einer unendlichen Geschichte variabler Angebote. Das ist nicht das Klima, in dem eine Idée-force gedeiht. Vielmehr herrscht skeptische Zurückhaltung gegenüber Ideen, Idealen, Ideologien: man hat zu viele stürzen und untergehen sehen. So wartet man erst einmal ab – gleichermaßen skeptisch gegenüber dem „großen Versprechen" wie gegenüber der „großen Verweigerung". Und damit scheinen heute alle oder doch die meisten ganz zufrieden zu sein.

Aber nun das *Contra*: Könnte nicht alles auch ganz anders ausgehen? Sind wir gegen Rückfälle in totalitäre Denkweisen, totalitäre Strukturen wirklich ein für allemal gefeit? Gibt es nicht auch eine Wiederkehr des Gleichen unter neuen Bedingungen und neuen Namen? Lassen wir unsere Phantasie ruhig einmal in die Gegenrichtung schweifen – erwägen wir die Möglichkeit, dass die „totalitäre Versuchung" (Karl Dietrich Bracher) wiederkehrt.

Wo könnten Tendenzen zur Entgrenzung, zur Entfesselung politischer Gewalt ansetzen? Nun, eben dort – so paradox es klingt –, wo auch die Chancen der heutigen Situation liegen, in der universellen Offenheit und Transparenz der Verhältnisse, wie sie sich nach 1989/90 herausgebildet haben. Die globale Welt mit ihren immer breiteren und schnelleren Kommunikations- und Kapitalströmen, ihrer gesteigerten technischen Leistungskraft, der Schnelligkeit ihres Verkehrs, der Omnipräsenz ihrer Medien hat auch gefährliche Kehrseiten: Sie ist leichter durchdringbar, leichter verwundbar als der klassische Nationalstaat mit seinem robusten Souveränitätskleid. Sie eröffnet nicht nur neue Wege für Handel und wissenschaftlichen Austausch, sie eröffnet auch Chancen für das weltweit agierende Verbrechen, für die globale Aggression. Ein Kriegshistoriker und -theoretiker wie

Martin van Crefeld[8] vertritt ja seit langem die Meinung, dass das Zeitalter der Staatenkriege mit den beiden Weltkriegen zu Ende gegangen sei und dass ihm im 21. Jahrhundert eine Epoche des Feudalismus und der Warlords, der regional begrenzten, meist mit privater Gewalt und Terrormitteln ausgetragenen Konflikte folgen werde – Konflikte zwischen Gruppen und Organisationen, die in jeder Hinsicht „non-governmental" sind.

So stünde im Hintergrund möglicher neuer, gewissermaßen „modernisierter" Gewaltregime nicht mehr die kompakte Weltkriegserfahrung der Generationen von einst. Die psychologischen Gegebenheiten sind andere geworden als nach 1918. Aber auch die globalisierte Welt von heute vermittelt den Generationen der Zukunft in vielen Ländern – vor allem in der wachsenden Zahl „zerstörter Staaten" – Erfahrungen und Aktionsmöglichkeiten, die verbinden. Sie bietet ihnen Gelegenheit, in unbegrenzten Handlungsräumen länderübergreifend „globale Macht" zu erproben und mit ihrer Hilfe Furcht und Schrecken zu verbreiten. Privatisierte Gewalt ist eine neue Währung in einer Welt, in der das staatliche Gewaltmonopol sich an vielen Orten auf dem Rückzug befindet. Wenn sich diese Gewalt mit Selbstverlorenheit und blinder Gefolgschaft, mit Dynamismus und Mystik paart, dann entsteht eine neue Qualität der direkten und totalen Aktion. Die Bereitschaft, sich für eine Sache aufzuopfern, verleiht den „verlorenen Haufen" Selbstbewusstsein, ja so etwas wie eine moralische Überlegenheit gegenüber einer verabsolutierten und pervertierten Kriegstechnik mit Bombenabwürfen aus unangreifbarer Höhe, programmierten Lenkwaffen und der Ausschaltung jeglichen Risikos für die eigene Seite. Der Selbstmordattentäter wird dann zu einer fast ritterlich wirkenden Gegenfigur zum anonymisierten Krieg der Zukunft. Man unterschätze nicht die Wirkung solcher Alternativen auf heutige und künftige Einzelne und Gruppen in Ost und West, Nord und Süd, die in der Meinung leben, sie hätten unter den gegenwärtigen Verhältnissen nichts zu verlieren und alles zu gewinnen.

Gibt es demnach sehr wohl psychologische Rahmenbedingungen und politische Entwicklungen, an die ein neuer Totalitarismus anknüpfen könnte, so bleibt doch eine Frage übrig: Woher nähme eine solche Bewegung ihre ideologische Rechtfertigung? Haben doch die Ideologien, wie wir sahen, in der gegenwärtigen Situation so gründlich an Kredit verloren, dass Ermächtigungen zu unbegrenzter Gewalt, wie sie einst von ihnen ausgingen, heute eher unwahrscheinlich sind.

Das klingt plausibel. Aber könnte es nicht sein, dass man künftig auf ideologische Konstrukte deshalb verzichten könnte, weil das, wofür sie standen, in originaler Form zurückkehrt oder schon zurückgekehrt ist? Braucht man noch den Ersatz, wenn das Original verfügbar ist – archaische Religiosität mit dem Kern der Gewalt und des Schreckens? Und wären solche Ermächtigungen nicht viel wirksamer und unwiderruflicher als zeitgenössische Ideologien von der Art des Marxismus-Leninismus oder eines sozialdarwinistischen Biologismus?

Es ist für mich kein Zweifel: Der Anschlag vom 11. September 2001 auf die „Twin Towers" in New York, aber auch zahlreiche Aktionen von al-Qaida und anderen Terrororganisationen seither haben die Welt – wohl zum ersten Mal seit den Religionskriegen der Frühen Neuzeit – mit Tätern konfrontiert, die sich auf religiöse Weisungen, auf „Befehle Gottes" berufen. Das mag diejenigen schockieren, für die Religion ein Vehikel der Friedfertigkeit ist; es wird diejenigen nicht überraschen, welche in der Religionsgeschichte immer wieder bedrückende Beispiele von Gewalt, Unterdrückung und Terror finden. Der westliche aufgeklärte Mensch mag ungläubig fragen: Können Mörder fromm sein? Er mag misstrauisch hinter den religiösen Motiven andere, weltliche, politische, wirtschaftliche vermuten. Zwei Tatsachen bleiben jedoch bestehen: einmal dass nicht wenige der Attentäter im Auftrag Gottes zu handeln glauben, und zweitens – was mich persönlich noch mehr beunruhigt –, dass sie inzwischen in der gesamten islamischen Welt (einschließlich der Länder mit laizistischen Verfassungen wie der Türkei) durchweg als „Märtyrer" – und keineswegs als Selbstmordattentäter – bezeichnet werden.

Man darf daher die Augen nicht verschließen vor dem Phänomen einer Ermächtigung zur Gewalt, die sich auf „Weisungen Gottes" beruft. Man muss den Tätern, meine ich, vielmehr ins

Innere ihres nicht selten ins Entsetzliche verstiegenen Bewusstseins folgen, um ihre Taten zu verstehen und um sich wirksam gegen sie zu wappnen.

Freilich: Auch religiös fundierte Selbstgewissheit führt nicht notwendigerweise zu totalitären Folgerungen, muss nicht zwingend neue Gewaltregime hervorbringen. Insofern mögen die Gründe, die *gegen* die Wiederkehr des Totalitarismus sprechen, im Ganzen überwiegen. Das gilt vor allem für Europa, dieses gebrannte Kind der Geschichte. Aber unangefochten und sicher kann man auch im gegenwärtigen Europa nicht sein, wie die Brandspuren der jüngeren Zeit erkennen lassen: Nordirland, Sarajevo, Srebenica, Kosovo, Tschetschenien. Und so bleibt auch in Zukunft Wachsamkeit der Preis der Freiheit.

Anmerkungen

1 Haffner 2001, S. 258.
2 Chruschtschow 1956, S. 890 f. und S. 897.
3 Schmölders 2000.
4 Hockerts 2001, S. 83.
5 Bush 1989.
6 Jewtuschenko 1996.
7 Burleigh 2001.
8 Crefeld 1998.

Quellen

Jewtuschenko, Jewgenij 1996: Herzstreik. Gedichte, Hamburg.
Bush, George H. W. 1989: Inaugural Address, http://www.presidency.ucsb.edu/ws/index. php?pid=16610.
Chruschtschow, Nikita Sergejewitsch 1956: Text der Rede in: Ost-Probleme 25/26, 8. Jg., S. 867–897.

Literaturhinweise

Burleigh, Michael 2001: The Third Reich, London.
Crefeld, Martin van 1998: Die Zukunft des Krieges, München.
Haffner, Sebastian 2001: Historische Variationen. Stuttgart München 2001, 258.
Hockerts, Hans Günter 2001: Führermythos und Führerkult, in: Die tödliche Utopie. Bilder, Texte, Dokumente, Daten zum Dritten Reich, hg. v. Horst Möller u. a., München, S. 77–86.
Schmölders, Claudia 2000: Hitlers Gesicht. München.

Che Guevara während eines Interviews in seinem Büro;
Aufnahme von René Burri.

Mythos „Che“

Erklärungsangebote für das Nachleben des Ernesto Guevara

von Stephan Lahrem

„Che lebt!“ Diese beiden Worte prangten auf einem Plakat mit Che Guevaras Konterfei, das sich Ende der 60er Jahre bei linken Studenten in Deutschland großer Beliebtheit erfreute. „Che lebt!“, das konnte man damals als verzweifelt trotzigen Ausruf verstehen, die Sache der Weltrevolution auch nach dem Tod einer ihrer Ikonen verfechten zu wollen. „Che lebt!“ – in einem strengen Wortsinne würden das heute wohl nur noch religiöse Schwärmer behaupten, die von einer christusgleichen Wiederkunft des bärtigen Revolutionärs träumen. Aber wenn schon nicht als reale Person, so scheint Ernesto „Che“ Guevara doch in den Köpfen unzähliger Menschen weiterzuleben. Denn wie anders könnte es zu erklären sein, dass Bücher von ihm oder über ihn nach wie vor reißenden Absatz finden, dass immer noch Filme über sein Leben gedreht werden und Hunderttausende in die Kinos locken, dass der *guerillero heroico*, das berühmte Porträtfoto von Alberto Korda, millionenfach auf T-Shirts, Tassen, Bierflaschen oder den Fanschals von Fußball-Hooligans gedruckt wird. Auch wenn man den Marketingstrategen der Werbeindustrie heutzutage alles zutrauen kann, so ist doch der anhaltende Che-Boom erklärungsbedürftig.

Denn der Mann, um den es hier geht, ist nicht nur seit mehr als 40 Jahren tot, sondern auch die politischen Ziele, für die er eintrat – der bewaffnete Kampf für die Weltrevolution, die Erschaffung eines neuen, sozialistischen Menschen, die Einführung einer rigiden Planwirtschaft – sind völlig außer Kurs geraten. Das legt die Vermutung nahe, dass diejenigen, die sich heute mit Che-Accessoires ausstatten, in aller Regel keine „Guevarista“ mehr sind, keine, die mit der Waffe in der Hand gegen die Unterdrückung in der Welt kämpfen wollen. Und dennoch verspricht, sich mit ihm zu zieren, offensichtlich noch immer einen kommerziellen oder ideellen Gewinn. Nun ist es durchaus verständlich, von der Popularität eines Mannes profitieren zu wollen, der schon zu Lebzeiten eine Legende war. Aber woraus speist sich diese anhaltende Attraktivität, und worin besteht der Gewinn? Oder anders gefragt: Warum ist gerade Che Guevara zur Ikone geworden? Und was hat es mit dem sogenannten „Mythos Che“ auf sich? Das sind die Fragen, denen ich in diesem Beitrag nachgehen will.

Vorausgeschickt sei, dass ich Mythos nicht als reine Imagination, als Fiktion begreife, sondern darunter eine Projektionsfläche verstehe für Sehnsüchte, Hoffnungen, Wünsche und Ängste, die dann auf ein historisches Ereignis oder eine historische Person projiziert werden. Sicherlich handelt es sich bei solchen Projektionen um Vereinseitigungen und Idealisierungen, und doch müssen sie irgendeinen Halt in der Realität, in diesem Fall an einer realen Person finden. Deshalb scheint es mir sinnvoll, zunächst in knappen Strichen Che Guevaras Biografie zu skizzieren und zu fragen, warum er zu einem nationalen Helden wurde. In einem zweiten Schritt soll dann der geschichtliche Kontext ausgeleuchtet werden, der es möglich machte, dass Che Guevara unmittelbar nach seinem Tod von einem nationalen Helden zu einer weltweiten Protest-Ikone aufstieg. Warum wurde gerade er zu einem revolutionären Helden, der den Zeitgeist einer ganzen Epoche – oder weniger pathetisch formuliert: des rebellischen Teils einer Generation – verkörperte? Schließlich soll der Frage nachgespürt werden, wie seine Attraktivität in der heutigen Zeit zu erklären ist, da von dem einstigen Pathos der Revolution wenig oder gar nichts mehr übrig geblieben ist.

Der Aufstieg Che Guevaras zu einem nationalen revolutionären Helden

1928 in Rosario, Argentinien geboren, studiert Ernesto Guevara in Buenos Aires Medizin. Während und nach seinem Studium unternimmt er zwei ausgedehnte, monatelange Reisen durch Südamerika. Auf seiner zweiten Reise landet er schließlich in Mexiko; dort lernt er Fidel Castro kennen und schließt sich der Invasionstruppe, mit der Castro auf Kuba landen und den Diktator Fulgencio Batista stürzen will, als Arzt an. Die Landung auf Kuba ist ein Desaster, von 83 Mann bleiben gerade einmal 17 übrig. Und dennoch: In einem zwei Jahre währenden Guerillakampf gelingt es schließlich, Batista zu verjagen. Guevara, der in der Guerilla zum zweiten Mann hinter Castro aufgestiegen ist, rückt am 2. Januar 1959 im Triumphzug in Havanna ein. Mit 31 Jahren wird der promovierte Mediziner erst Präsident der Nationalbank, später Industrieminister. Er gehört neben den beiden Castro-Brüdern Fidel und Raul zum Triumvirat, das in den nächsten Jahren über die Insel herrscht.

Che Guevaras Bekanntheitsgrad wächst schnell, da er rund um den Globus reist, um für das neue Regime um Anerkennung und Unterstützung zu werben. Er wird international zum Sprachrohr der kubanischen Revolution. Wortgewaltig und charismatisch predigt er unermüdlich seine Ideale: den weltweiten bewaffneten Kampf gegen Ausbeutung und Unterdrückung sowie die Schaffung eines Neuen Menschen in einer neuen, sozialistischen Gesellschaft.

So erfolgreich er als Agitator ist, so erfolglos bleibt er als Politiker. Die von ihm zu verantwortende Wirtschaftspolitik ist ein einziges Fiasko. Bei der Umstellung der Ökonomie nach planwirtschaftlichen Vorgaben orientiert er sich als überzeugter Kommunist zunächst an der Sowjetunion. Doch allmählich rückt er von dieser ab, da sich die UdSSR seiner Meinung nach nicht genügend für den Revolutionsexport in die Dritte Welt einsetzt. Damit gerät er zunehmend in Konflikt zu dem Macht- und Realpolitiker Fidel Castro, der – um das wirtschaftliche Überleben der kubanischen Revolution zu sichern – Moskau die

Treue hält. Anfang 1965 kommt es zum Eklat, als Che Guevara bei einer Rede in Algier die Sowjetunion wegen mangelnder Unterstützung der Befreiungsbewegungen in der Dritten Welt angreift. Bei seiner Rückkehr am 14. März 1965 verschwindet Che Guevara nach einem 40-stündigen Gespräch mit Castro spurlos aus der Öffentlichkeit. Spekulationen, Fidel Castro habe sich eines zu mächtig gewordenen Konkurrenten entledigt, halten sich ebenso hartnäckig wie Gerüchte, er sei von seinen Regierungsämtern zurückgetreten, um sich erneut dem Guerillakampf anzuschließen und die Revolution in andere Teile der Welt zu tragen. Im Laufe der beiden folgenden Jahre rätselt man über Guevaras Verbleib. Tatsächlich hat er Kuba verlassen und zuerst im Kongo und dann in Bolivien einen Guerillakrieg geführt. Beide Male ist er erbärmlich gescheitert. Am 8. Oktober 1967 wird er schließlich von bolivianischen Truppen gefangen genommen und am folgenden Tag erschossen.

So weit einige Eckpunkte seiner Biografie, die vielleicht erklärlich machen, warum Che Guevara in die Ruhmeshalle der kubanischen Revolution aufgenommen wurde: Er gehörte schließlich zum Urgestein, das heißt zur ursprünglichen Invasionstruppe der Revolution; er ist Zeit seines Lebens für die Konsolidierung und Verbreitung der kubanischen Revolution eingetreten, und er ist schließlich im Namen der Weltrevolution gestorben. Gleichwohl reichen diese äußerlichen Daten noch nicht aus, um die Verehrung zu erklären, welche die Kubaner Che Guevara schon zu Lebzeiten entgegenbrachten. Das wird erst verständlich, wenn man die Charaktereigenschaften Che Guevaras hinzunimmt.

Als Erstes ist hier wohl sein Mut zu nennen. Eigentlich nur zur medizinischen Betreuung der Guerilleros mitgenommen, machte die Dezimierung der Truppe es bald erforderlich, dass Guevara selbst ein Gewehr in die Hand nahm. Ohne seine Verpflichtungen als Arzt zu vernachlässigen, genoss Guevara seinen neuen Status. Schon bei den Guerillaaktionen in der Anfangszeit in der gebirgigen Sierra Maestra zeichnete er sich als außerordentlich mutiger Kämpfer aus. Seine Mitstreiter attestierten ihm Tollkühnheit, ja Todesverachtung. Sein militärisches

Meisterstück vollbrachte er in der Endphase des Guerillakriegs. Mit gerade einmal 400 Mann griff er die strategisch wichtige Stadt Santa Clara an, in der sich eine zehnfache Übermacht gut ausgerüsteter Regierungssoldaten verschanzt hatte. Nach drei Tagen erbitterten Gefechtes nahm er die Stadt ein und öffnete damit den Weg nach Havanna. Nur wenige Stunden später floh Diktator Batista außer Landes. Spätestens in dieser Entscheidungsschlacht, in der Guevara stets an vorderster Front kämpfte, erwarb er sich den Ruf des legendären „Comandante Che". Man sagte ihm nach, dass er seinen Männern alles abverlangte, aber nichts, wozu er nicht auch selbst bereit gewesen wäre.

Das zeigte sich auch außerhalb des Schlachtfelds. Immer wieder ist von Guevaras Bescheidenheit und seiner Unbestechlichkeit die Rede. Persönlicher materieller Reichtum bedeutete ihm nichts, was am sinnfälligsten wohl in seiner Kleidung zum Ausdruck kam. Von Extravaganzen konnte da keine Rede sein. Zu jedem Anlass, selbst bei seinem Auftritt vor der UNO, trug er eine einfache olivgrüne Uniform. Geld reizte ihn überhaupt nicht, ja er – als Chef der Nationalbank! – verachtete es geradezu. Für sich persönlich verzichtete er auf sein Ministergehalt und bezog nur den Lohn, der ihm als Comandante der Armee zustand. Nie verlangte er für sich oder die Seinen Privilegien. Ganz im Gegenteil, wie eine fast schon legendäre Anekdote berichtet: Eines Tages besuchte Guevara als Minister mit seiner Tochter eine Produktionsstätte für Fahrräder. Als der Direktor nach dem Rundgang dem Mädchen anbot, sie solle sich ein Fahrrad aussuchen, herrschte ihn Guevara an, wie er denn auf die Idee käme, Volkseigentum zu verschenken.

Am charakteristischsten für Che Guevara ist wohl sein nimmermüder Einsatz für das revolutionäre Gemeinwesen. Sein Arbeitstag umfasste in der Regel 16 bis 18 Stunden. Und fast an jedem Wochenende leistete er freiwillige Arbeit in der Produktion – ob beim Zuckerrohrschneiden, beim Entladen von Schiffen oder bei der Arbeit im Bergwerk. Auf den eigenen Körper, der seit seiner frühen Jugend von einer schweren Asthmaerkrankung geschwächt war, nahm er dabei keinerlei Rücksicht, so wenig wie auf seine Familie, die ihn häufig entbehren musste.

Diese egalitäre, gemeinnützige und aufopferungsvolle Lebenshaltung deckte sich mit einem Ausspruch Che Guevaras: „Die Pflicht eines Revolutionärs ist es, die Revolution zu machen.“ Und noch deutlicher: „Es gibt kein Leben außerhalb der Revolution.“ Mit seiner asketischen Lebensführung wollte er Vorbild sein, wollte er die Bevölkerung anspornen, es ihm gleichzutun. Wie im Krieg forderte er nichts, was er nicht auch selbst zu tun bereit war. Aber das war im Alltag viel, zu viel. Und so zeigte sich in seinem Rigorismus, der ihm die Herzen der Kubaner zufliegen ließ, auch die Kehrseite.

Seine Bescheidenheit war nicht nur ein persönlicher Charakterzug, sondern Bestandteil seines politischen Programms. Er hielt es für ausgemacht, dass Geld und Privilegien korrumpieren. Also sollten sie gänzlich abgeschafft werden, sowohl gesamtgesellschaftlich als auch individuell. Volkswirtschaftlich verfocht Guevara eine rigide Planwirtschaft, aus der jeder Geldverkehr verbannt war. Auch für die Einzelnen sollten finanzielle Anreize keine Rolle spielen, wenn sie sich Tag für Tag auf den Weg zur Arbeit machten. Ihre Arbeit sollten sie allein aus moralischer Motivation verrichten, das heißt aus Stolz, der Revolution dienen zu können. Gradmesser für die revolutionäre Gesinnung war die freiwillig geleistete Arbeit, die für Che Guevara geradezu zu einer fixen Idee wurde. Was als Ansporn dienen sollte, wurde darin zur Verpflichtung. Denn wer bei seiner Arbeit in erster Linie auf seine Lohntüte schielte oder die Wochenenden lieber bei seiner Familie als an der Arbeitsstätte verbrachte, der galt als revolutionär unzuverlässig, der musste erzogen werden. Nur so ließe sich die Revolution vollenden und könne die Vision eines neuen, sozialistischen Menschen Wirklichkeit werden.

Die Kompromisslosigkeit des Revolutionärs zeigte sich auch auf einem anderen Gebiet. Um die Revolution zu machen, aufrechtzuerhalten und zu vollenden, war es für Guevara selbstverständlich, Gewalt anzuwenden. Che Guevara war kein Waffennarr; die Gewaltausübung bereitete ihm keine persönliche Lust. Aber um der Sache willen, aus revolutionärer Notwendigkeit war sie rücksichtslos einzusetzen. Diese Auffassung hat er nicht nur theoretisch vertreten, sondern auch mit erschreckender

Nüchternheit praktiziert. Ein Beispiel dafür lieferte er schon in der Anfangsphase der Guerilla, als er den ersten Verräter in den eigenen Reihen, Eutimio Guerra, persönlich exekutierte. In seinem unveröffentlichten Kriegstagebuch notierte er: „Die Situation war für die Männer und für [Eutimio] unangenehm, also machte ich dem ganzen ein Ende und schoss ihm mit einer 32er-Pistole in die rechte Gehirnhälfte mit Austrittsloch am rechten Schläfenbein. Er röchelte noch ein wenig, dann war er tot."[1] Auch nach dem Krieg, als er zum Kommandanten der Festung La Cabaña ernannt worden war, kannte er keine Skrupel. Dort wurde mit den Stützen des Batista-Regimes kurzer Prozess gemacht. Nach einem nur wenige Stunden dauernden Gerichtsverfahren wurden die Urteile gefällt, nicht selten die Todesstrafe. Guevara ordnete die Verfahren nicht an, war auch bei den Verhandlungen nicht persönlich zugegen, aber er unterschrieb die Urteile und war damit für die Exekutionen politisch verantwortlich. Einige hundert sollen es gewesen sein. Dass man ihn deswegen in der exilkubanischen Presse schnell den „Schlächter von La Cabaña" nannte, rührte ihn nicht. Für ihn war das eine Notwendigkeit, nicht mehr und nicht weniger. Welche maßlosen Mittel er zur Verteidigung der kubanischen Revolution einzusetzen bereit war, zeigte sich schließlich in der Kuba-Krise im Oktober 1962. Als die US-Amerikaner die sowjetischen Atomraketen ausgemacht hatten, die heimlich auf Kuba stationiert worden waren, stand die Welt kurz vor einem Dritten Weltkrieg. Nach einem dreizehntägigen Verhandlungspoker beschloss die sowjetische Führung, die Raketen wieder abzuziehen. Che Guevara schäumte vor Wut und Enttäuschung, hatte er doch wenige Tage zuvor die Bereitschaft der kubanischen Revolutionäre verkündet, notfalls auch einen Atomkrieg zu führen, selbst wenn dieser „Millionen Opfer" kosten sollte.[2] Man glaubt es Guevara, dem Kompromisslosen, dass er niemals klein beigegeben hätte und seinen Worten auch Taten hätte folgen lassen.

Genau diese Kompromisslosigkeit sich selbst und anderen gegenüber war der Grund für die Bewunderung und Verehrung, die ihm entgegengebracht wurde. Sein asketischer

Lebensstil machte ihn für nicht wenige gar zu einer Art Heiligen. Aber wie das bei Heiligen so ist – der Normalsterbliche hält in der Verehrung eine gewisse Distanz, um sich selbst nicht zu überfordern. Es ist die Tragik Che Guevaras, dass er nie verstanden, ja nicht einmal wahrgenommen hat, dass er nicht Vorbild, sondern Ausnahme war, dass er mit seiner Rigorosität selbst dafür sorgte, dass ihm die anderen nicht auf seinem Weg folgten. Ob bewusst oder unbewusst leistete er so seiner Verklärung Vorschub.

Verklärung des Helden

In Kuba wurde von offizieller Seite schon beizeiten die Verklärung Che Guevaras gefördert, allen voran von Fidel Castro, der ab 1959 die Karibikinsel fast ein halbes Jahrhundert lang unangefochten regieren sollte. Er hatte es schon zu Lebzeiten Guevaras verstanden, die Ausstrahlung und Popularität seines Mitstreiters für sich zu nutzen und gleichzeitig zu domestizieren.

Dass ihm dies gelingen konnte, dazu hat Guevara allerdings selbst maßgeblich beigetragen. In all den Jahren, in denen er politische Verantwortung in Kuba trug, stellte er den Führungsanspruch Castros nie in Frage. Sein wiederholtes Vorpreschen über die offizielle politische Linie Castros hinaus war immer mit diesem abgesprochen, zumindest bis 1964, als Guevara mit seiner Wirtschaftspolitik und vor allem seinen Anfeindungen der Sowjetunion erstmals für Verstimmungen bei Castro sorgte, die ohne Gesichtsverlust für einen der beiden nicht beizulegen waren. Diese Kollision, die Guevaras Rücktritt von allen Ämtern und sein Verschwinden aus der Öffentlichkeit nach sich zog, endete mit einer bemerkenswerten Unterwerfungsgeste Guevaras. Sein berühmter Abschiedsbrief an Castro vom April 1965 enthält folgende Passage:

> *Wenn ich an mein bisheriges Leben zurückdenke, dann meine ich, mit der notwendigen Ehrenhaftigkeit und Hingabe daran gearbeitet zu haben, den revolutionären Sieg zu festigen. Mein einziger Fehler*

> *von einiger Bedeutung war es, Dir seit den ersten Tagen in der Sierra Maestra nicht mehr vertraut zu haben und nicht rasch genug Deine Fähigkeiten als Leiter und Revolutionär erkannt zu haben. Ich erlebte großartige Tage und fühlte an Deiner Seite während der leuchtenden und schweren Tage der Oktoberkrise den Stolz, zu unserem Volk zu gehören. Nur selten hat ein Staatsmann wie Du in jenen Tagen geglänzt; ich bin auch stolz darauf, Dir in jenen Tagen ohne zu schwanken gefolgt zu sein, mich identifiziert zu haben mit Deiner Art zu denken und die Gefahren und Prinzipien zu sehen und einzuschätzen.*[3]

Dieses Bekenntnis erinnert an das falsche Schuldeingeständnis Nikolai Bucharins in den Moskauer Schauprozessen 1938, mit dem er die Taten seiner Henker vor der Geschichte legitimierte. Der neben Castro populärste Mann Kubas stellte Fidel einen moralischen Blankoscheck für die Zukunft aus, selbst für den Fall, dass Castro im Namen Guevaras dessen politische Prinzipien demontieren sollte. Nachdem Che Guevara zweieinhalb Jahre später im bolivianischen Dschungel gestorben war, wurde diese Ermächtigung Castros zu seinem letzten Willen.

Und der Machtpolitiker Castro ließ sich diese Gelegenheit nicht entgehen. Er machte sich umgehend daran, den schon legendären „Comandante Che“ in eine mythische Figur umzuformen. In der Radioansprache vom 15. Oktober 1967, in der er die Nachricht vom Tode Guevaras bestätigte, würdigte er dessen Verdienste und klagte:

> *Wir hätten ihn viel lieber als Schmied der großen Siege der Völker gesehen denn als den Vorläufer dieser Siege. Aber ein Mann von diesem Temperament, von dieser Persönlichkeit, diesem Charakter, dieser immer gleichen Reaktion vor bestimmten Umständen ist leider dazu berufen, eher ein Vorläufer als ein Schmied dieser Siege zu sein.*[4]

In der gleichen Ansprache teilte er den Beschluss des Ministerrates mit, Guevaras Todestag zum nationalen Gedenktag, zum „Tag des heldenhaften Guerillero“, auszurufen. Das blieb noch ganz in den Bahnen herkömmlichen Heldengedenkens: den Toten ehren und ihn als Vorläufer gleichzeitig auf Distanz halten.

Drei Tage später, auf der offiziellen Trauerfeier, unternahm Castro vor Hunderttausenden von Zuhörern einen neuen Anlauf. Er idealisierte Che Guevara zum „vollkommenen Ausdruck eines Revolutionärs [...], einem Mensch mit einem makellosen Lebenswandel". Den so schon Verklärten drängte Castro vollends aus der erlebten Geschichte, als er deklamierte: „Wenn wir einen Menschen als Vorbild suchen, der nicht zu unserer Zeit gehört, sondern der ein Mensch der Zukunft ist, dann sage ich mit voller Überzeugung und aus ganzem Herzen, dass dieses Vorbild [...] Che ist." Das war zwar nicht ganz originell, weil es die Idee der *Imitatio Christi* aufgriff, hatte aber doch eine ganz andere Qualität als die traditionelle Heldenverehrung. Denn sie eröffnete für Castro einen Spielraum zwischen der Inangriffnahme und der Verwirklichung der Ziele Guevaras – die Schaffung des neuen Menschen. Wichtig war nur, dass man auf dem Weg dorthin, mochte er noch so mühselig und verschlungen sein, nicht die Zuversicht in die Führungsqualitäten Fidel Castros verlor. War das nicht der ausdrückliche Wunsch Che Guevaras in seinem Abschiedsbrief gewesen? Mit seinem feinen politischen Gespür erklärte Castro: „Wenn wir ausdrücken wollen, wie wir uns unsere Kinder wünschen, dann müssen wir aus tiefster revolutionärer Überzeugung sagen: Wir wollen, dass sie wie Che werden."[5]

„So werden wie Che" – Castro prägte damit die bis heute in Kuba gültige Formel für moralisches Verhalten und baute zugleich für zumindest 50 Jahre der Enttäuschung an der – um im christlichen Bild zu bleiben – Parusieverzögerung vor. Die idealisierte Vergangenheit als Glücksverheißung in die Zukunft projiziert: das ist die staatliche kubanische Version des „Mythos Che".

Aber auch all jenen Kubanern, die dem regierungsamtlichen Kurs Castros nicht zustimmen und dennoch an der kubanischen Revolution festhalten wollen, bot und bietet sich Che Guevara als Projektionsfläche ihrer unerfüllten Träume an. Was hätte er nicht alles verhindern und anders machen können, wäre er nicht so früh gefallen. Je misslicher die konkreten Umstände, desto strahlender der unvollendete Lebensweg des Helden. Auch eine Form der Idealisierung und nicht weniger verklärend als die staatlich betriebene. Denn um Fidel mit Che kritisieren zu können, muss man vergessen, dass Guevara die Grundlagen des Regimes mitgeschaffen hat, das Castro fünf Jahrzehnte repräsentierte: die Durchführung abrupter wirtschaftspolitischer Kurswechsel, die Einweisung in Straflager bei moralischen Verfehlungen, die Einführung eines engmaschigen Überwachungssystems, die Verachtung für jede Form der institutionalisierten politischen Mitbestimmung, die Militarisierung der Gesellschaft bis in die Schulen hinein. Immer im Namen der Revolution, immer im Namen der revolutionären Moral und Disziplin. Aber all dies verblasst in der schwärmerischen Rückschau, in der Che zum Gegenbild von Fidel wird und die doch nicht in der Lage ist, eine wirkliche Alternative zum offiziellen Che-Mythos aufzubauen, weil sie diesem bis zum Verwechseln ähnlich ist. Sowohl Fidel Castro als auch eine solche romantisierende Opposition setzen auf den reinen, makellosen, sich aufopfernden Che. Das gereicht den einen zum Trost, dem anderen zur Herrschaftslegitimation und sichert von beiden Seiten die Weiterexistenz des „Mythos Che".

Die Verklärung Che Guevaras zum Prototypen des Revolutionärs war keine allein kubanische Angelegenheit, sondern erfolgte fast augenblicklich auch jenseits des Atlantiks, im fernen Europa. Das wird nur verständlich, wenn man sich daran erinnert, dass die Diskussionen der radikalen Linken in den 60er Jahren um ein Themenfeld kreisten, das mit den Stichworten Entkolonialisierung, Internationalismus und Antiimperialismus umschrieben werden kann. Die kubanische Revolution, der algerische Unabhängigkeitskampf und der immer heftiger tobende Krieg in Vietnam hatten damals einen alten politischen Traum wiederbelebt, allerdings in neuer Gestalt: die Idee einer Weltrevolution, die aber nicht mehr von Paris oder Moskau ausgehen sollte, sondern von den Befreiungsbewegungen in Lateinamerika, Afrika und Asien.

Vor diesem Hintergrund konnte Che Guevara in den 60er und beginnenden 70er Jahren weltweit zur Symbolfigur einer revolutionären – oder sich revolutionär gebenden – Linken werden. Denn er war einer ihrer Protagonisten und wortmächtigsten Fürsprecher. Und er hatte dieser Bewegung ihren Schlachtruf gegeben: „Schaffen wir zwei, drei, viele Vietnam!“ Er stammte aus der *Botschaft an die Völker der Welt*, die er aus dem bolivianischen Dschungel im April 1967 nach Havanna geschickt hatte.[6] Die ein halbes Jahr danach eintreffende Nachricht von seinem Tod in der bolivianischen Guerilla verlieh Guevaras Forderungen nach praktischer Solidarität eine enorme moralische Autorität. Hatte er nicht selbst zuerst seinen Ministerposten und schließlich sogar sein Leben geopfert, um an der Seite der unterdrückten Völker für deren Befreiung zu kämpfen? So wenigstens wurde es im Sozialistischen Deutschen Studentenbund (SDS) wahrgenommen, der damals in der westdeutschen Linken den Ton angab. Entsprechend fielen die Reaktionen aus. Der Schriftsteller Peter Weiss forderte in seinem Nachruf auf Che Guevara dazu auf, dessen Beispiel zu folgen, andernfalls mache man sich „mitschuldig an jedem Mord, der in der Ferne begangen wird an denen, die den Kampf gegen das Unrecht führen“.[7] Eine so formulierte moralische Verpflichtung hatte einiges Gewicht bei einer Protestgeneration, die ihren Vätern vorwarf, bei den Verbrechen gegen die Juden während des Nationalsozialismus weggeschaut zu haben.

Aber nicht nur in der Bundesrepublik erhitzte der Tod Guevaras die Gemüter. Der linksradikale italienische Verleger Giangiacomo Feltrinelli ließ umgehend ein Porträtfoto Guevaras, das er bei einem Besuch im Atelier des kubanischen Fotografen Alberto Korda gefunden hatte, auf Postergröße aufziehen und tausendfach an die in Italien demonstrierenden Studenten verteilen. Ein Coup mit enormer Wirkung! Schon bald gehörte das zur Ikone stilisierte Porträt weltweit zum festen Bestandteil jeder linken Demonstration (daran hat sich bis heute nichts geändert) und hing in Plakatgröße in unzähligen Wohnungen. Selbst in der DDR, wo man Guevaras politischen Weg seit seinen moskaukritischen Reden Mitte der 60er Jahre mit Unbehagen und Missmut verfolgt hatte, wollte man den lateinamerikanischen Revolutionär nicht den in ihren Augen bürgerlichen oder anarchistischen Linken überlassen. Und so beeilte man sich, das bei der Leiche Guevaras aufgefundene Tagebuch seiner bolivianischen Guerilla als Artikelserie in der neugegründeten außenpolitischen Zeitschrift *Horizont* zu veröffentlichen. Allerdings mit einer redaktionellen Warnung an die Leser, Guevaras Theorie und Praxis des Guerillakrieges nicht zu verallgemeinern. Schließlich sei sein Scheitern in Bolivien darauf zurückzuführen, dass er nicht auf die Kommunistische Partei gehört habe. Internationalismus in allen Ehren, aber bitte keinen Aktionismus ohne Zustimmung der Partei.

Die Umstände und der Zeitpunkt seines Todes haben maßgeblich zur Verklärung Che Guevaras beigetragen. Er starb im Kampf; er hatte den bequemen Ministersessel aufgegeben, auf die Macht verzichtet und sein Leben gewagt, um den eigenen revolutionären Forderungen zu genügen. Und er starb jung, jung genug, um als ewig jugendlicher Revolutionär in den Köpfen präsent zu bleiben und um nicht an der Realisierung seiner Theorien und Utopien gemessen werden zu können. Was blieb, war das Bild vom rastlosen Kämpfer für die Befreiung der unterdrückten Völker. Was blieb, war das Bild vom Radikalen, der rigoros alle privaten Beziehungen und Bedürfnisse, selbst die des eigenen Körpers, der Revolution unterordnete. Was blieb, war das Bild von Alberto Korda, das Sinnbild jugendlicher Militanz, das sich so wohltuend von jenen unscheinbaren älteren Herren aus Ost-Berlin, Moskau oder Peking in ihren ewig grauen Anzügen unterschied. Was blieb, war eine klare, zum Teil gewalttätige Sprache, durchsetzt mit träumerischen Wendungen – „Seien wir realistisch, versuchen wir das Unmögliche" oder „Solidarität ist die Zärtlichkeit der Völker" –, in denen das Pathos der Revolution eingefangen und revolutionäre Gewalt romantisch verklärt wurde.

Mit all diesem entsprach Che Guevara einem Zeitgeist, vielleicht genauer: einer Stimmung, einem Lebensgefühl der Generation, die heute die 68er Generation genannt wird. Und noch ein anderes Moment trug dazu bei, dass Che Guevara in der westlichen Welt zum Idol aufsteigen konnte. Der, der da ausgezogen war, um die Welt zu revolutionieren, war in gewisser Hinsicht einer von ihnen: ein junger Weißer aus gutem Hause, der es in kaum mehr als zehn Jahren vom vagabundierenden Abenteurer zur Verkörperung des Revolutionärs gebracht hatte, dem es gelungen war, mit einer Handvoll Mitstreiter einen Diktator zu stürzen, der als Autodidakt die Wirtschaft eines Landes dirigiert hatte und als Bürgerschreck vor der UNO aufgetreten war. Das war eine Biografie, die bewies, dass nichts unmöglich war, wenn man das Schicksal in die eigenen Hände nahm. „Che – der Traum des Rebellen". Da war der Tod im Dschungel noch das Ausrufezeichen hinter einem sinnerfüllten Leben.

Che Guevara hat die Studentenrevolte nicht hervorgebracht, aber von einem bestimmten Zeitpunkt an maßgeblich inspiriert und radikalisiert. Das gilt für die theoretischen Diskussionen ebenso wie für den militanten Protest. Vor allem aber hat er die Phantasie der rebellischen Jugend beflügelt, indem sein Leben die akademischen Formeln der „konkreten Utopie" (Ernst Bloch) und der „Heimat ohne Grenzstein" (Theodor Adorno) für sie sinnfällig machte. Mit dem von Feltrinelli verbreiteten Korda-Foto hatte sie auch ihre Ikone gefunden, das Bildnis ihres entrückten Heiligen.

Die Überhöhung der Ikone zum Mythos

Nun sind 40 Jahre vergangen, und die Zeiten haben sich erheblich geändert. Von einer Aufbruchstimmung, gar einem revolutionären Zeitgeist kann nicht mehr die Rede sein. Und selbst die bis vor einigen Jahren noch gepflegte Sentimentalität der Veteranen der Studentenrevolte ist einer hämischen und umfassenden Kritik der 68er gewichen. So konnte der *Spiegel* im Sommer 2008 auf der Titelseite die letzten Aufrechten mit dem Spruch vorführen: „Es war ja nicht *alles* schlecht" – Worte der Legitimation, die man in Deutschland bisher nur in Bezug auf den Nationalsozialismus kannte. Nun könnte man vermuten, dass auch Che Guevara, als einstige Ikone der Protestbewegung, in den Strudel der Kritik geraten und mit ihr irgendwo auf den Deponien der Geschichte gelandet sei. Doch das millionenfach verbreitete Porträt zeigt, dass auch heute noch ein großes Interesse an seiner Person besteht. Wie dies? Sollte Che Guevara – um im Bild des *Spiegel* zu bleiben – die Autobahn der Linken sein? Auch wenn man Ironie oder Zynismus beiseite lässt, so ist die aktuelle Attraktivität Che Guevaras doch erklärungsbedürftig und nicht mit einem Verweis auf den „Mythos Che" zu beantworten. Denn dieser Mythos scheint mir nichts anderes zu sein als eine Projektionsfläche spezifischer Interessen und Sehnsüchte, Wünsche und Hoffnungen.

Welche dies sein könnten, will ich anhand von vier Stilisierungen zu ergründen versuchen: an dem berühmten Korda-Porträt, an der Selbstcharakterisierung Che Guevaras als Don Quichotte, an dem Wort vom „Christus mit der Knarre" und an Jean-Paul Sartres Idealisierung Guevaras als vollkommener Mensch.

Wer kennt ihn nicht, diesen berühmten Schnappschuss, den Alberto Korda am 4. März 1960 anlässlich einer Trauerfeier von Che Guevara machte: dieses Foto von einem gut aussehenden jungen Mann mit schulterlangem gelocktem Haar, den Blick kühn in die Ferne gerichtet, auf dem Kopf sein Markenzeichen, die Baskenmütze mit rotem Stern. Dass sich dieses Porträt Che Guevaras weiterhin – in Zeiten, da von Revolution längst nicht mehr die Rede ist – so ausgezeichnet vermarkten lässt, liegt nicht zuletzt an der Symbolkraft des Korda-Fotos selbst. In ihm verbinden sich in einzigartiger Weise Rebellion und Jugendlichkeit, Militanz und Sehnsucht, Entschlossenheit und Entrücktheit. Wer sich heutzutage mit dieser Ikone schmückt, kann noch die bloße Unkonventionalität mit dem Pathos der Revolution beleihen und anderen signalisieren, dass er sich nicht gänzlich an die Gesellschaft anpassen will, ohne sich deshalb auch nur im Geringsten außerhalb der Gesellschaft stellen zu müssen. Diesen *radical chic* haben sich Popstars wie Robbie Williams, Models wie Giselle Bündchen und Sportidole wie Maradonna oder Mike Tyson zu Nutze gemacht – und zum Verdruss der Linken inzwischen auch die radikalen „Ultras“ in den Fußballstadien und sogar militante Neonazis.

Das ungebrochene Interesse an Che-Biografien, Reisetagebüchern Guevaras und Filmen über ihn lässt indes noch eine andere Vermutung zu: Denkt man an die Studentenrevolte zurück, dann hatte die Rezeption Che Guevaras neben einer politischen Radikalisierung auch zur Folge, dass sich das alltägliche Leben intensivierte. Wer nach Guevaras Maxime „Es gibt kein Leben außerhalb der Revolution“ alle Zeit und Energie einer Sache widmete, dem stellte sich in dieser leidenschaftlichen Hingabe die Frage nach dem Sinn des Lebens nicht. Eine solche Fixierung ist in Zeiten überbordender individueller Wahlmöglichkeiten, zunehmender Flexibilität und Mobilität sicher anachronistisch. Aber gerade deshalb bietet sich für alle diejenigen, die sich damit nicht zufrieden geben wollen, Che Guevaras Leben – nicht so sehr seine Ideen – als Projektionsfläche an. Seine gesamte Biografie ist derart von einem intensiven Lebenswandel geprägt, dass sich entsprechende Wünsche oder Sehnsüchte, die keineswegs politisch sein müssen, daran festmachen können.

Alberto Kordas Fotografie ist für viele das Sinnbild eines jugendlichen Rebellen. Anders verhält es sich mit einer Stilisierung, die Che Guevara selbst in Umlauf gebracht hat, als er den Abschiedsbrief an seine Eltern im April 1965 mit den Worten begann: „Liebe Alten! Mit meinen Fersen spüre ich wieder die Rippen meiner Rosinante, ich mache mich erneut auf den Weg mit meinem Schild auf dem Arm.“[8] Die Selbstcharakterisierung Che Guevaras als Don Quichotte begeisterte seine Kritiker. War das nicht das Eingeständnis seiner Verblendung, der Undurchführbarkeit seiner politischen Ideen? Das jedenfalls legt die deutsche Bedeutung des Wortes Donquichotterie nahe: ein törichtes, von Anfang an aussichtsloses Unternehmen aus weltfremdem Idealismus. Nicht zuletzt sein elendigliches Scheitern in Bolivien habe das aller Welt vor Augen geführt.

Aber es gibt noch eine andere Interpretation von Weltfremdheit, die nichts mit einer törichten Verkennung der Realität zu tun hat: die Fremdheit gegenüber einer durch und durch entfremdeten Welt. Durch diese doppelte Entfremdung und das gleichzeitige Festhalten an seinen idealistischen Hoffnungen ließe sich nach dieser Lesart die Welt transzendieren. Fidel Castro hatte genau dies im Sinn, als er in seiner Trauerrede für Che Guevara am 18. Oktober 1967 verkündete, Che Guevara sei „ein Mensch der Zukunft" gewesen, und ihn aufgrund dieser Weltfremdheit zum Vorbild erhob. Der heroische Idealismus ist eine wohlkalkulierte Stilisierung, die nicht nur den „Mythos Che" in Kuba bis heute prägt. Er ist auch eine Projektionsfläche für alle, die sich nach der Überwindung des alternativlosen politischen Pragmatismus sehnen. Und spätestens seit im Herbst 2008 der Kapitalismus weltweit in eine tiefe Wirtschafts- und Finanzkrise geraten ist, steht zu vermuten, dass die Zahl derjenigen nicht abnehmen wird, die die politisch eigentlich anrüchige Bezeichnung Don Quichotte als Ehrentitel verstehen.

Eine spezifische Weltfremdheit findet sich auch in einer weiteren Stilisierung von Che Guevara, die bald nach seinem Tod aufkam und spätestens seit Wolf Biermanns Lied vom *Comandante Che Guevara* geläufig geworden ist: der „Christus mit der Knarre". Bereits zu Lebzeiten war Guevara von vielen als ein außergewöhnlicher Mensch angesehen worden, von manchen aufgrund seiner asketischen und strikt egalitären Haltung, seinem Gerechtigkeitsfanatismus, seiner Verachtung des Geldes und des Todes gar als ein Heiliger verehrt worden. Die Art seines Todes steigerte diese Verehrung noch einmal und machte aus Guevara einen neuen Christus. Der unmittelbare Auslöser für diese Überhöhung war sinnlicher Natur. Am 10. Oktober 1967, einen Tag, nachdem man ihn erschossen hatte, wurde Che Guevara im Waschhaus von Vallegrande aufgebahrt. Eine immense Menschenmenge hatte sich in dem kleinen bolivianischen Städtchen versammelt, um den Toten zu betrachten. Da trat ein Bauer vor, zog seinen Hut und meinte: Herr vergib mir, aber sieht er nicht aus, wie Christus nach der Kreuzabnahme? Das Wort machte durch die anwesenden Journalisten schnell die Runde, ebenso wie das Foto, das am nächsten Tag in vielen Zeitungen auf der ganzen Welt erschien.

Nachdem die Christusanalogie einmal aufgebracht war, konnte, wer wollte, schnell weitere Belege finden, die diese Analogie stützten. Vor allem die Tatsache, dass der Tod Guevara in Bolivien weder zufällig noch unvorbereitet getroffen hatte. In seiner wenige Monate zuvor im bolivianischen Dschungel verfassten *Botschaft an die Völker der Welt* hatte Guevara sein Ende kommen gesehen, war ihm bewusst nicht ausgewichen, sondern hatte den Tod willkommen geheißen, wenn er denn – so Guevara – der „Erlösung der Menschheit“ von Unterdrückung und Ausbeutung diene.[9]

Diese anmaßende Deutung seines Selbstopfers verfehlte ihre Wirkung nicht und war Wasser auf die Mühlen derer, die in ihm einen neuen Christus sehen wollten.

Mochte man noch andere Details anführen – auch Che Guevara war von denjenigen verraten worden, die er befreien wollte, und dergleichen mehr –, die ganze Analogie war doch in einem zentralen Punkt schief. Jesus Christus hatte sich mit dem Wort, sein Reich sei nicht von dieser Welt, geweigert, die Gottesherrschaft gewaltsam durchzusetzen. Aber gerade diese offensichtliche Diskrepanz, die die ganze Christusanalogie zum Einsturz zu bringen drohte, erhöhte die Attraktivität von Che Guevara. Nachdem mittels des Christusbildes die Reinheit der Person Che Guevaras und seiner Motive suggeriert worden war, konnte nun auch die von ihm propagierte Gewalt als reine, das heißt unbedingte, göttliche Gewalt erscheinen, die über jeden Legitimationszwang erhaben war. Die Bezeichnung „der bewaffnete Christus“ war dann kein Widerspruch in sich mehr, wenn Che Guevara als Guerillero Reinheit attestiert wurde. Für seine „Jünger“ hieß das: Wer in seinem Namen Gewalt ausübte, stand unmittelbar auf der Seite der Gerechtigkeit, war selbst ein Gerechter.

Dass dies keine bloße Gedankenfigur ist, davon konnten sich im Herbst 2008 Millionen von Deutschen anlässlich der Ausstrahlung des Filmes *Mogadischu* überzeugen: Die Entführer der im September 1977 gekaperten Lufthansa-Maschine trugen alle Che-Guevara-T-Shirts – keine Grille des Regisseurs, wie die hineingeschnittenen Originalbilder beweisen –, womit sie sich

Nach der Hinrichtung; 9.10.1967.

plakativ in die Nachfolge Guevaras stellten und dessen Auffassung auch für ihr Handeln in Anspruch nahmen: Gewalt, so furchtbar sie auch erscheinen mag, ist legitim, wenn sie nicht einem persönlichen Vorteil dient, sondern der revolutionären Sache. Dazu passend nannte sich der Anführer der Terroristen „Captain Martyr Mahmud“ und signalisierte damit die Bereitschaft zum Selbstopfer im Namen der Menschheit.

Und auch bei dieser Stilisierung gilt: Selbst nachdem das Revolutionsideal, das Che Guevara verkörperte, verblasst ist, kann er noch als Projektionsfläche herhalten für das Bedürfnis, sich nicht nur in der Geschichte zu orientieren, sondern in ihr auch unangefochten auf der richtigen Seite stehen zu können. Ein eher harmloses und doch bezeichnendes Beispiel boten einige junge Kommunisten, als sie 1998 in Berlin die Präsentation des *Schwarzbuch des Kommunismus* zu stören versuchten, indem sie im Chor skandierten: „Ihr werdet's nicht vermuten, wir sind die Guten.“

Unter den expliziten Würdigungen, die Che Guevara nach seinem Tod zuteil geworden sind, stammt die berühmteste wohl von dem französischen Philosophen Jean-Paul Sartre, für den Guevara nicht nur ein Intellektueller, sondern der „vollkommenste Mensch unserer Zeit“ war. Das war weder anthropologisch noch pädagogisch gemeint, sondern bezog sich auf die Übereinstimmung von Che Guevaras Denken und Handeln. Das Pathos der von Sartre bewunderten Einheit von Theorie und Praxis ging aber nicht von dieser selbst aus, sondern die Einheit konnte nur dann vollkommen sein, wenn die Praxis so frei war und vor allem so radikal war wie das Denken des Intellektuellen.

Mit der Idealisierung der Radikalität konnte sich Sartre gewiss sein, den Spuren von Guevara zu folgen. Für diesen war Mäßigung ein Begriff aus der Sprache der Kolonialherren. Von Mäßigung sprachen in seinen Augen nur diejenigen, die einen Verrat planten. Man muss Che Guevara zugestehen, dass er sich seit den Zeiten der kubanischen Guerilla mit großem Erfolg bemüht hat, dieser Maxime treu zu bleiben. Welche politischen Folgen die Übertragung radikaler Theorie in die Praxis haben konnte, das wusste er – oder ahnte es zumindest – und war bereit, persönlich dafür den Preis zu zahlen.

Allerdings scheute er sich auch nicht, anderen diese Kosten zuzumuten, wenn man etwa an seine Haltung in der Kuba-Krise denkt, als er für die Durchsetzung seiner politischen Ideen auch den Einsatz von Atomwaffen in Kauf genommen hätte. Das Pathos der Radikalität, das einst die Studentenrevolte beherrschte, ist weitgehend verflogen, geblieben ist der Wert, der sie trug: das Ideal der Übereinstimmung von Denken und Handeln, die der, der danach strebt, in Guevaras Biografie allemal finden kann.

Schlussbemerkungen

Überblickt man die hier vorgestellten Beispiele für die Stilisierungen Guevaras, so kann man wohl sagen: In welcher Form die Wünsche nach Intensität, Idealismus, Reinheit oder Identität sich äußern mögen, sie können am Leben und Wirken Che Guevaras einen vorzüglichen Halt finden, auch wenn sie damit seine Person idealisieren. Genau solche Projektionen sind es, die den „Mythos Che" auch weiterhin auf je spezifische Weise pflegen. Solange diese Wünsche und Hoffnungen präsent sind, solange wird – so meine erste These – jeder Versuch der Che-Verehrer, mit dem Rekurs auf den „authentischen" radikalen Che Guevara die gegenwärtigen Schwundformen und Kommerzialisierungen bekämpfen zu wollen, ebenso wenig fruchten wie jeder Versuch der Guevara-Kritiker, mit dem Verweis auf den „empirischen" Che Guevara den „Mythos Che" entzaubern zu wollen. Das gilt, um nur zwei Beispiele anzuführen, meines Erachtens sowohl für den Versuch von Ches Tochter Aleida, das Porträt ihres Vaters mit juristischen Mitteln vor der kommerziellen Indienstnahme zu schützen, als auch für den 2008 unternommenen Versuch des CDU-nahen Studentenverbandes RCDS, mit der Kampagne „Ciao, Guevara! Schau der Wahrheit ins Gesicht" die Schattenseiten Guevaras aufzuzählen und so dem Che-Mythos zu Leibe zu rücken.

Überblickt man das Leben Che Guevaras, so sind zur Charakterisierung seiner Person in erster Linie Begriffe zu nennen wie Kompromisslosigkeit, Bescheidenheit, Unbestechlichkeit, Radikalität – alles Topoi aus dem Umfeld der Askese. Gerade in dieser Selbstlosigkeit aber verbirgt sich meines Erachtens die Tragik und das prinzipielle politische Scheitern Che Guevaras. Seit den Guerillaerfahrungen hat er die Radikalität seines Denkens zum Maßstab seines Lebens und Handelns gemacht. Dadurch ist er für die meisten Zeitgenossen und noch mehr für die Späteren in eine Ferne gerückt, die es ihnen ermöglicht, Guevara zu bewundern, ohne ihm zu folgen. Es ist daher – so meine zweite These – das Selbstopfer im Namen der Revolution, welches den Kern des „Mythos Che“ bildet und Verehrung wie Tatenlosigkeit gleichermaßen erzeugt. „Che“ ist so zu einem Erkennungszeichen geworden, mit dem man radikale Unangepasstheit demonstriert. Das ist ein ideeller Gewinn, der bedenkenlos einzustreichen ist, weil man sicher sein kann, dass niemand mehr irgendwelche politischen Konsequenzen erwartet.

Anmerkungen

1 Zit. nach: Anderson 2002, 192 f.
2 Guevara 1990 ff, Bd. 4, 138.
3 Guevara 1990 ff, Bd. 5, 33 f.
4 Materialien 1968, 27 (Hervorhebungen im Original).
5 Die Rede Castros ist abgedr. in: Guevara 1990 ff, Bd. 1, 7–23; alle Zitate ebd., 16 u. 21.
6 Guevara 1990 ff, Bd. 4, 230.
7 Weiss 1968, 96.
8 Guevara 1990 ff, Bd. 5, 35.
9 Guevara 1990 ff, Bd. 4, 228.

Quellen

Guevara, Ernesto 1990 ff.: Ausgewählte Werke in Einzelausgaben, hg. und übertragen von Horst-Eckart Gross, Bonn.
Bd. 1: Guerillakampf und Befreiungsbewegung.
Bd. 2: Cubanisches Tagebuch.
Bd. 3: Aufsätze zur Wirtschaftspolitik.
Bd. 4: Schriften zum Internationalismus.
Bd. 5: Das vollständige Bolivianische Tagebuch.

Bd. 6: Der neue Mensch. Entwürfe für das Leben in der Zukunft.
Guevara, Ernesto 1994: Latinoamericana. Tagebuch einer Motorradreise 1951/52, Köln.
Guevara, Ernesto 2000: Der afrikanische Traum. Das wieder aufgefundene Tagebuch vom revolutionären Krieg im Kongo, Köln.
Guevara, Ernesto 2003: Das magische Gefühl, unverwundbar zu sein. Das Tagebuch der Lateinamerika-Reise 1953–1956, Köln.
Materialien (1968) zur Revolution in Reden, Aufsätzen, Briefen von Fidel Castro, Che Guevara, Regis Debray, hg. von Heinrich von Nussbaum, Darmstadt.

Literatur

Alakus, Baris, Katharina Kniefacz und Werner Reisinger 2007: Chevolution. Mythos und Wirkung des Ernesto Guevara, Wien.
Anderson, Jon Lee 2002: Che. Die Biographie, 5. Aufl., München.
Castañeda, Jorge G. 1998: Che Guevara. Biographie, Frankfurt/Main.
Che (1997). Der Traum des Rebellen, hg. von Fernando Diego García und Oscar Sola, mit einem Essay von Matilde Sánchez, Berlin.
Koenen, Gerd 2008: Traumpfade der Weltrevolution. Das Guevara-Projekt, Köln
Lahrem, Stephan 2007: Che Guevara. Leben – Werk – Wirkung, 3. Aufl., Frankfurt/Main.
Taibo II, Paco Ignacio, Froilan Escobar und Felix Guerra 1996: Das Jahr, in dem wir nirgendwo waren. Ernesto Che Guevara und die afrikanische Guerilla, Berlin.
Taibo II, Paco Ignacio 1997: Che. Die Biographie des Ernesto Guevara, Hamburg.
Weiss, Peter 1968: Che Guevara!, in: Sonntag, Heinz Rudolf (Hg.): Che Guevara und die Revolution, Frankfurt/Main, S. 94–98.

John F. Kennedy.

Der gefallene Held

Der Kennedy-Mythos aus kulturwissenschaftlicher Sicht

von Winfried Fluck

Enthüllungen

Der Kennedy-Mythos ist inzwischen in zahllosen Veröffentlichungen als gekonntes Public Relations-Konstrukt entlarvt worden. Vieles wurde verschwiegen, anderes inszeniert. Der strahlende, jugendliche Held war sein Leben lang von schweren Krankheiten geplagt; er konnte angesichts zahlreicher chronischer Leiden nur mit Hilfe ständiger ärztlicher Betreuung und starker Medikation existieren.[1] Sein chronisches Rückenleiden, von dem mehrere Ärzte befürchteten, dass es zur Invalidität führen könnte, machte bei öffentlichen Vorträgen sogar den Blick in das Redemanuskript zur schmerzhaften Angelegenheit und führte dazu, dass Kennedy oft nur mit Hilfe eines Spezialkorsetts, das Rücken und Wirbelsäule stärkte, in der Öffentlichkeit auftreten konnte.[2] Ebenso chronisch war eine wiederkehrende Colitis, später verbunden mit Magengeschwüren, die mit Medikamenten behandelt wurden, die wiederum das Rückenleiden verstärkten. Kennedy verbrachte oft Wochen in Krankenhäusern, teilweise mit quälenden und im Fall der Colitis oft entwürdigenden Untersuchungen. Zweimal in seiner langen Krankheitsgeschichte wurden ihm die Sterbesakramente erteilt. Wohl kein amerikanischer Präsident ist während seiner Präsidentschaft derart oft und lange krank gewesen; wohl keiner hat es andererseits so gut verstanden, ein jugendlich-dynamisches Image voller Tatkraft aufrecht zu erhalten.

Das Paradoxon wiederholt sich auf anderen Ebenen. Der galante Gefährte Jacqueline Kennedys, der mit ihr ein Traumpaar abzugeben schien und in Presseberichten als liebevoller Vater und Familienmensch erschien, war in seinen sexuellen Eskapaden sowohl maßlos als auch maßlos leichtsinnig und verlieh dem regelmäßigen Ehebruch im Tages- oder Wochenrhythmus fast schon eine Dimension von Serialität.[3] Der Kämpfer für Freiheit und Demokratie und nimmermüde Apostel des Aufbruchs in eine bessere, freiheitliche Welt hielt als junger Politiker lange Zeit dem Demagogen Joseph McCarthy die Treue,[4] ließ sich dazu überreden, der „Bay of Pigs"-Invasion zuzustimmen[5] und unterstützte einen Militärcoup in Südvietnam, der zur Ablösung und Ermordung des amerikanischen Bündnispartners Diem führte. Er stellte nicht nur die Weichen für den später von Johnson eingeleiteten Vietnamkrieg, sondern stimmte auch geheimen, illegalen Mordplänen der CIA zu.[6] Selbst in der Bürgerrechtsfrage war Kennedy entgegen seinem späteren Image als fortschrittlicher Politiker keineswegs eine führende Kraft; vielmehr ließ sich der sich selbst als moralischer Erneuerer stilisierende Politiker auf das Thema lange Zeit nur zögernd und eher unwillig ein.

Und dennoch haben alle diese Enthüllungen dem Mythos Kennedy letztlich nichts anhaben können. Niemand hat ernsthaft die Tatsachen zu unterdrücken versucht. Im Gegenteil, es sind immer neue Tatsachen ans Tageslicht gekommen, gleichwohl ist die Legende Kennedy weithin intakt geblieben. Wir sehen ihn immer noch als strahlenden, jugendlichen, dynamischen Präsidenten, der einen politischen Neuanfang machte, zu neuen Ufern im Weltall aufbrach, als unbeirrter „Kämpfer für die freie Welt" auftrat, der einem spezifisch amerikanischen Idealismus neues Leben einhauchte und auf diese Weise zum Vorbild und Führer einer neuen Generation werden konnte. Diese Popularität Kennedys, der keine Entmythologisierung und Entzauberung etwas anhaben konnte, ist erklärungsbedürftig und soll im folgenden Ausgangspunkt für Überlegungen zur Popularität Kennedys aus kulturwissenschaftlicher Sicht sein.[7]

Sich mit dem Phänomen Kennedy aus kulturwissenschaftlicher Perspektive zu befassen, soll hier nicht heißen, nach der Rolle der Kultur in Kennedys Präsidentschaft zu fragen, sondern nach jenen Vorstellungen und Phantasien, Mythen und Erzählmustern, die die Wahrnehmung und Einschätzung Kennedys in der Öffentlichkeit geprägt haben und die Basis seiner Popularität bilden. Diese Popularität war und ist in Deutschland besonders groß. Das wird oft mit dem Hinweis erklärt, dass Kennedy für die Deutschen der Inbegriff eines amerikanischen Politikers im positiven Sinn war und die besten Tugenden Amerikas zu verkörpern schien. Eine derartige Erklärung bleibt jedoch so lange tautologisch, wie nicht klar ist, was denn in diesem Fall als das besonders amerikanische Element an Kennedy empfunden wird. So kann Kennedy zu einem Thema der Kulturwissenschaft werden und die Kulturwissenschaft zur Erklärung der andauernden Wirkung eines Phänomens beitragen, das angesichts zahlloser Enthüllungen als „irrational" erscheinen muss und auf rationaler Ebene als nicht verständlich erscheint.

Profil der Selbstinszenierung

Wir wissen heute, dass Kennedy der erste konsequent fernsehbewusste amerikanische Präsident war, für den öffentliche Inszenierung ein gezielt und geschickt gehandhabtes Instrument des politischen Erfolgs war. „John F. Kennedy", schreibt Harald Wenzel, „war der erste herausragende Politiker in den USA, der die Bedeutung des Fernsehens für den politischen Erfolg in ihrem ganzen Ausmaß erkannte und Konsequenzen daraus zog. Das Fernsehen half Kennedy, sich gegen die konventionelle Politik und konventionelle Politiker zu profilieren, vielleicht auch zu stilisieren, und damit den Aufbruch in eine neue Zeit, den Vorstoß zur *New Frontier* zu verkörpern."[8] In seiner Studie *John F. Kennedy and the Media: The First Television President* kommt Joseph Berry zu dem Fazit: „Die geschickte Manipulation der Medien war zentral für Kennedys politische Karriere."[9]

Kennedys Auftritte waren streng choreographiert. Die Wirksamkeit dieser sorgfältigen Choreographie wurde dadurch erhöht, dass es auf Seiten des Publikums zu jener Zeit noch keinen Manipulationsverdacht gegenüber dem neuen Medium Fernsehen gab, so dass das, was längst geschickt inszeniert war, als authentischer Ausdruck von Kennedys Wesen erscheinen konnte. Der Hinweis, dass sich die Wirksamkeit des Kennedy-Mythos einer sorgfältigen Inszenierung verdankte, bringt uns jedoch, wie alle Manipulationstheorien, analytisch nicht entscheidend weiter, denn damit ist noch nicht geklärt, worin die Attraktivität und Gratifikation dieser Inszenierung bestand. Inszenierungen können nur da wirksam werden, wo sie den Adressaten etwas liefern, was diese für ihre eigenen imaginären Bedürfnisse gebrauchen können. Aus der hier verfolgten Perspektive geht es somit nicht um ein Persönlichkeitsurteil, also um die Frage, ob Kennedys mediale Selbstinszenierung eine Täuschung der Öffentlichkeit darstellte oder nicht, sondern um die Frage, warum sie derart wirksam werden konnte. Dazu muss genauer analysiert werden, was ihre Merkmale sind und worin deren kulturelle Bedeutung liegen mag. Eine solche Merkmalsbeschreibung ist auch deshalb notwendig, weil wir dazu neigen, dem Offensichtlichen keine besondere Beachtung zu schenken, da es uns lediglich als Oberfläche erscheint. Dabei aber laufen wir Gefahr, die kulturelle Bedeutung dessen, was uns als „selbstverständlich" anmutet, nicht mehr auf den Begriff bringen zu können.

Was aber ist das „Offensichtliche" im Falle Kennedy? Dalleks Beschreibung von Kennedys Amtseinführung eröffnet einen ersten Zugang: „Er wirkte so jung und frisch," sagte beispielsweise Lincoln [seine Sekretärin], „wie jemand, zu dem man wieder Zutrauen haben kann." Eine Kolumnistin aus Washington wurde an den Hemingwayschen Helden erinnert, der auch noch in der Extremsituation Würde bewahrt, und gestand ohne Zögern seine Attraktivität ein: „Er ist einer der bestaussehenden Männer in der amerikanischen Politik."[10] In einem Rückblick auf Kennedys Besuch in Berlin fasst die *Tagesspiegel*-Journalistin Brigitte Grunert wesentliche Bestandteile der öffentlichen Erscheinung Kennedys zusammen:

> *Diesmal klingt der Jubel aus ganzer Seele zuversichtlich, denn Kennedy strahlt selbst Hoffnung, Kraft, Mut und Warmherzigkeit aus. Er verkörpert jugendlichen Schwung, den Willen etwas zu verändern, damit es besser werden kann in dieser Welt. Und man*

kann schwärmen für Kennedy, für sein herzhaftes Lachen, für die jungenhafte Geste, mit der er sich die Haare aus der Stirn streicht, für sein ungezwungenes Auftreten.[11]

Immer wieder werden in derartigen Berichten drei Merkmale hervorgehoben: Kennedys Jugend bzw. Jugendlichkeit (er war der bis dahin jüngste Präsident der USA), sein ungewöhnlich gutes Aussehen und das Versprechen eines politischen Neuanfangs.

Beginnen wir mit dem Attribut *gut aussehend*. Eine der elementarsten und „offensichtlichsten" Grundlagen seiner Popularität war Kennedys attraktive Erscheinung. Was genau bedeutet das jedoch? Im Fall Kennedys geht es nicht allein um eine Ebenmäßigkeit der Züge, die üblicherweise den Eindruck guten Aussehens begründet, sondern darüber hinaus auch um eine Kombination von Jugendlichkeit und Männlichkeit. Der Körper ist bereits männlich, das Gesicht jedoch ist noch jungenhaft – nicht zufälligerweise spricht man oft vom *boyish grin* Kennedys. Dazu kommt der volle Haarschopf, der der eines Jugendlichen oder noch jungen Mannes ist.

Im Grunde bilden diese Merkmale im kulturellen Imaginären die Attribute des Abenteuerhelden und zwar eines Helden der Ritterlegenden und Ritterfilme, wie er in Graphiken, Filmen und Comics seit etwa 1900 visuell definiert worden ist – wobei die strahlend weißen makellosen Zähne, die zum *boyish grin* (oder auch zum ansteckenden Lächeln) gehören, die Unversehrtheit des Helden signalisieren. Die ritterliche Erscheinung wird durch die eng taillierten Jacketts und die teilweise eckigen Bewegungen Kennedys weiter unterstrichen. Damit ist eine grundlegende Faszination der Kennedy-Legende bereits benannt: die Transformation des Politikers zum jugendlichen Abenteuerhelden. Diesem aber wird in Mythen, Märchen und Epen, die in der modernen Massenkultur weiterhin zirkulieren, eine quasi magische Dimension zugeschrieben, die aus der Verbindung von Jugendlichkeit und Männlichkeit resultiert. Ein junger Mann füllt eine Rolle aus, für die man normalerweise viel älter sein muss; dass er das bereits vermag, führt andererseits dazu, ihm besondere, quasi magische Fähigkeiten zuzuschreiben, die ihn über den Normalpolitiker hinausheben. In diesem Sinne ergibt Kennedys Aussehen einen doppelten Bonus. Neben der Sympathie, die es auf quasi intuitive Weise weckt, suggeriert es besondere Fähigkeiten und Kompetenz. Gewandtheit, Tatkraft, magische Stärke summieren sich insgesamt zu Merkmalen, durch die der Abenteuerheld zum Drachentöter auserwählt zu sein scheint.

Dieser Effekt potenziert sich durch einen zweiten Faktor, nämlich den der Verblüffung (und der Freude) darüber, dass dieser jugendliche Held in einem Bereich auftaucht, in dem normalerweise eine völlig andere Art von Mann und Persönlichkeitstyp dominiert, dem der Politik. Die Figur des Politikers ist in der Regel der des jugendlichen Abenteuerhelden diametral gegenübergestellt. Sie besitzt – jedenfalls gilt das noch für die Zeit, in der Kennedy reüssierte – oft die Insignien des hohen Alters (Adenauer, Wehner, Walter Ulbricht), sie hat Gesundheitsprobleme (Breshnev, Jelzin), manchmal körperliche Handikaps (Roosevelt, Churchill) oder ist zumindest durch eine gewisse unattraktive Körperfülle gekennzeichnet, die „usurpatorisch" anmutet (Kohl). Dieser Typ des Politikers okkupiert den politischen Thron; obwohl er aufgrund seines Alters, seiner Gebrechen oder seiner Verfettung längst hätte abtreten müssen, klammert er sich zum Schaden des Landes an die Macht. Das Versprechen des älteren Politikers liegt in der Autorität der Vaterfigur und ihrer Fähigkeit, die getreuen Mitglieder der (engeren oder weiteren) Familie zu belohnen. Wo es dem Politiker jedoch nicht gelingt, diese Rolle überzeugend und „gerecht" auszufüllen, erscheint seine politische Macht nach dem archaischen Abenteuerschema in unserem Kopf nicht mehr als verdient, sondern als Zeichen von Korruption. Man darf vermuten, dass er seine Macht nur noch deshalb besitzt, weil er sie mit List und Tücke gegenüber den Jüngeren zu verteidigen weiß. Hier liegt eine Quelle der großen Unbeliebtheit von Politikern, denn sie lässt die enorme Machtfülle, die sie besitzen, als unverdient erscheinen.

Das Wort „Politiker" besitzt daher oft eine Doppelbedeutung: Es kann sich auf eine berufliche Aktivität von besonderer gesellschaftlicher Relevanz beziehen, aber auch auf eine negative Eigenschaft, nämlich die der Prinzipienlosigkeit und des „unverdienten", raffiniert erschlichenen Machtbesitzes. Taucht nun eine Figur, die diesem Typus entgegengesetzt ist, in dessen Position auf, so ist dies unerwartet und erweckt große Begeisterung, denn es schafft die Erwartung, dass die Politik alten Stils endlich überwunden werden wird. Es ist, als habe der jugendliche Abenteuerheld die Bastion des tyrannischen Landvogts erstürmt, so dass endlich neue Zeiten anbrechen können.[12] Eines der wichtigsten Elemente in Kennedys Selbstdarstellung war daher seine *Aufbruchsrhetorik*, das Versprechen eines radikalen Neuanfangs, das in immer neuer Variante Ausdruck fand. Damit war ein grundlegendes Reformversprechen verbunden: Wenn ihr mir vertraut und die Macht gebt – so das Versprechen der Kennedy-Figur –, reiße ich Amerika aus den Fängen der Berufspolitiker und der alten Männer, die keinen Aufbruch wollen und dem Neuanfang im Wege stehen.[13] In der neueren Politik hat Tony Blair dieses Muster erfolgreich wiederbelebt, während die 68er Generation in der Schröder-Administration ganz damit beschäftigt war, zu beweisen, dass sie nicht mehr die verantwortungslosen Barrikadenkämpfer von früher seien, und insofern eher darum bemüht war, die Rolle des Berufspolitikers möglichst glaubhaft zu verkörpern. Einen interessanten Fall stellt auch der Präsidentschaftswahlkampf zwischen George W. Bush, Jr. und John Kerry im Jahr 2004 dar. Kerry versuchte, den Kennedy-Mythos wiederzubeleben, der Yale-Absolvent Bush spielte die Rolle des *average Joe*, des „gemeinen" Durchschnittsamerikaners aus Texas. Der strategische Populismus des Bush-Lagers setzte sich durch, weil es gelang, das Bild Kerrys vom heroischen Abenteuerhelden zum versnobten Aristokraten umzusemantisieren.

Kennedys Verbindung von Jugendlichkeit und Männlichkeit hat somit eine interessante Konsequenz, denn sie verändert unsere habitualisierten Wahrnehmungs- und Interpretationsmuster – und damit auch unsere üblichen Narrativisierungen – von Politik. Im Märchen und Abenteuergenre, mit dem wir in die Kultur hineinwachsen, ist der Herrscher bzw. alternde Berufspolitiker der Schurke, der das Volk unterdrückt und belügt, anstatt es zu beschützen. Diesem egoistischen Herrscher steht andererseits der jugendliche Held gegenüber, der den Zustand der Unterdrückung beendet und damit eine Phase lähmender Stagnation überwindet. Er kann dies tun und für einen Neubeginn stehen, weil er mit dem Bereich des Herrschens, also der Politik, nichts zu tun zu haben scheint und daher auch nicht Gefahr läuft, korrumpiert zu werden. Kennedy vermochte eine neue politische Rolle zu begründen, weil er zwei Dinge zusammenbrachte, die normalerweise in Opposition zueinander stehen; er redefinierte den Politiker als jugendlichen Helden im Stil einer Ritterfigur.

Oder, anders gesagt: Gerade derjenige, der die Welt normalerweise vor den Politikern rettet, nimmt nun selbst die Rolle des Politikers ein. Es brechen, so scheint es, völlig neue Zeiten an. Insofern war Kennedy bereits durch seine Erscheinung mit einem Bonus versehen, von dem die öffentliche Wahrnehmung der Figur noch heute lebt.

Die öffentliche Wahrnehmung

Viele Elemente von Kennedys Image erhalten im Kontext dieser grundlegenden Kodierung neuerlich Sinn und eröffnen neue Perspektiven für die Erklärung der öffentlichen Wirksamkeit der Figur:

1) Zur Figur des jugendlichen Abenteuerhelden passt Kennedys *New Frontier*-Rhetorik, mit der in zumeist recht abstrakter Weise an eine amerikanische Tradition des Pioniergeistes und der Tatkraft appelliert wird. Allerdings muss dieses schmeichelhafte Selbstbild neue Ziele und Aufgaben erhalten, wie z. B. die Weltraumexploration. Der Abenteuerheld definiert sich laut Yuri Lotman dadurch, dass er die Grenze zwischen zwei Welten überschreitet und mutig in neue Bereiche vorstößt, in die sich andere bisher nicht vorgewagt haben.[14] Wo das in den USA selbst nicht mehr möglich ist, bietet der Weltraum die ideale Alternative. Insofern war die Weltraumfahrt für Kennedy so wichtig wie für keinen anderen amerikanischen Präsidenten. Auch dabei erweist sich das Abenteuerschema als wirksam. Der Weltraum

John F. Kennedy bei der ersten Pressekonferenz im State Department Auditorium, fünf Tage nach Amtsantritt.

ist das unbekannte Terrain par excellence, in das sich nur die Mutigen und Zuversichtlichen vorwagen. Der Tapfere wird reich belohnt. Ihm erschließen sich neue Welten und völlig neue Möglichkeiten, mit denen das Versprechen einer Erlösung von den Unzulänglichkeiten der alten Welt verbunden ist. So erhalten die Phantasie und das Sehnen der Menschen neue Nahrung und eben damit kann die Aussicht verbunden werden, einen Zustand der Stagnation, sowohl der Gesellschaft als auch der Phantasie, zu überwinden.

2) Ein Text, auf den im Zusammenhang mit Kennedys Aufstieg immer wieder verwiesen wird, ist dessen Buch *Profiles in Courage.* Es war wichtiger Bestandteil seiner Selbstdarstellung. Realisiert man, welch grundlegende Bedeutung dem Abenteuerschema in der Wahrnehmung Kennedys zukommt, dann wird die Rolle dieses Buches für die Konturierung der Kennedy-Figur neuerlich bedeutsam, denn von allen Eigenschaften, durch die der Abenteuerheld gekennzeichnet ist, ist die des persönlichen Mutes eine der wichtigsten. Mut entsteht aus der Fähigkeit zur Selbstüberwindung. Er enthält das Versprechen, dass der Held bereit ist, sich für das Gemeinwohl zu opfern und somit „selbstlos" zu handeln: „Jacks Buch wurde als Weckruf verstanden, die öffentliche Verantwortung über private Interessen zu stellen."[15] Im Wahlkampf 2004 war es daher für das Bush-Lager entscheidend, im Hinblick auf Kerry den Mythos des Vietnam-Kriegshelden zu demontieren – was mit der *Swiftboat*-Kampagne überaus wirksam gelang.

3) Ein Tatbestand, der erst mit den Enthüllungsbüchern nach Kennedys Tod ans Tageslicht kam, ist die systematische Art und Weise, in der er selbst und seine Familie seine zahlreichen gesundheitlichen Probleme vor der Öffentlichkeit verborgen hielten. Das volle Ausmaß dieser Probleme ist daher, wie bereits gesehen, erst in den letzten Jahren deutlich geworden:

> *Die medizinischen Aufzeichnungen von Kennedys Arzt Janet Travell belegen, dass Kennedys Gesundheit noch viel prekärer war als bisher angenommen. Zwischen Mai 1955 und Oktober 1957, während er seine Bewerbungen um die Vizepräsidentschaft und*

Präsidentschaft vorantrieb, wurde Kennedy insgeheim neun Mal in ein Krankenhaus eingeliefert und verbrachte dort insgesamt 44 Tage, davon zweimal für eine ganze Woche und einmal für 19 Tage.[16]

Dieses Krankheitsbild blieb während seiner Präsidentschaft trotz leichter Konsolidierung im wesentlichen unverändert. Dennoch wurde ihm öffentlich von seinen Ärzten immer wieder „ausgezeichnete Gesundheit" bescheinigt:

Als sich Journalisten zwei Stunden vor der Inauguration nach seiner Gesundheit erkundigten, wurde ihnen von zwei Ärzten versichert, dass eine Untersuchung im Januar ergeben hätte, dass sich der Präsident nach wie vor ‚ausgezeichneter' Gesundheit erfreue.[17]

Der Eindruck wurde durch die Inauguration bekräftigt:

Kennedys scheinbare Unempfindlichkeit gegenüber der schneidenden Kälte, seine gut gebräunte Erscheinung – seinem Aufenthalt in Florida vor der Inauguration zugeschrieben –, und sein voller Haarschopf ergaben zusammen ein Bild „blühender Gesundheit".[18]

Diese Täuschung der Öffentlichkeit wurde im Folgenden erfolgreich fortgesetzt. Informationen über Kennedys vielfältige und chronische Krankheiten wurden wie ein Staatsgeheimnis gehütet: „Kennedy war zuversichtlich, dass er den Anforderungen des Präsidentenamtes gewachsen war, aber er wusste auch, dass seine Kandidatur erledigt wäre, wenn seine zahlreichen chronischen Gesundheitsprobleme öffentlich bekannt werden würden," fasst Dallek die durchaus plausiblen Überlegungen hinter dieser Entscheidung zusammen.[19] Er macht dabei allerdings nicht klar, warum das Wissen um Kennedys Krankheiten wahrscheinlich das Ende seiner Kandidatur bedeutet hätte: Das Bild des jugendlichen Helden und Retters, auf dem Kennedys Popularität beruhte, wäre mit jedem Hinweis auf chronische körperliche Gebrechen in sich zusammengefallen, denn es hätte ihn in eben jene Galerie „alter", gebrechlicher Politiker zurückbefördert, die er gerade abzulösen versprach.

4) Der wohl berühmteste Ausspruch von Kennedy ist neben dem unvergesslichen Ausspruch „Ich bin ein Berliner" ein Satz aus Kennedys *Inaugural Address*: „And so, my fellow Americans: ask not what your country can do for you – ask what you can do for your country." [„Und so sage ich Euch, meine amerikanischen Landsleute, fragt nicht, was Euer Land für Euch tun kann – fragt, was Ihr für Euer Land tun könnt."] Der Abenteuerheld vermag seine Autorität immer nur so lange zu bewahren, wie er nicht zum bloßen Abenteurer wird. Der Aufbruch des Helden, sein Vorstoß in neue Welten, seine Gründung eines neuen Königshauses, schließlich auch die Reden, mit denen er an die Bevölkerung appelliert, ihm sein Vertrauen zu schenken und ihm zu folgen, stehen so lange für mehr als das bloße Eigeninteresse eines Abenteurers, der nach Macht strebt, wie es gelingt, glaubhaft zu versichern, dass er uneigennützig im Dienste eines höheren Ideals handelt. Kennedys *Inaugural Address,* die traditionelle Antrittsrede des neu gewählten Präsidenten, ist daher durchzogen von einer Rhetorik des Gemeinsinns, des „public service", eines fast messianisch anmutenden Appells zum Dienst an der Gemeinschaft und dabei ist der Schlüsselsatz „Ask not what your country can do for you […]" durch einen subtilen Selbstbezug gekennzeichnet, mit dem impliziert wird: Genau so verstehe ich meine Tätigkeit als Präsident. Ich bin nicht Präsident geworden aus persönlichem Ehrgeiz oder aus „Abenteuerlust", sondern weil ich mich für Amerika und die freie Welt verantwortlich fühle. Damit gebe ich Euch allen ein Vorbild.

5) Die enorme Resonanz, die Kennedy in Berlin fand, macht vor diesem Hintergrund neuen Sinn. Offensichtlich war es ihm gelungen, wie keinem Präsidenten vor ihm und nach ihm, ein Gefühl persönlicher Verantwortung für das Schicksal der Berliner zu vermitteln. Die damit verbundene Sicherheitszusage wurde durch das Abenteuerschema verstärkt. Kennedy gab nicht nur eine Sicherheitszusage, sondern machte mit seiner Präsenz in der belagerten Grenzstadt Berlin diese Garantie in der Erscheinung des tatkräftigen, jugendlichen Helden auf eine Weise anschaulich und überzeugend, wie das wohl kein

John F. Kennedy bei seiner Rede
in Berlin am 26. Juni 1963.

anderer Politiker vermocht hätte. In der Regel begegnet man den Zusagen von Politikern mit Skepsis, glaubt ihnen gar nicht oder nur bedingt. Kennedys Zusage jedoch war glaubhaft, denn sie erhielt durch seine Präsenz Plausibilität, schien also persönlich verbürgt und machte die Zuschauer zum Teil einer verschworenen Gefolgschaft. Auf diesem Hintergrund ist die erstaunliche Wirkung des Satzes „Ich bin ein Berliner" verständlich, denn mit ihm hatte *die* Heldenfigur der westlichen Welt persönlich die Verantwortung für den Schutz der Berliner übernommen. Der unbeschreibliche Jubel in den Straßen war eigentlich ein Jubel aus einer vergangenen Zeit: Es war der Jubel der Eingeschlossenen für den eingetroffenen Herrscher, der sie aus der Belagerung befreit hat und ihnen nunmehr mit und mittels der eigenen Person Sicherheit und Schutz verspricht. Dabei wird auch der Heldenfigur etwas gegeben, denn der Jubel des Volkes verleiht ihr etwas Majestätisches und bestätigt ihren Führungsanspruch durch ein eindrucksvolles öffentliches Votum. Das mag erklären, warum Kennedy gerührt über den Empfang in Berlin war und kolportiert wurde, er wolle seinem Nachfolger einen Brief hinterlassen, dass Berlin „gut tue".

6) Der Schmerz über Kennedys Ermordung konnte so tief und echt sein, weil hier eine genuine Identifikationsfigur zu Fall gekommen war (wie sie die Politik heute kaum noch hervor zu bringen vermag). Dabei sollte kein Missverständnis über den Begriff der Identifikationsfigur aufkommen, denn es handelt sich nicht notwendigerweise um eine Figur, mit der wir uns völlig identifizieren, wohl aber um eine, in die wir imaginäre Anteile – z. B. Stärke-, Rettungs- oder Regenerationsphantasien – investieren. Der frühe Tod des jugendlichen Helden, auf dem alle Hoffnungen für die Zukunft ruhen, ist in diesem Kontext von besonderer Tragik. Er besitzt die Größe des antiken Mythos. In diesem Sinne ist Kennedy ein gefallener Held nicht in dem Sinne, dass spätere Enthüllungen das Denkmal zu Fall gebracht hätten, sondern im Sinn des unverdienten, grausamen und unerklärlichen Todes eines Helden mit magischer Aura, der uns zu erlösen versprach. In solchen Momenten gerät die Welt, wie in den Tragödien Shakespeares, aus den Fugen, erscheint sie von äußerster Sinnlosigkeit. Der Tod

Kennedys war wahrscheinlich das aufwühlendste Ereignis meiner Generation. Ich selbst, meine Frau und alle meine Freunde können sich noch heute bis ins Detail daran erinnern, wo wir waren, als wir die Nachricht von der Ermordung Kennedys zum ersten Mal hörten und wie sie präsentiert wurde. Sieht man heute die Filme von Kennedys Begräbnis, dann hat man das Gefühl, ein König wurde zu Grabe getragen.[20]

7) Zum Trauma über den Tod der Heldenfigur gehört auch die Geschichte danach, die eine Geschichte nicht enden wollender Verschwörungstheorien über Kennedys Ermordung ist. Die Nibelungensage ist nicht nur die Geschichte von Siegfrieds Tod, sondern auch von Hagens Verrat. Wohl kein Todesfall der westlichen Welt hat eine derartige Fülle von Verschwörungstheorien hervorgebracht wie Kennedys Ermordung.[21] Sie tragen oft, wie etwa Oliver Stones Kennedy-Film *JFK*, paranoide Züge. Diese Paranoia kann als eine Art Trauerarbeit angesehen werden. Angesichts des Versprechens der Kennedy-Figur wäre die Annahme eines mehr oder minder verwirrten Einzeltäters zu banal, denn sie würde das Attribut magischer Außerordentlichkeit unterminieren. Die Tat kann daher nur das Resultat einer heimtückischen kollektiven Verschwörung sein.[22] Ironischerweise wurde aber gerade durch die Ermordung der Status Kennedys als quasi mythischer Figur bewahrt. Während ansonsten wohl nach und nach eine allmähliche Entzauberung unvermeidlich gewesen wäre (z. B. durch den Vietnam-Krieg), blieb dem Mythos Kennedy diese Entzauberung erspart.[23] Mehr noch: Er wurde zu einem Zeitpunkt ermordet, an dem der Mythos noch intakt war, und der jugendliche Held nach der erfolgreichen Bewältigung der Kuba-Krise das Versprechen neuer Stärke eindrucksvoll bestätigt hatte. Dadurch aber wurde der Mythos in seinem Zenit eingefroren und alle folgenden Enthüllungen und Entzauberungsversuche mussten an dieser Verselbständigung der Legende abprallen. Durch die Ermordung Kennedys ist der Mythos endgültig Realität geworden; keine Enthüllung kann ihm mehr etwas anhaben.

8) Mit dem traumatischen Tod eines Helden, der Identifikationsprozesse von seltener Intensität und Breite der Wirkung

in Gang gesetzt hatte, war allerdings eine ebenso intensive und weit reichende Desillusion über ein Amerika verbunden, für das Kennedy Symbol geworden war:

> *Eine andere einflussreiche Erklärung für die Inflation von Verschwörungstheorien, die sich mit Kennedys Ermordung verbanden, ist die, dass sein traumatischer Tod nicht nur zum Verlust des Glaubens an eine inhärente Tugendhaftigkeit Amerikas führte, die Kennedy für viele zu verkörpern schien, sondern auch zu einem weit reichenden Legitimationsverlust der demokratischen Institutionen, die den Fall untersuchten.*[24]

Kennedys Tod war eine Wasserscheide. Seine Ermordung wurde zum Symbol eines Amerika, das es nicht wirklich ernst meint mit der Realisierung seiner eigenen Ideale und daher seine Chance verspielt hatte: „[…] Kennedys gewaltsamer Tod schien dem Land und der Welt ihre Hoffnung zu nehmen."[25] War Kennedy zuvor der exemplarische amerikanische Held, so wird seine Ermordung nunmehr zur exemplarischen Geschichte Amerikas (die durch die Ermordung von Martin Luther King und Robert Kennedy weitere Nahrung erhielt): „Kennedys Ermordung erscheint heute als schmerzlicher Beginn einer ‚Dekade der Schocks', sie erscheint als Ende nationaler Unschuld, durch das eine Ära des Optimismus und der nationalen Zuversicht von einer des Pessimismus und des Selbstzweifels abgelöst wurde."[26] Die intensive emotionale Betroffenheit angesichts von Kennedys Ermordung lieferte den Treibstoff für eine zunehmend zynische Beschreibung der amerikanischen Gesellschaft als eines gewalttätigen und undurchsichtigen Systems, in dem Politiker, Kapitalisten und Mafiosi nicht mehr zu unterscheiden sind und hinter den Kulissen zusammenarbeiten. Der alte Typ des Politikers, den Kennedy zu ersetzen versprach, war zurückgekehrt.[27] Die ideologiekritische Entlarvung der so genannten amerikanischen Gründungsmythen wurde zum zentralen Projekt der *American Studies*, aber auch der amerikanischen Hochkultur und Populärkultur. Wie gesehen, blieb allerdings der Kennedy-Mythos selbst davon unberührt. Man brauchte ihn im Gegenteil dazu, um den „Verrat“ an den amerikanischen Idealen umso nachdrücklicher dramatisieren und den Niedergang Amerikas um so entschiedener kritisieren zu können.

Camelot

Dass die bisherigen Überlegungen zur Kodierung der Kennedy-Figur als Abenteuer- und Ritterfigur plausibel sind, wird durch die zentrale Rolle des Camelot-Mythos in der Darstellung Kennedys belegt, also des legendären mittelalterlichen Hofs von König Arthur und seinen Rittern der Tafelrunde. In einem Interview mit Theodore White hat Jackie Kennedy diesen Bezug explizit gemacht:

> *Bevor wir nachts ins Bett gingen, spielte Jack gern einige Platten und das Lied, das er am liebsten hörte, kam am Ende der Platte. Die Zeilen, die er besonders liebte, waren:* Don't let it be forgot, that once there was a spot, for one brief shining moment that was known as Camelot. *[Laßt nicht in Vergessenheit geraten, dass es einst einen Ort gab, der für eine kurze glänzende Phase als Camelot bekannt war.] Sie wollte sicher stellen, dass der Punkt unmissverständlich war und fuhr daher fort: ‚Es wird immer wieder große Präsidenten geben – und die Johnsons sind wunderbar, sie haben sich mir gegenüber wunderbar verhalten – aber dennoch wird es nie wieder ein Camelot geben.‘*[28]

Die Nobilitierung Kennedys wurde nach seinem Tod aktiv von seiner Frau und seinen Freunden vorangetrieben. Dabei ist die Referenz Camelot klug gewählt, denn sie verbindet das Versprechen von selbstlosem „ritterlichen“ Handeln mit dem Gedanken einer noch unkorrumpierten „natürlichen“ Aristokratie der Tat. Wir gehen sozusagen zurück zu den Anfängen des Adels, in eine Zeit, in der dessen Ausnahmestellung noch erkämpft und verdient ist. In diesem Kontext sind vor allem vier Aspekte von Interesse:

1) Der jugendliche Abenteuerheld ist im Camelot-Mythos zum König geworden, und er ist der einzig richtige Mann dafür, denn er ist eine Ausnahmeerscheinung, ein König Arthur der amerikanischen Politik. Kennedy kam dabei eine Besonderheit des amerikanischen politischen Systems zugute, das keinen Unterschied zwischen dem Amt des Ministerpräsidenten und dem symbolischen Repräsentanten des Staates, also dem König, oder im Fall der Bundesrepublik Deutschland, zwischen dem des Kanzlers und des Bundespräsidenten, kennt. Insofern muss und kann der amerikanische Präsident beide Rollen ausfüllen. Die für unser Empfinden oft erstaunlich zeremonielle Dimension des Auftretens amerikanischer Präsidenten findet hier eine Erklärung. Wohl keinem anderen Präsidenten gelang es dabei so gut wie Kennedy, beide Rollen miteinander zu verschmelzen und auf diese Weise wechselseitig zu autorisieren. Mit der Arthurlegende war ein Mythos gefunden, der es erlaubte, Idealismus und Macht miteinander zu verbinden: Der Idealismus wird im Königtum zu Recht belohnt und die Macht nobilitiert.

2) Weil er integer ist und das Ziel einer Regeneration der Gesellschaft nie aus den Augen verliert, nimmt der Held der Arthurlegende als Herrscher nicht den Weg der anderen, sondern etabliert eine vorbildliche Gesellschaft, die neue Maßstäbe setzt. In diesem Zusammenhang ist die Rolle von Bedeutung, welche die Hochkultur in der Selbstdarstellung des Weißen Hauses spielte. Denn die bewusste Kultivierung der Künste stellt mehr als nur einen Versuch dar, dem Vorurteil von der Kulturlosigkeit der amerikanischen Gesellschaft entgegen zu wirken. Vielmehr kommt ihr die Funktion einer Nobilitierung der Macht zu, durch die das Weiße Haus eine latent „royale" Dimension erhält:

Kennedys Beliebtheit bei der Presse und in der Öffentlichkeit hing auch mit dem Glanz zusammen, den er und Jackie ins Weiße Haus brachten. Obwohl die meisten Amerikaner mit der hohen Kultur an sich nichts im Sinn haben, sahen sie den Präsidenten und die First Lady als amerikanische Aristokraten. Ihre stilvollen Abendveranstaltungen im Weißen Haus – der Präsident im Frack und Mrs. Kennedy modisch immer auf dem neuesten Stand –, ihr Interesse an den Schönen Künsten, und ihre Assoziation mit Künstlern und Intellektuellen, gab dem Land ein gutes Gefühl seiner selbst. Für Millionen von Amerikanern etablierten sich die USA unter Kennedy nicht nur neuerlich als eine führende Weltmacht, sondern auch als Zentrum des guten Geschmacks, als eine Nation, die nicht nur den höchsten Lebensstandard aufzuweisen hatte, sondern auch einen Präsidenten und eine First Lady, die selbst europäische Aristokraten in den Schatten stellten. Wie übertrieben vieles an dieser Wahrnehmung auch gewesen sein mag, für Kennedy erwies es sich politisch als außerordentlich wertvoll für die Kontrolle der öffentlichen Imagination.[29]

Zu den Rittern der Tafelrunde, den noblen und selbstlosen *best and the brightest* der Eliteuniversitäten der Ostküste, tritt die Transformation des Weißen Hauses in einen proto-königlichen Hof, der seinen Anspruch durch die *First Lady* und eine quasi aristokratische Familienlinie bezieht, aber auch, und nicht zuletzt, aus dem Prestige von weltweit anerkannten und respektierten Künstlern.[30]

3) Mit der Inszenierung „royaler" Dimensionen hatte Kennedy einerseits einen Weg der Legitimierung seiner Macht gefunden, die über politische Parteien hinaus ging und das „Volk" direkt ansprach. Seine große Popularität schützte ihn vor manchem, nicht zuletzt vor allzu indiskreten Berichten. Zugleich war mit dieser Strategie im populistischen Amerika aber auch eine große Gefahr verbunden. Assoziationen von Royalität und „Majestät" können einerseits die Macht „adeln", aber sie können andererseits auch schnell in Assoziationen von Dekadenz und Anmaßung umschlagen, durch die die Legitimität von Macht in Frage gestellt wird. Der schwierige Balanceakt der Kennedys bestand darin, die erste Assoziation zu wecken und die zweite zu vermeiden. Wie prekär dieser Balanceakt war, lässt sich am Beispiel der öffentlichen Wahrnehmung der „Dynastie" der Kennedys ermessen. Solange Kennedy lebte, trug die Zugehörigkeit zur Kennedy-Familie zur Stärkung des royalen Images bei. Mit den Kennedys hatte Amerika endlich eine eigene königliche Familienlinie gefunden, die sich jedoch von europäischen Mo-

narchen durch ihre unverbrauchte Tatkraft und demokratische Informalität positiv unterschied.[31] Wenn Camelot ein Ideal war, dann war die weitere Geschichte europäischer Königshäuser die eines Abstiegs, der nunmehr in der amerikanischen Demokratie in Gestalt einer neuen, „natürlichen" Aristokratie rückgängig gemacht wurde.

Die vielen Schicksalsschläge der Familie der Kennedys schienen ihr in der Tat eine Bestätigung ihrer Außerordentlichkeit und eine heroische Größe zu geben und sie damit über die Welt der normal Sterblichen zu erheben. Die Kennedys wurden zu Hauptfiguren einer „griechischen Tragödie" und damit überlebensgroß.[32] Wer von den Göttern auserwählt ist, der muss auch damit rechnen, dass ihn die Götter gelegentlich ihre Macht spüren lassen. Spätestens mit Ted Kennedys Chappaquiddick schlug die Wahrnehmung jedoch um. Aus „natürlichem Adel" wurde in der Wahrnehmung vieler Amerikaner eine verantwortungslose, privilegierte Dynastie, der man kein wichtiges politisches Amt wie die Präsidentschaft anvertrauen sollte. John F. Kennedy vertraute man, weil er versprach, Politik zu nobilitieren; seinem Bruder Ted Kennedy misstraute man, weil er sich anzumaßen schien, über dem Gesetz zu stehen. War John F. Kennedy noch als edler Ritter angesehen worden, so erschien Ted Kennedy nunmehr als ein dekadenter Lebemann. In diesem Moment wird die Assoziation von Adel und „Royalität" kontraproduktiv: An die Stelle eines Versprechens von Nobilitierung tritt eine Anmaßung. Nach den Kennedys sind amerikanische Politiker daher in der Regel wieder zur bewährten Symbolfigur des *Frontiersman* zurückgekehrt.

4.) Damit wird abschließend noch einmal ein interessantes Interpretationsproblem aufgeworfen, das sich verstärkt hat, je mehr die „royalen" und aristokratischen Elemente des Kennedy-Mythos bis hin zum Camelot-Motiv hervorgetreten sind. Der kulturwissenschaftliche Blick auf die Quellen der enormen Popularität von John F. Kennedy hat ja letztlich einen überraschenden Befund erbracht. Auf den ersten Blick will uns Kennedy als „typisch amerikanisch" erscheinen (und gibt den Amerikanern selbst das Gefühl eines besseren Selbst); blickt man jedoch genauer auf die Merkmale dieses vermeintlich typisch amerikanischen Idealisten, dann sieht man ein kulturelles Kompositum, dessen Rohstoff im Wesentlichen aus der europäischen Ständegesellschaft stammt. Allerdings ist der Rohstoff transformiert: Aus Klassenmerkmalen wird „Stil", geprägt durch die Kunst, Demokratie und Geschmack miteinander zu verbinden. *Class* ist im amerikanischen Kontext ein Begriff für einen persönlichen, geschmackvollen Stil geworden, mit dem sich jedoch keinerlei Klassendünkel verbindet: „Der Kennedy-Stil war gezielt, wenn auch in recht wahlloser Manier, kosmopolitisch und ‚kultiviert'. In großen Zügen verkörperte er die Vorstellung von ‚Klasse' des ‚einfachen Mannes'."[33] Damit allerdings ist ein Risiko verbunden. „Stil" will beherrscht sein. Der *Frontiersman* ist deshalb für amerikanische Politiker eine sichere Bank, weil an seinem amerikanischen Stammbaum nicht gezweifelt werden kann. Dagegen werden Königshaus und Adel der Alten Welt zugeordnet. Dennoch identifizierten sich die Amerikaner mit Kennedy und sahen ihn die Europäer als Inbegriff des Amerikaners an.

Worin bestand dann aber das eigentlich „Amerikanische" an Kennedy? Man stößt hier bei näherer Betrachtung auf das interessante Phänomen eines Kulturtransfers und einer kulturellen Reappropriation. Königtum bzw. Adel signalisieren zunächst einmal eine Form der Einzigartigkeit – und damit Überlegenheit, von *being number one* –, die allerdings in der europäischen Version für Amerikaner nicht akzeptabel ist, weil sie nicht als individuell verdient erscheint, sondern das Resultat von Standesprivilegien ist. Kennedys Genie bestand darin, die europäische Form zu amerikanisieren und dabei ihre positiven Konnotationen zu bewahren. Seine Erscheinung war „nobel", aber nicht steif, sondern lässig und von erfrischender Informalität geprägt; er war nicht arrogant und herablassend, sondern offen und freundlich; stilvoll, aber nicht unnahbar und im steifen Zeremoniell erstarrt; tatkräftig, aber nicht von einem undemokratischen Machtanspruch besessen, sondern kollegial inspiriert (Bilder von Kennedy im Kreis seiner Berater sind Legion). Dazu kam

Kennedys Herkunft als Sohn einer irischen Einwandererfamilie, die jedoch nicht Makel war, sondern Teil eines Szenarios des Aufstiegsversprechens Amerikas. Der soziale und ökonomische Aufstieg der Einwandererfamilie Kennedy bestätigte den amerikanischen Traum. Geld und gutes Aussehen sind in der amerikanischen Gesellschaft jene beiden „demokratischen", weil nicht von Standesprivilegien abhängigen Unterscheidungsmerkmale, die eine Ausnahmestellung rechtfertigen. So entsteht in der Kombination verschiedener kultureller Elemente ein außerordentlich wirksames Konstrukt: Aus der europäischen Kultur wird die Idee „königlicher" Außerordentlichkeit übernommen, aus der amerikanischen Kultur das Versprechen, dass Amerika dieser Idee neue Substanz und Vitalität zu geben vermag. Die amerikanische Gesellschaft kann das, weil sie als Demokratie sicherzustellen vermag, dass es die tatsächlich Noblen sind, die zu Führern werden. Mit anderen Worten: Kennedy demokratisierte die europäische Kultur der Nobilität, und diese Demokratisierung konnte gerade auch in Europa Begeisterung hervorrufen und als typisch amerikanisch empfunden werden, weil sie die politisch korrekte – sprich: demokratische – Regeneration eines kompromittierten europäischen Ideals darstellte. Im Grunde können wir hier von einer Amerikanisierung des Mythos sprechen.

Heute ist Barack Obama in die Fußstapfen Kennedys getreten. Entsprechende Assoziationen waren in Obamas Wahlkampf willkommen, einschließlich der Unterstützung durch Kennedys Tochter. Genau wie Kennedy wurde Obama dabei oft „klassenlose Klasse" zugeschrieben. Obamas jungenhafte Erscheinung, sein schmaler, gut geformter Körper, seine gut sitzenden Anzüge, seine offensichtliche Sportlichkeit und Fitness (als moderne Redefinition von Gesundheit) und schließlich auch die geschickt inszenierte Informalität seiner Wahlkampfauftritte, in denen er oft mit hochgekrempelten Ärmeln auftrat, entsprechen dem Image Kennedys.[34] Gleichzeitig hat Obamas Ehefrau Michelle scheinbar mühelos die Rolle Jacqueline Kennedys übernommen; bereits die Parallelität der französischen Vornamen Jacqueline und Michelle scheint ja auf eine Wahlverwandtschaft zu verweisen. Als die Obamas bei ihrem ersten Europabesuch im Frühjahr 2009 auch am englischen Hof empfangen wurden, war der patriotische Stolz über die Obamas in der Berichterstattung der amerikanischen Medien unübersehbar, in der immer wieder die gekonnte Balance zwischen offiziellem Protokoll und ungezwungener Informalität, zwischen präsidialer Würde und „natürlicher" Spontaneität hervorgehoben wurde. Es war, als würden die jungen Amerikaner endlich frischen Wind in das steife europäische Zeremoniell bringen – wofür selbst die englische Königin dankbar zu sein schien. Dennoch war die wahre Königin bei diesem Ereignis Michelle. Als sie ihren Arm um Königin Elizabeth legte, sah die Königin „alt", klein und verletzlich aus, so als bedürfe sie des Schutzes. Das Bild ging um die Welt, weil es in bester Kennedy-Manier zu verdeutlichen schien, dass die „natürliche" Aristokratie Amerikas der traditionsverhafteten europäischen Ständegesellschaft allemal überlegen ist. In der amerikanischen Presse erhielten die Obamas dafür das höchstmögliche Lob: „Obama zeigte den Engländern wie man ‚klassenlos' Klasse verkörpern kann." [„Obama showed the British how to be classlessly classy."][35] „Klassenlose Klasse" zu demonstrieren, heißt, einen Anspruch auf Überlegenheit nicht durch Standeszugehörigkeit zu demonstrieren, sondern allein aufgrund eigenen Verdiensts. Diese „Klasse" leitet sich daher nicht aus den Privilegien eines Standes ab, sondern aus der Überlegenheit einer Nation: „Honey, wir haben die königliche Familie auf Normalmaß geschrumpft. Wenn es jemals ein Bild gab, das die Überlegenheit einer Republik über eine Monarchie symbolisiert, dann ist es dieses." [„Honey, we shrunk the royal family. If ever we needed a totemic image of the merits of a republic over a monarchy, this was it."][36]

Eines hat sich allerdings seit den Tagen Kennedys geändert: Der neue Führer der freien Welt ist nicht mehr angelsächsisch, sondern multikulturell kodiert. Für Obama war die Assoziation einer „natürlichen Nobilität" wichtig, um einen möglicherweise noch schwelenden Rassismus zu neutralisieren. Zu Beginn des Wahlkampfs wurde seine Rasse als größtes Handikap angesehen (genau wie Kennedys irische Herkunft und sein

Katholizismus). Inzwischen ist aus dem scheinbaren Nachteil ein Vorteil geworden, weil Obamas Außenseiterstatus der Rolle des politischen Idealisten neue Authentizität zu geben vermag. Wie ein wachsender Zynismus der öffentlichen Meinung zeigt, ist das moralische Kapital der etablierten Führungselite seit längerer Zeit kompromittiert, wenn nicht sogar aufgezehrt. Eine Regeneration des politischen Systems konnte insofern nur von außen kommen. Als Schwarzer ist Obama einer Privilegierung durch Standeszugehörigkeit unverdächtig. Seine Stellung ist selbst erarbeitet, somit „verdient" und darin eine neuerliche Bestätigung des *American Dream*. Zudem weist sich Obama durch sein vorbildliches, an Mittelklassewerten orientiertes Familienleben als jemand aus, der Familienwerte noch ernst nimmt – im Gegensatz zur etablierten politischen Elite, einschließlich der Kennedys, für die das, wie wir nun wissen, oft nur ein Lippenbekenntnis war. Niemand würde Obama des Ehebruchs verdächtigen! Das Versprechen „natürlicher Nobilität" kann nur glaubhaft sein, solange es authentisch wirkt. Obamas Herkunft und seine multikulturelle Identität sind ideal geeignet, um die negative Seite von Kennedys Erbe zu überwinden, die des Verdachts moralischer Verantwortungslosigkeit. Diese negative Seite wurde durch Edward Kennedys Eskapaden und die des ursprünglichen Kennedy-Erben Bill Clinton derart verstärkt, dass ein männliches Mitglied des Kennedy-Clans in einem Präsidentschaftswahlkampf heute keine Chance mehr hätte. Paradoxerweise konnte somit nur Obama Kennedys legitimer Nachfolger werden.

Erschlichene Legitimation?

Die Wirkung des Kennedy-Mythos, das hat mein Erklärungsversuch aus kulturwissenschaftlicher Perspektive ergeben, verdankt sich einer gelungenen Kombination von europäischen Formen mit neuen amerikanischen Inhalten. Darin erschien Kennedy als eine Symbolfigur für die Präsentation bester amerikanischer Werte. Welchen Schluss sollen wir aber dann daraus ziehen, dass er gar nicht der war, als der er sich selbst darstellte und für den man ihn hielt? Inzwischen ist eine heftige Diskussion darüber entbrannt, welcher Stellenwert der Erkenntnis beizumessen ist, dass Kennedy ein anderer war als er zu sein vorgab. Biografen wie Theodore Sorensen, sein langjähriger Berater, hatten traditionell die „Stärke seiner Ideen und Ideale“ betont, die, so die Implikation, seine persönlichen Schwächen überrage.[37] Dagegen argumentieren „Enthüllungsbiografen“ wie Thomas C. Reeves, dass Kennedy „auf arrogante und unverantwortliche Weise seinen Bund [moralischer Tugenden] mit dem Volk verletzte“.[38] Wer seine Umwelt derart umfassend und systematisch täuscht, so hier die Implikation, dem kann man auch seine Ideale nicht mehr abnehmen. Zwischen beiden steht Robert Dalleks in vielem vorbildliche Kennedy-Biografie, die nichts beschönigt, aber im Bemühen um Versachlichung der Diskussion den Versuch unternimmt, die Einschätzung Kennedys aus dem Genre des moralischen Melodramas zurückzuführen in den Bereich der Realpolitik und jenseits der mythischen Dimension zu einer „fairen“ Einschätzung des Politikers Kennedy zu kommen. Aus dieser Perspektive kann die Frage allein die sein, ob Kennedys „andere“ Seite seine Effektivität als Politiker beeinträchtigt hat. Die Frage stellt sich für Dallek insbesondere im Hinblick auf Kennedys Gesundheitsprobleme: „In keiner wichtigen Frage unterminierten seine Gesundheitsprobleme seine Leistung als Präsident.“ Ebenso gilt: „[…] Kennedys amouröse Eskapaden hinderten ihn in keiner Hinsicht daran, ein effektiver Präsident zu sein.“[39]

Dallek will die Debatte versachlichen, aber das gelingt ihm nur um den Preis einer Reduktion des Problems. Den grundlegenderen Fragen, die sich mit den Enthüllungen über Kennedy stellen, scheint er blind gegenüber zu stehen. Das Problem besteht ja letztlich nicht darin, ob Kennedy trotz seiner Gesundheitsprobleme handlungsfähig war oder ob ihn seine Affären von der Arbeit abhielten. Das eigentliche – letztlich demokratietheoretische, aber auch ethische – Problem besteht darin, dass Kennedy seine Macht einer systematischen Täuschung verdankte. Viele der später ans Tageslicht gekommenen Fakten hätten das Bild des jungen idealistischen Politikers und sein Versprechen eines moralischen Neuanfangs unterminiert. Seine Wahl und politische Macht verdankte Kennedy einer sorgfältig inszenierten und streng kontrollierten Fiktion. Genau genommen handelt es sich somit um einen Fall erschlichener Legitimation. Da man heute trotz aller Vorbehalte letztlich davon ausgeht, dass Kennedy seine Macht nicht wirklich oder jedenfalls nicht dramatisch missbraucht hat, wird das Problem selten in diesen Worten formuliert. Aber in einer Zeit, in der mithilfe anderer Geschichten mit archaischen Konnotationen Kriege geführt werden, sollte die Gefahr, die eine erschlichene Legitimation für die Demokratie stellt, offensichtlicher geworden sein.

Im Grunde verdeutlicht ausgerechnet der Fall Kennedy eine erschreckende Wahrheit über die Demokratie. Benedict Anderson hat im Hinblick auf den Nationalstaat von einer „imagined community" gesprochen, also von der Notwendigkeit, mit Hilfe der Imagination die Fiktion einer nationalen Gemeinsamkeit und Gemeinschaft zu schaffen. Nationalstaat und Demokratie sind in der Moderne nebeneinander entstanden und haben daher im Hinblick auf die Konsensbildung verwandte Probleme: Wie kann ein plurales System divergierender Interessen Gemeinsamkeit stiften und handlungsfähig bleiben? Im Nationalstaat, so Anderson, geschieht das durch den Konsens über eine gemeinsame Identität und somit auch eine Gemeinsamkeit der Interessen. Die Demokratie führt diese Problematik noch einmal einen Schritt weiter. In ihr wird nicht mehr von einem Konsens über eine gemeinsame Identität ausgegangen, sondern von einem nochmals reduzierten Konsens. Die einzig verbleibende Gemeinsamkeit besteht nunmehr in der Übereinkunft, bestimmten Politikern politische Macht „auf Zeit" zu geben und ihre Entscheidungen für diesen Zeitraum als legitim zu akzeptieren. Der Fall Kennedy zeigt jedoch, dass diese Legitimation durch Fiktionen geschaffen werden kann (vielleicht sogar geschaffen werden muss?). Kennedys Aussehen ist dabei noch einmal relevant, denn es fungierte offensichtlich als effektive Legitimationsinstanz: Man glaubt das, was man sieht. Und doch haben alle, die Kennedy verehrt und ihm zugejubelt haben, einer fiktiven Person zugejubelt. Das verdeutlicht zum einen die zentrale Rolle, die der Kultur für die Politik zukommt. Wie der Fall Kennedy zeigt, kann die symbolische Ebene letztlich zur eigentlichen Quelle von Machterwerb und Machterhalt werden. Darüber hinaus aber verweist der Fall Kennedy auch auf eine zweite, erschreckende Wahrheit über die Funktionsweise der Demokratie. Denn er macht klar, dass im Zentrum des demokratischen Konsens ein „Nichts" stehen kann – ein Held, den es gar nicht gibt.

Anmerkungen

1 Vgl. die Beschreibung von Kennedys vielfältigen gesundheitlichen Problemen in Robert Dalleks Biographie, die heute als eine der besten und zuverlässigsten gilt: „Nach der Diagnose des Addison-Syndroms im September 1947 kämpfte er weiterhin mit medizinischen Problemen. Während der folgenden sechs Jahre plagten ihn Kopfschmerzen, infektiöse Erkrankungen der oberen Atemwege, Bauchschmerzen, Harnwegbeschwerden und andauernde Rückenschmerzen. Er ließ sich von einem Hals-, Nasen- und Ohrenspezialisten wegen seiner Kopfschmerzen beraten, nahm Medizin und wandte täglich eine fünfzehnminütige Hitzebehandlung an, um seine Bauchschmerzen zu lindern. Er befragte Urologen wegen seiner Nieren- und Prostatabeschwerden, hatte DOCA-Kugeln implantiert und nahm eine tägliche Dosis Kortison, um das Addison-Symptom zu kontrollieren. Er versuchte erfolglos, sich von seinen Rückenleiden zu befreien. Im Juli 1953 ließ sich Kennedy in das George Washington University Hospital zur Behandlung seines Rückens einweisen. […] Die Schmerzen waren zu diesem Zeitpunkt fast unerträglich geworden. Eine Röntgenuntersuchung zeigte, dass der fünfte Lendenwirbel kollabiert war, wahrscheinlich als Konsequenz der Behandlung des Addison-Symptoms mit Kortikosteroid. Er konnte sich nicht einmal bücken, um seine linke Socke anzuziehen und Treppen stieg er nur seitwärts herauf. Seit Anfang Mai musste er dann auf Krücken gehen […]" (Dallek 2003, 195–6). Diese Gesundheitsprobleme blieben der Öffentlichkeit verborgen und wurden erst nach Kennedys Tod nach und nach bekannt.

2 In der Literatur zum Thema wird heute die These vertreten, dass es ausgerechnet diese „schwache Stelle" war, die zu seinem Tod beitrug, denn Kennedy trug bei seiner Fahrt durch Dallas ein Stützkorsett, das ihn daran hinderte, sich vor dem dritten Schuss wegzuducken.

3 Vgl. Dallek zu Jacqueline Kennedys „Erwachen" nach der Eheschließung: „Sie war, wie Lem Billings erinnert, nicht auf die Erniedrigungen gefasst, die sie auf den Feiern ertrug, wenn Jack plötzlich mit einem hübschen jungen Mädchen verschwand. […] Jackies Unglück war kein Anlass für Jack sich zurückzuhalten" (Dallek 2003, 194–5). Über die Zeit der Präsidentschaft heißt es bei Dallek: „Kennedy hatte Affären mit etlichen Frauen, einschließlich Pamela Turnure, Jackies Pressesekretärin; Mary Pinchot Meyer, der Schwägerin von Ben Bradley; zweier Sekretärinnen des Weißen Hauses, die scherzhaft die Namen Fiddle und Faddle trugen; Judith Campbell Exner, die aufgrund ihrer Verbindung zu Mob-Persönlichkeiten wie Sam Giancana zum Ziel von FBI-Untersuchungen

wurde; und einer großen, schlanken und schönen Studentin, die während zweier Sommer als Praktikantin im Pressebüro des Weißen Hauses arbeitete. (Sie besaß ‚keinerlei Fähigkeit', erinnert sich ein Mitarbeiter des Pressebüros. ‚Sie konnte nicht mal tippen'." (Dallek 2003, 475–6). Über Kennedys Affäre mit Marilyn Monroe ist inzwischen viel geschrieben worden, ebenso wie über die mit Ellen Rometsch, einer Ostdeutschen, die einst als Sekretärin in Ulbrichts Büro gearbeitet hatte und vom FBI verdächtigt wurde, eine Spionin zu sein. Siehe zu diesem Aspekt insbesondere Seymour Hershs *The Dark Side of Camelot*.

4 Vgl. Dallek: „Anders als Truman, der McCarthy im März 1950 als ‚Marktschreier' bezeichnet hatte, der ‚wilde Anschuldigungen' verbreite, war Jack allzu sehr bereit, McCarthys Anschuldigungen Glauben zu schenken." (Dallek 2003, 163).

5 Diese Zustimmung war auch innerhalb der Administration und des außenpolitischen Establishments umstritten: „Schlesinger übersäte JFK mit Kurzmitteilungen und Privatnotizen über den vermeintlichen Schaden für das amerikanische Ansehen und seine Präsidentschaft; Rusk legte stillen Protest ein; Fulbright, der als Vorsitzender des Ausschusses für auswärtige Angelegenheiten über die Pläne informiert war, sprach sich nachdrücklich gegen die Scheinheiligkeit der U.S.A aus, die einerseits die sowjetische Indifferenz gegenüber Forderungen nach Selbstbestimmung ständig kritisierten und andererseits planten, ein Land anzugreifen, das eher ein kleiner Stachel im Fleisch als ein wirklicher Feind war." (Dallek 2003, 361–2) Kennedy entschloss sich dennoch, das Unternehmen durchführen zu lassen: „Beim ‚Bay of Pigs'-Fiasko wies Jack moralische und legale Einwände gegen eine Invasion zurück. Er log, zeigte ein fast übertrieben-männliches Temperament und mischte sich genug in militärische Operation ein, um sie zu verschlimmern und danach anderen die Schuld dafür zu geben. Er bewilligte die heimliche Anwendung von Terrorismus und Mord namens ‚Operation Mongoose' relativ früh. In der Absicht, in Kuba um jeden Preis zu gewinnen, verhandelte Jack heimlich mit einem der Top-Gangster, der an den Attentatsversuchen beteiligt war. Diese Tatsachen zeigen die Verantwortungslosigkeit und einen Mangel an Urteilskraft, die an Amtspflichtverletzung grenzen" (Reeves 1991, 416). In all diesen Entscheidungen spielte Kennedys Bruder Robert, Justizminister in der Kennedy-Administration, eine wichtige Rolle. Auch er ist mittlerweile Gegenstand zahlreicher Enthüllungen geworden. Um nur ein besonders krasses Beispiel zu geben, das einer *New York Times Book Review*-Rezension des Buches *Robert Kennedy. His Life* von Evan Thomas entnommen ist: „Manchmal versucht Thomas den Schock zu mildern: ‚Das chaotische Zusammenfallen von Ereignissen wie Kennedys Krieg gegen die Kriminalität und des Kriegs gegen Castro, verschlimmert durch den schlechten Geschmack seines Bruders bei der Wahl seiner Geliebten, ist das düsterste Kapitel in einer ansonsten stattlichen Karriere im öffentlichen Dienst.' Das ist eine höfliche Art, zu sagen, dass der Generalstaatsanwalt der U.S.A. zögerte, bestimmte Gangster zu verurteilen, weil sein Bruder, der Präsident, mit der Mätresse eines Mafia-Dons schläft und weil die C.I.A., mithilfe von Kennedys Zustimmung, mit der Mafia gemeinsame Sache macht, um Castro zu töten" (Michael Lind 2000, 10).

6 Vgl. Dallek: „Der Sonderausschuss von Senator Frank Church, der 1975 die angeblichen Attentatskomplotte untersuchte, fand acht zwischen 1960 und 1965 entwickelte Pläne für den Castro-Mord, einschließlich eines Vertrags mit einem Gangster, der darauf aus war, seine lang verlorenen Geschäftsinteressen in Kuba wieder aufzubauen. Zusätzlich gibt es Anzeichen dafür, dass der Präsident und Bobby [Kennedy] im Herbst 1961 über den Mord an dem kubanischen

Präsidenten sprachen“ (Dallek 2003, 439). In einer Rezension in der *New York Times Book Review* verweist Thomas Powers auf die schreckliche Ironie, die in diesem Wissen liegt: „Noch schlimmer ist es, über das Bild eines getöteten Mannes nachzudenken, der selbst Mordplänen zugestimmt hat. Wenn Hersch Recht hat, dann ist das, was am 22. November 1963 geschah, genau das, was Kennedy für Kuba geplant hatte“ (Powers 1997, 15).

7 Vgl. dazu auch die Ausgangsüberlegungen von Thomas Brown in seinem im Jahr 1988 erschienenen Buch *JFK. History of an Image:* „Wenn es ein alles überdauerndes Merkmal in der sich ständig verändernden Landschaft zeitgeschichtlicher Politik gibt, dann ist es die große Wertschätzung der Menschen für John F. Kennedy. Sie hat die abnehmenden Parteierfolge und die politischen Entscheidungen, mit denen man JFK während seiner Lebenszeit verband, überstanden, und die harschen Kontroversen über einige seiner politisch aktiven Familienmitglieder als auch die möglicherweise rufschädigenden Enthüllungen über Kennedy selbst überdauert. Besonders bemerkenswert ist dieses Phänomen, weil der Politiker Kennedy kein viel versprechendes Material für einen Persönlichkeitskult abzugeben scheint. Seine Karriere als Abgeordneter war weitgehend unauffällig, er hatte die Präsidentenwahl mit einer der knappsten (und gleichzeitig suspektesten) Mehrheiten gewonnen und seine wichtigen legislativen Vorhaben waren zum Zeitpunkt seines Todes blockiert. Sogar seine Außenpolitik, in der Kennedy am aktivsten war, ist durch die Invasion in der Schweinebucht, den Zusammenbruch der Wiener Konferenz mit Krushchev und die Eskalation des amerikanischen Engagements in Vietnam schwer beschädigt“ (Brown 1988, 1).

8 Wenzel 2001, 486–7.

9 Berry, 1987, 2.

10 Dallek 2003, 323.

11 Grunert 2003, 1.

12 Eine ausgezeichnete Beschreibung der kulturellen Implikationen von Kennedys Jugendlichkeit und ihres Versprechens findet sich bei Brown: „ […] Kennedys Jugendlichkeit ist voller konnotativer Assoziationen: Aktivismus, Optimismus, Originalität, Lebenskraft […] und das Streben nach Exzellenz. Vor allem impliziert es aber *Idealismus.* […] die besondere Perspektive auf Jugendlichkeit ergibt sich aus der Befreiung von moralischen Kompromissen und konventionellen Weisheiten, die mit dem Erwachsenendasein einhergehen. Kennedys Bewunderer unterstellten wie selbstverständlich, dass sich seine jugendliche Ungeduld mit alteingesessenen Ideen und Institutionen in progressiven Anliegen wie der Bürgerrechtsbewegung offenbarten. […] Für Kennedys Anhänger und Chronisten war dieser Idealismus untrennbar verbunden mit der Ablehnung einer uninspirierten Alltagsroutine – in einem Wort: einer bürokratischen Ordnung. […]. JFKs charismatischer Führungsstil war zentral für seine persönliche Anziehungskraft bei jungen Menschen, weil sie im Präsidenten ihre eigene Ungeduld mit institutioneller Routine erkannten. […] Kennedy passte zur Anti-Establishment-Haltung der Jugendlichen“ (Brown 1988, 18–19).

13 Insofern wurde auch mit Kennedys Nachfolger L. B. Johnson, als langjähriger Fraktionsführer ein exemplarischer Berufspolitiker, oft die Assoziation einer Rückkehr des Politikers alten Stils verbunden, obwohl Johnson letztlich ein sehr viel reformfreudigerer Präsident war als Kennedy: „Es ist daher kaum überraschend, dass viele Amerikaner LBJ unterstellten, zu unrecht die Macht an sich gerissen zu haben und Teil an der Ermordung gehabt zu haben. […] LBJ schien die Rückkehr in die Vergangenheit vor Kennedys kosmopolitischer und moderner Zeit zu repräsentieren. […] Dass Johnsons Maßnahmen Erfolg hatten,

machte Kennedy-Loyalisten deutlich, dass JFK, trotz all seines versprochenen ‚Pragmatismus', nicht sehr erfolgreich im Umgang mit dem Kongress war. Aus diesem Grund wurden Johnsons Erfolge auch oft gegen ihn verwandt. Er war bloß ein ‚Politiker', dessen legislative Errungenschaften seine Doppelzüngigkeit und Manipulation aufzeigten" (Brown 1988, 104–05).

14 Lotman 1989.

15 Dallek 2003, 210.

16 Dallek 2003, 212.

17 Dallek 2003, 322.

18 Dallek 2003, 323.

19 Dallek 2003, 211.

20 Dabei spielte Jacqueline Kennedy eine maßgebliche Rolle: „Obwohl einige Familienmitglieder den Präsidenten in seinem Geburtsort Brookline, Massachusetts begraben wollten, bestand Jackie auf dem Arlington Cemetery in Washington. Wie im Pariser Grabmal des unbekannten Soldaten, das nach dem Ersten Weltkrieg unter dem Triumphbogen errichtet wurde, sollte eine ewige Flamme sein Grab kennzeichnen. Außerdem forderte sie, dass die Begräbniszeremonie der Lincolns ähnelte, dem wohl am meisten verehrten amerikanischen Präsidenten, der den Märtyrertod für die Nation starb." (Dallek 2003, 696). Damit tritt neben die Assoziation der Nobilität die des Martyriums. Zur Rolle Jackie Kennedys in der Planung von Kennedys Begräbnis siehe auch „The Birth of Camelot" in Nigel Hamiltons *JFK. Reckless Youth*, ix-xxiv.

21 Vgl. Peter Knight: „In der Sammlung des inoffiziellen ‚Ermordungsarchivs' in Washington, DC finden sich mehr als zweitausend Bücher über Kennedys Tod und damit zusammenhängende Themen. Im Kielwasser von Oliver Stones Film *JFK* (1991) befasste sich fast die Hälfte der Bücher auf der Bestseller-Liste der *New York Times* im Frühjahr 1992 mit Kennedys Tod und alle propagierten Verschwörungstheorien der einen oder anderen Art. […] 1992 glaubten drei Viertel aller Amerikaner – einschließlich Präsident Clinton und Vizepräsident Al Gore – dass Kennedy Opfer einer Verschwörung geworden sei" (Knight 2000, 76, 78). Wie Knight ausführt, war die Veröffentlichung des so genannten „Zapruder"-Films im Jahr 1975 ein wesentlicher Ausgangspunkt für die Zunahme dieser Verschwörungstheorien. Eine brillante Analyse der vielfältigen Bedeutungsebenen des Films findet sich im 1. Kapitel von David Lubins Studie *Shooting Kennedy. JFK and the Culture of Images.*

22 Vgl. Peter Knight, der einen Brief von William Manchester zitiert: „[…] wenn man den ermordeten Präsidenten der USA auf die eine Seite der Waage tut und den elenden Wicht Oswald auf die andere, so ergibt sich ein schreckliches Ungleichgewicht. Um es zu vermeiden, muss Oswalds Seite beschwert werden. Das könnte dem Tod des Präsidenten Sinn geben und ihn zum Märtyrer machen. Er würde für etwas gestorben sein. Eine Verschwörung kommt hier wie gerufen." (Knight 2000, 78).

23 Thomas Brown hat die Ironien von Kennedys „folgenloser Fortschrittlichkeit" trefflich beschrieben: „Nicht nur war Kennedy Präsident in einer Periode relativer Prosperität und sozialer Stabilität; noch wichtiger ist, dass er in den Vorstellungen der Amerikaner mit den höchsten Idealen und Machtphantasien verbunden ist – aber nicht mit dem Preis, den jeder politische Wandel mit sich bringt. In der populären Imagination ist Kennedy mit den Hoffnungen und dem Optimismus der frühen Phase der schwarzen Bürgerrechtsbewegung verbunden, die noch amerikanische Ideale von Gleichbehandlung, Fairness, und rechtlichem Gehör propagierten. Dagegen wird Kennedy nie mit Folgeproblemen wie Rassenunruhen, Einstellungsquoten und erzwungenen

Schultransporten (‚busing') verbunden – alles Probleme, die zu zahlreichen Konflikten zwischen Schwarzen und Weißen geführt haben. […] Kennedy wird als der Präsident gesehen, der die Interessen der Armen vertreten hat, aber er wird nie mit teuren Sozialansprüchen assoziiert. Es entbehrt nicht der Ironie, dass Kennedys Image als Vertreter bester amerikanischer Werte auch deshalb aufrecht erhalten werden konnte, weil er bei der Umsetzung seiner innenpolitischen Ziele so erfolglos war. Denn es war eben diese Erfolglosigkeit, die dazu geführt hat, ihm keine Verantwortung für die Probleme zuzuschreiben, die erst nach seinem Tod aufbrachen." (Brown 1988, 44–45).

24 Knight 2000, 78.

25 Dallek 2003, 694.

26 Brown 1988, 2. Für Knight steht das Ereignis daher auch am Beginn eines postmodernen Zeitalters, in dem Amerika seine Unschuld verloren hat. Aber der Einfluss erstreckt sich für Knight darüber hinaus auch auf die postmoderne Erkenntnistheorie und die damit verbundene Theorie der Geschichtsschreibung, denn in der Unabschließbarkeit der immer neuen Verschwörungstheorien kommt nicht nur die Unmöglichkeit zum Ausdruck, zu einer unterliegenden Wahrheit vorzustoßen, sondern auch die Unmöglichkeit einer kohärenten Narrativisierung von Geschichte.

27 Vgl. Brown: „Kennedys Ermordung wurde weithin als ein Schlag gegen das amerikanische Selbstbewußtsein angesehen, gegen den tröstlichen Glauben, dass die USA ein besonders gesegnetes Land seien, das von der Tragik und Pein frei sei, die sozialen Wandel anderswo begleiten. Die ersten Reaktionen auf Kennedys Ermordung – Schock, gefolgt von Ungläubigkeit und einem Gefühl der Unbegreiflichkeit – brachten das allgemeine Empfinden zum Ausdruck, dass derartige Dinge in Amerika einfach nicht passierten." (Brown 1988, 2).

28 Zit. nach Brown 1988, 42. Vgl. auch White: „So ist Camelot das Epitaph der Kennedy-Administration geworden – ein magischer Moment in der amerikanischen Geschichte, als galante Männer noch mit schönen Frauen tanzten, große Taten vollbracht wurden, sich Künstler, Schriftsteller und Dichter im Weißen Haus trafen, und die Barbaren draußen bleiben mussten." (White 1978, 525). Der Camelot-Mythos wird heute vor allem als Jackie Kennedys Werk angesehen. Für die Wahrnehmung und Einschätzung Kennedys erwies er sich als idealer Verstärker. Er „adelt" die bisher beschriebenen Merkmale und gibt ihnen eine zusätzliche mythische Dimension.

29 Dallek 2003, 479.

30 Auch hier ist inzwischen deutlich geworden, in welchem Ausmaß die Kennedysche Selbstdarstellung von Kultiviertheit inszeniert war und keineswegs genuinem Interesse entsprach: „Selbst Kennedys Bewunderer haben keinen Zweifel daran gelassen, dass Kennedys künstlerischer Geschmack ‚gewöhnlich' war. Wie Sorensen zugab, hatte Kennedy kein Interesse an der Oper, war vom Ballett gelangweilt und schlief bei Aufführungen klassischer Musik ein. Privat bevorzugte er James Bond Romane, Broadway Show Musik, romantische Balladen, und Westernfilme. Sogar ein beflissener Zeitzeuge wie Richard Rovere gab zu, dass Kennedys Kultivierung der Schönen Künste, wie zum Beispiel im Fall des berühmten Konzerts von Pablo Casals im Weißen Haus, eher einer vagen Vorstellung entsprang, dass ein derartiges Unterfangen öffentlichkeitswirksam sei, als einem genuinen eigenen Interesse an künstlerischen Leistungen. Kennedys Kulturverständnis war dezidiert ‚middlebrow': Kultur war kaum mehr als ein Statussymbol und willkommenes symbolisches Kapital, und nicht ein lebensbereichernder Aspekt." (Brown 1988, 14–15). Vgl. auch Sorensens Kapitel „Intellectual and Cultural Revival" (Sorensen 1965, 384–89).

31 Vgl. Garry Wills: „Die Kennedys blendeten Amerika. Wir dachten, es sei unsere eigene Größe, die sich in ihnen spiegelte." (Wills 1978, 275)
32 Elder 2003, 170.
33 Brown 1988, 13. In *The Kennedy Promise* führt Henry Fairlie wesentliche Elemente von Kennedys Selbstwahrnehmung und Selbstinszenierung auf englische Einflüsse zurück, „insbesondere auf die aristokratischen Ideale, die in einem von Kennedys Lieblingsautoren, John Buchan, artikuliert wurden." (Brown 1988, 64) Wenn Kennedy, wie Theodore White argumentiert, derjenige Politiker war, der die Dominanz einer WASP-Elite durchbrach und damit auch bisher marginalisierten Gruppen die Tür öffnete, so wurde das ironischerweise nur durch die gekonnte, revitalisierte Imitation eines englischen Oberschichtideals möglich.
34 Informalität stellt ein wichtiges Merkmal der Figur Obamas dar. Die Überschrift eines Artikels über Obama in der *International Herald Tribune* ist in dieser Hinsicht bezeichnend: „In Washington, the guy with the burger? Yep, it's probably Obama." (*IHT*, March 28/29, 2009) [„Ein Kerl in Washington mit einem Hamburger in der Hand? Wahrscheinlich handelt es sich um Obama."]
35 Gill 6.
36 Ibid.
37 Sorensen 1965, 7.
38 Reeves 1991, 421.
39 Dallek 2003, 705, 707.

Literaturangaben

Anderson, Benedict 1983: Imagined Communities: Reflections on the Origin and Spread of Nationalism, London.

Berg, Manfred und Andreas Etges, hg. 2007: John F. Kennedy and the ‚Thousand Days'. New Perspectives on the Foreign and Domestic Policies of the Kennedy Administration, Heidelberg: Winter.

Berry, Joseph P., Jr. 1987: John F. Kennedy and the Media: The First Television President, Lanham, MD.

Brown, Thomas 1988: JFK: History of an Image, Bloomington.

Dallek, Robert 2003: An Unfinished Life. John F. Kennedy 1917–1963, Boston.

Elder, Harris J. 2003: The Kennedys, in: The Columbia Companion to American History on Film. How the Movies Have Portrayed the American Past, hg. v. Peter C. Rollins, New York, S. 169–74.

Fairlie, Henry 1973: The Kennedy Promise: The Politics of Expectation, Garden City.

Gill, A.A. Larger than Life in London, in: International Herald Tribune 6.April 2009, 6.

Grunert, Brigitte. Ein Triumphzug mit heißen Herzen, Konfetti und grenzenlosem Jubel, in: Der Tagesspiegel 26.Juni 2003, 10.

Hamilton, Nigel 1992: JFK: Reckless Youth, New York.

Hellmann, John 1997: The Kennedy Obsession: The American Myth of JFK, New York.

Hersh, Seymour 1997: The Dark Side of Camelot, Boston.

Knight, Peter 2000: Plotting the Kennedy Assassination, in: Conspiracy Culture. From the Kennedy Assassination to ‚The X-Files', London, S. 76–116.

Kurtz, Michael L. 2000: Oliver Stone, JFK, and History, in: Oliver Stone's USA, hg. v. Robert Brent Toplin, Lawrence, S.166–77.

Lind, Michael 2000: The Candidate, in: The New York Times Book Review Sep.10, S. 10.
Lotman, Yuri 1989: Die Struktur literarischer Texte, München.
Lubin, David M. 2003: Shooting Kennedy. JFK and the Culture of Images, Berkeley.
Manchester, William 1962: Portrait of a President: John F. Kennedy in Profile, Boston.
Powers, Thomas 1997: The Sins of a President, in: The New York Times Book Review. November 30th, 1997, S. 13–15.
Reeves, Thomas C. 1991: A Question of Character: A Life of John F. Kennedy, New York.
Schlesinger, Arthur M. 1978: Robert Kennedy and His Times, New York.
Sorensen, Theodore C. 1965: Kennedy, New York.
Swarns, Rachel L. In Washinton, the guy with the burger? Yep, it's probably Obama. In: International Herald Tribune 28./29. März 2009.
Wenzel, Harald 2001: Die Abenteuer der Kommunikation, Weilerswist.
White, Theodore 1978: In Search of History: A Personal Adventure, London.
Wills, Garry 1994: The Kennedy-Imprisonment: A Meditation on Power, Boston.
Wofford, Harris 1980: Of Kennedy and Kings: Making Sense of the Sixties, New York.

Albert Einstein.

ALBERT EINSTEIN

„Werkmeister des Kosmos" – „Heiland der Narzissen"

von Hubert Goenner

Auch wenn die Überschrift dieses Beitrags überspannt klingen mag: Sie bildet nur ab, was begeisterte Zeitgenossen Einsteins empfunden haben. „Werkmeister des Kosmos" ist die Übersetzung einer Briefadresse an den „Dr. Albert Einstein, Chief Engineer of the Universe, Princeton University." Der zweite Ehrentitel „Heiland der Narzissen" stammt aus einem langen, hymnischen Gedicht, *St. Franziskus Einstein der Narzissen*, das der amerikanische Dichter William Carlos Williams anlässlich des ersten Besuchs von Einstein in den USA im Jahr 1921 verfasst hat. Hier einige Zeilen in meiner Übertragung:

Im schwarzen Märzboot
sind Einstein und der April
zur richtigen Zeit
aus dem Meer gestiegen
durch die Narzissen
in den Vorhof
der toten Freiheitsstatue, deren
steinerne Arme
machtlos gegen sie sind.
An Venus erinnernd
brechen Wellchen sich in
Gelächter –

Süßes Land der Freiheit
endlich, am Ende der Zeiten,
ist Einstein gekommen getrieben
von komplizierter Mathematik
unter die gequälten Obstbäume

Zur richtigen Zeit
ist Einstein gekommen
bringt den April in seinem Kopf
herauf vom Meer
In Thomas March Jeffersons
schwarzem Boot bringt er
Freiheit unter die tote
Freiheitsstatue
um die Narzissen zu befreien
im Wasser die singen:
Einstein hat sich an uns
erinnert
Heiland der Narzissen!

Einstein ist's
aus komplizierter Mathematik
inmitten der Narzissen –
Frühlingswinde wehen

um Freiheit zu erkaufen
für die Narzissen

bis die zaunlosen Obstgärten
ihre Blütenklunker zittern lassen –
Jiddischer Frühling!

im Geviert, warm und kalt,
schütteln die Blumen![1]

Die genannten Ehrentitel erfassen die ungewöhnliche Stellung Einsteins. Eine kollektive Imagination verleiht seiner Person und seinem Werk mythische Bedeutung; sein Leben ist zur Legende, sein Name zum Markenzeichen in Wissenschaft und Gesellschaft geworden. Welche Ironie: Der eingefleischte Individualist, der sich gegen jede gesellschaftliche Vereinnahmung wehrte, ist heutzutage zum in Wort und Bild vielfach reproduzierten Typ, zu einer nutzbaren Figur geworden. Je nach der gewählten Nuancierung ist Einstein heute ein Star, eine Kultfigur, eine Ikone, muss jeder Art von Werbung als Logo dienen. Jeder von uns kennt personentypische Fotografien: Einstein mit der gegen einen Reporter herausgestreckten Zunge, Marilyn Monroe mit ihrem vom Aufwind gelüfteten Rock. Die beiden Ehrentitel für Einstein verbinden die tatsächliche Person mit dem mythischen Bild. Im Verlauf seines Lebens wurde Einstein einerseits eine moralische Autorität, andererseits ein symbolischer Vertreter für die Schönheit des durch seine Gravitationstheorie beschriebenen Kosmos. Diese Vereinigung des Schönen mit dem Wahren ist durch die Fantasie eines Künstlers (W. Horvath) in den Gestalten von Einstein und Monroe sogar ins Bild gesetzt worden; es trägt den Titel „Weisheit und Schönheit". Hier trifft der Mythos M. Monroe auf den Mythos A. Einstein. Dieser erhebt sich bis zu pseudo-religiöser Bedeutung: Eine Postkarte, auf der Einstein als eine Art Jesus am Ölberg mit Gloriole dargestellt ist, drückt dies auf ironische Weise, das hymnische Gedicht von William Carlos Williams dagegen aus tiefer Verehrung aus. Wir finden die Pseudo-Religiosität auch in einer Todesanzeige aus dem Jahr 2007, in der statt eines Zitates aus einer religiösen Schrift, z. B. der Bibel, eine angeblich von Albert Einstein stammende Maxime vorangestellt wird: „Mehr als die Vergangenheit interessiert mich die Zukunft, denn in ihr gedenke ich zu leben."

Im Folgenden stelle ich zunächst den Wissenschaftler und Menschen Albert Einstein vor. Dann schauen wir uns an, welche Erklärungen für den Mythos Einstein vorgeschlagen worden sind. Wir erwägen sie dann vor dem Hintergrund der körperlichen und charakterlichen Züge, Verhaltensweisen und Leistungen Einsteins sowie der äußeren Einflüsse. Vergleiche mit anderen bekannten Figuren der Wissenschaftsgeschichte spielen eine Rolle. In einem dritten Abschnitt wird die zeitliche Entwicklung zum Mythos gezeichnet. Den Abschluss bilden Beispiele zur Nutzung Albert Einsteins in Kultur und Werbung. Indirekt hat Einstein den Gebrauch des Wortes *mythisch* im Zusammenhang mit seiner Person selbst erlaubt. Bei einem Dinner in London (1930), bei dem George B. Shaw ihn enthusiastisch gelobt und einen Toast auf „den größten unserer Zeitgenossen" ausgebracht hatte, erwiderte Einstein, indem er das Lob auf die öffentliche Person (als einen Doppelgänger) abschob: „Ich persönlich danke Ihnen auch für die unvergesslichen Worte, die Sie an meinen mythischen Namensbruder gerichtet haben, der mir das Leben so seltsam schwer macht, trotzdem er bei seiner ungelenken respektablen Größe doch im Grunde ein harmloser Geselle ist."[2]

Der Wissenschaftler Albert Einstein

Beginnen wir mit dem Jahrhundertgenie, wie Einstein als Wissenschaftler genannt wurde. Es liegt nahe, zuerst an die berühmteste Formel der Welt $E = mc^2$ zu denken, welche die Äquivalenz von (träger) Masse und Energie ausdrückt. Ihr liegt die Spezielle Relativitätstheorie von 1905 zugrunde. Diese empirisch sehr gut bestätigte und bisher nie widerlegte Theorie verknüpft die Raum- und Zeitmessung mit dem Bewegungszustand des messenden Physikers. Insbesondere ist „Gleichzeitigkeit" kein absoluter Begriff mehr, sondern ein durch Messvorschriften zu definierender relativer Begriff. Hier taucht ein erstes Schlagwort auf: *Relativität*! Es kehrt wieder in Einsteins *Allgemeiner Relati-*

vitätstheorie (ART) von 1915, einer Theorie der Schwerkraft und der Trägheitskräfte. Die aus ihr folgenden (wenigen) messbaren Effekte in unserem Planetensystem, die Lichtablenkung an der Sonne, die Rotverschiebung von Spektrallinien im Schwerefeld, die Periheldrehung des Merkur und der anderen Planeten, die Beeinflussung der Laufzeit von elektromagnetischen Signalen durch große Massen, sind alle vorhanden, quantitativ überprüft und teilweise technisch ausgenutzt (etwa im GPS-Orientierungssystem). Die Zusammenfassung von Raum und Zeit zu einem vier-dimensionalen Raum in der speziellen und allgemeinen Relativitätstheorie kommt entgegen der Meinung mancher Journalisten nicht von Einstein, sondern von dem Mathematiker Hermann Minkowski. Aus der allgemeinen Relativitätstheorie ist für ausgedehnte Systeme großer Massen, wie sie Sternsysteme, Galaxien, Haufen von Galaxien und größere Strukturen darstellen, das Gebiet der *Kosmologie* hervorgegangen, ein Faszinosum für jedermann. Einsteins erstes kosmologisches Modell stammt aus dem Jahr 1917, traf die empirische Situation aber noch nicht. In der Kosmologie treffen wir auf das Schlagwort „Urknall"; es ist nicht von Einstein, sondern 1950 von dem englischen Physiker Fred Hoyle als abwertende Charakterisierung geprägt worden. Die theoretische Grundlegung des Urknall-Bildes geht auf ein kosmologisches Modell des belgischen Priesters und Astrophysikers G. Lemaître zurück. Beide Forscher sind dem allgemeinen Publikum unbekannt geblieben; möglicherweise hat Hoyle über seine Science-Fiction-Romane mehr Aufmerksamkeit bekommen. Mit einem weiteren in der Astrophysik angesiedelten Schlagwort, dem „Schwarzen Loch", hat Einstein ebenfalls nichts zu tun, obgleich es eine Folge seiner allgemeinen Relativitätstheorie ist. Dennoch wird er oft als eigentlicher Urheber all dieser Begriffe betrachtet.

Die Gebiete der speziellen und allgemeinen Relativitätstheorie wurden hier zuerst genannt, weil sie Einstein in der Öffentlichkeit bekannt gemacht haben, nicht seine für die Fachleute ebenso bedeutenden Beiträge zur Brownschen (Molekular-) Bewegung bzw. zur älteren Quantentheorie von Planck, Bohr und Sommerfeld. Mit statistischer Mechanik und kinetischer

Theorie begann Einstein seine wissenschaftliche Laufbahn. Er untersuchte Suspensionen von Teilchen in einer Flüssigkeit und brachte den Mittelwert ihrer Orts-Schwankungen in Bezug zu makroskopischen thermodynamischen Größen wie Diffusionskonstante, Temperatur, Zähigkeit, Molekülzahl. Ein Resultat seiner Arbeit von 1905 stellte damals den besten Beweis für die Existenz von Atomen dar. Von allen Publikationen Einsteins hatte diese die meisten praktischen Anwendungen.

Den Nobelpreis erhielt Einstein für die Erklärung des lichtelektrischen Effekts. Um diesen Effekt, also die Ablösung von Elektronen aus einer mit hochenergetischem Licht bestrahlten metallischen Oberfläche zu beschreiben, gab Einstein dem Licht teilchenartige Eigenschaften: Die Energie des Lichtstrahls solle aus „einer endlichen Zahl von in Raumpunkten lokalisierten Energiequanten" bestehen (1905). Einige Jahre später wurde dem Lichtteilchen von dem Physiko-Chemiker Gilbert Lewis der Name *Photon* gegeben (1926). Seine bedeutenden Beiträge zur Quantentheorie, etwa zur spezifischen Wärme von Kristallen und zur plötzlichen Kondensation von atomaren Gasen mit geradzahligem Spin in den Grundzustand (im Impulsraum) bei tiefsten Temperaturen, die sogenannte *Einstein-Bose-Kondensation,* leitete Einstein auf der Grundlage der klassischen statistischen Mechanik und Strahlungstheorie bzw. einer neuartigen statistischen Verteilung her. Die neue Quantenmechanik von Heisenberg, Born und Jordan (seit 1925/26), die alle Quantenerscheinungen aufklärte, lehnte er ab wegen ihrer Aussage, dass Messwerte beobachtbarer Größen nur mit einer gewissen Wahrscheinlichkeit vorherberechnet werden können (Wahrscheinlichkeitsinterpretation). Sein Diktum war: „Gott würfelt nicht" oder genauer: *„Die Quantentheorie ist sehr achtungsgebietend. Aber eine innere Stimme sagt mir, dass das doch nicht der wahre Jakob ist. Die Theorie liefert viel, aber dem Geheimnis des Alten bringt sie uns doch nicht näher. Jedenfalls bin ich überzeugt, dass der nicht würfelt."*[3]

Einstein fand sich selbst „ganz hübsch“. Er habe „keine krummen Beine und Warzen“ oder „Haare an den Händen wie oft hässliche Männer“, schrieb er einer kleinen Kusine. Sein charakteristischer weißer Haarschopf entwickelte sich erst im Alter von 40 oder 50 Jahren, auch wenn er nach seiner Jugend die Haare schon immer lang trug. Von einem Apostelkopf unterscheidet ihn der fehlende „Rauschebart“. Das Antlitz Einsteins war anziehender als das vieler seiner bedeutenden Berliner Kollegen, seien es Max Planck, Fritz Haber oder Walther Nernst. Seine Ausstrahlung muss sehr stark gewesen sein, wenn Klaus Manns Beschreibung zutrifft: „Albert Einstein mit schöner Silbermähne, Kuppelstirn und schalkhaft tiefem Blick. Was für Augen! Er brauchte nichts zu sagen – und was er sagte, war oft unbedeutend; auch seines Ruhmes hätte es nicht bedurft. Die Augen, sternenhaft, zeugten für seine Größe.“

Einstein war ein „Modemuffel“, pflegte ein gewisses Image jedoch zeitlebens. Seine Erscheinung bildet ein Gegenstück zum Glamour von Filmstars, ist jedoch genau so weit entfernt von Charlie Chaplins „little tramp“-Figur. Die Schriftstellerin Irmgard Keun sah ihn „mit den vergnügten Augen und den Staubwedelhaaren“. Einstein war ein fröhlicher Mensch, trat bescheiden auf, zügelte sich jedoch nicht immer. Gegenüber seiner zweiten Frau Elsa, einer Kusine, beschrieb er seine Lebensweise in Berlin einmal so: „Rauchen wie ein Schlot, Arbeiten wie ein Ross, Essen ohne Überlegung und Auswahl, […] Schlafen unregelmäßig.“[4]

Der wesentlichste Charakterzug Einsteins zeigt sich wohl in seinem Bedürfnis nach Unabhängigkeit von schmerzlichen Gefühlen, von materiellen Dingen, von den Meinungen anderer, von gesellschaftlichen Konventionen, von an ihn herangetragenen Verpflichtungen zu einem Amt, einer Partei, einer Religionsgemeinschaft. Dazu gehört auch sein Unwille, sich ausschließlich an *eine* Frau zu binden – seine beiden Ehefrauen einbezogen. Er empfand sich innerlich immer *abseits,* in gewissem Sinne wenig zugehörig zu den anderen Menschen, vielleicht mit Ausnahme der jüdischen Mitbürger. In Berlin trat er besonders für die sogenannten „Ostjuden" in kärglichen Verhältnissen ein. „Ich bin ein richtiger ‚Einspänner', der dem Staat, der Heimat, dem Freundeskreis, ja selbst der engeren Familie nie mit ganzem Herzen angehört hat, sondern all diesen Bindungen gegenüber ein nie sich legendes Gefühl der Fremdheit und des Bedürfnisses nach Einsamkeit empfunden hat."[5]

Das wirkte sich in seinem Verhältnis zu seinen Ehefrauen und seinen beiden Söhnen aus, mit denen er oft herrisch und gefühllos umging. Aus seinen Urteilen über Frauen im Allgemeinen geht hervor, dass er sie hauptsächlich als Zuarbeiterinnen für die Männer, ohne viel eigene Kreativität, ansah. Einstein trat sowohl im Gehabe wie in der Kleidung anspruchslos auf. Seine Bescheidenheit im Umgang mit Menschen hatte allerdings Grenzen: Wenn er als Forscher Resultate erzielt hatte, meldete er seine Prioritätsansprüche unbeirrt an, selbst als er noch ein wissenschaftlich Unbekannter war. Er kannte seinen Wert. Da seine Kreativität es ihm erlaubte, vieles selbst zu entdecken oder auf eigene Art zu beweisen, hielt er es in der Regel nicht für nötig, die Fachliteratur zu zitieren. Also „Bescheidenheit" versus „eigener Wertschätzung": Solche Zwiespältigkeiten in seinem Leben gab es viele. Etwa, wenn Einstein bekannte: „Mein leidenschaftlicher Sinn für Gerechtigkeit und soziale Verpflichtung stand stets in einem eigentümlichen Gegensatz zu einem ausgesprochenen Mangel an unmittelbarem Anschlussbedürfnis an Menschen und menschliche Gemeinschaften."[6] Obgleich er sich aus seinem Ruhm nichts machte, setzte er ihn zielstrebig ein, wenn er damit eine gute Sache vorantreiben oder Menschen in Not helfen konnte. Für ihn war es leichter als für andere, Spenden einzuwerben.

Als wesentliche Motive für seine wissenschaftliche Tätigkeit können wir beides, sein Streben nach einem „Paradies jenseits des Persönlichen" und seine Wissbegier annehmen. „In bezug auf das künstlerische und wissenschaftliche Schaffen halte ich es mit Schopenhauer. Seine stärkste Triebkraft ist der Wunsch, der Rohheit und Langeweile des Alltags zu entfliehen und in einer von unseren eigenen Erfindungen bebilderten Welt Zuflucht zu suchen."[7] – „Meine wissenschaftliche Arbeit wird durch ein unwiderstehliches Verlangen voran getrieben, die Geheimnisse der Natur zu verstehen, und durch nichts sonst […].[8]

Einstein wird uns meist als Verkörperung des in philosophischen, mathematischen und theoretisch-physikalischen Denkweisen, im abstrakten Denken verhafteten Wissenschaftlers vorgestellt. Dass er nicht nur Gedankenexperimente, sondern allein und mit anderen Physikern physikalische Experimente im Labor gemacht hat, Gutachter in Patentprozessen war und mehrere Patente selbst hielt (z. B. für einen Kühlschrank), ist weniger bekannt.

Einstein setzte voraus, dass es eine vom Menschen unabhängige Realität gebe ebenso wie eine von ihm unbeeinflussbare Wahrheit. Jedoch verband er dies nicht mit seinem Gottesbegriff: „Ich kann mir keinen persönlichen Gott denken, der die Handlungen der einzelnen Geschöpfe direkt beeinflusste oder über seine Kreaturen zu Gericht säße. […] Meine Religiosität besteht in einer demütigen Bewunderung des unendlich überlegenen Geistes, der sich in dem wenigen offenbart, was wir mit unserer schwachen und hinfälligen Vernunft von der Wirklichkeit erkennen."

Dieser Weltgeist zeigt sich „in der Harmonie des Seienden", in den Naturgesetzen. Willensfreiheit war darin nicht vorgesehen. Einstein empfand sich zutiefst als Jude im Sinne der Zugehörigkeit zum jüdischen Volk, also im Sinne der Gemeinsamkeit der Abstammung und der Tradition, nicht der Gemeinsamkeit der Religion. Er trat keiner jüdischen Gemeinde bei, praktizierte weder Glaubensvorschriften noch Riten. Warum er dennoch so häufig von Gott sprach wie von der „Person Gott", ist schwer zu verstehen. Ist es nur ein anderes Wort für den unpersönlichen Weltgeist? Y. Elkana sieht Einstein in einem Dialog mit Gott über die Erfindung bzw. Schöpfung der denkbaren Welt, der sich zwischen Demut und Hybris bewegte.[9] Nach Einstein gilt ja: „Raffiniert ist der Herrgott, aber boshaft ist er nicht."

Was bewirkte den Mythos?

Nachdem wir Einsteins Person und seine wissenschaftlichen Erfolge kurz beschrieben haben, stellt sich die Frage nach dem Grund für seine Besonderheit in den Augen der Öffentlichkeit. Schon 1922 war es für den Nichtphysiker, Prof. E. Bovet in Zürich eine Frage, „wie die Begeisterung eines Publikums zu erklären [sei], das – von wenigen Ausnahmen abgesehen – von der Relativitätstheorie gewiß nicht mehr versteht als ich? Ist sie reiner Snobismus? Höflichkeit einem fremden Gelehrten gegenüber? oder erklärt sie sich durch die Ahnung einer tiefgreifenden Änderung in unserer Weltauffassung?"[10] Die Relativitätstheorie steht im Mittelpunkt; Gründe für das große Interesse an ihr werden von Kommentatoren zuerst in den unter den Folgen des Ersten Weltkrieges leidenden Menschen und erst dann in der Natur der Theorie gesucht. Wie sich zeigte, übertrug sich die Begeisterung für die Relativitätstheorie sehr schnell auf die Person Einstein.

Erklärungsversuche für den „Mythos Einstein"

In ihrer Dissertation kommt Elke Flatau zu folgender Kombination von Gründen: „[…] dass die Komponenten Genie, Weltformel und Unverständlichkeit von der Öffentlichkeit emotional rezipiert, überbewertet oder fehlinterpretiert werden und den Mythos Einstein bis heute tragen".[11] In der Tat ist die Assoziation Einsteins mit der Atombombe eine solche Überbewertung und Fehlinterpretation. Der Gedanke an eine mögliche Waffe fiel mehreren Physikern sofort nach der Entdeckung der *Kernspaltung* durch Hahn und Straßmann ein. Es wurden dazu Resultate der Kernphysik benötigt, die Einstein nicht besaß. Ohne die Ergebnisse der speziellen Relativitätstheorie, dass jeder Masse eine Energie entspricht, wäre die Idee der Atombombe im Prinzip jedoch nicht möglich gewesen. Einsteins Brief an Roosevelt, die Initialzündung zur Entwicklung der amerikanischen Bombe, trägt eher noch zu seinem Ruhm bei. Einstein, der den Abwurf der

Atombombe nach eigenen Aussagen nie gewollt hat, ihn jedoch nicht verhindern konnte, trägt hier Züge eines „Magiers", eines Frankenstein, der die Kontrolle über seinen Vorschlag verliert. Die Realisierung der Atombombe haben andere, sehr bekannte und nach dem Zweiten Weltkrieg einflussreiche Physiker in den USA, in die Hand genommen. Heisenbergs Arbeit am deutschen Uranprojekt, die im Prinzip zu einer Atombombe für Hitler hätte führen können, wirkte sich negativ für seine Akzeptanz in der Öffentlichkeit aus, insbesondere in der anglo-amerikanischen.

Mit einer „Weltformel" hatte Einstein nichts zu tun; vermutlich ist damit seine Idee der gemeinsamen Darstellung von elektromagnetischem und Schwerefeld in einer „Einheitlichen Feldtheorie" gemeint. Diese hat sich von ihm nicht in akzeptabler Weise verwirklichen lassen. Heute ist daraus das Hirngespinst einer „Theorie von Allem" bzw. einer Weltformel geworden. In ihrer Unverständlichkeit sah Einstein den Grund für das Interesse der Menschen: „Ich bin sicher, dass es das Mysterium des Nicht-Verstehens ist, was sie so anzieht […], es beeindruckt sie, es hat die Farbe und die Anziehungskraft des Mysteriösen […] und dann ist man begeistert und aufgeregt."[12]

Den Mythos Einstein erklärte A. Pais, Physiker und wissenschaftlicher Biograf Einsteins, vor allem als Kombination von „Weltkriegs-Revolution und Einsteins Botschaft von einer neuen Ordnung im Weltall"; sodann, „dass die Alltagssprache zum oberflächlichen Reden über Einsteins Theorien ausreicht". Insoweit jeder Mensch über Raum und Zeit aus eigener Erfahrung mitreden kann, mag dies für die spezielle und weniger die allgemeine Relativitätstheorie richtig sein, nicht jedoch für die statistisch-mechanischen Arbeiten und ihre Anwendungen auf die Quantenphysik. Dass noch heute in Zusendungen an mich behauptet wird, Einsteins spezielle Relativitätstheorie sei falsch, während so gut wie keine „Widerlegungen" der Quantenmechanik eintreffen, unterstützt diese Ansicht jedoch. Als drittes Argument wird von Pais die Rätselhaftigkeit der Einsteinschen Theorien angeführt,[13] was sich nach dem obigen Zitat auf das allgemeine Publikum bezieht. Denn schon unmittelbar nach ihrer

Entstehung waren die Theorien Einsteins für die Fachgenossen verständlich, wenn auch nicht sofort akzeptiert.

Die *Berliner Zeitung* bot 2005 eine reiche, aber etwas an der Oberfläche bleibende Mischung aus „unverständlicher Theorie, zerstreutem Professor, Bohemien mit losem Mundwerk, einer Prise je von Spiritualität und Kindlichkeit, dem griffigen Familiennamen und viel Wissenschaftsglauben" zur Erklärung.[14] Bis auf den Wissenschaftsglauben, der dem Publikum zugeschrieben werden muss, resultiert der „Mythos Einstein" hier ausschließlich aus Einsteins Leistungen und Eigenschaften. Wie mystisch Namen gelesen werden können, erfuhr ich von einem indischen Wissenschaftler. Er verglich Einstein und Newton. Ins Englische übersetzt, bedeutet Einstein „one stone". Zieht man das alte englische Gewichtsmaß „stone" heran und vergleicht es mit dem Maß „[new] ton", so beträgt 1 stone viel weniger als 1 [new]ton. Demnach sei Newton der Überlegene! Eine weitere Meinung sieht den „Mythos Einstein" in seinem Charakter, in seinen Theorien und seinen politischen Ideen (in dieser Reihenfolge) begründet.[15] Im Einsteinjahr 2005 findet man ähnliche Beurteilungen, die in Einstein „ein Symbol für den genialen Wissenschaftler, der zugleich menschlich ist und gesellschaftliches Engagement zeigt".[16]

Bilderbuch-Wissenschaftler und -Humanist par excellence

Schauen wir uns einige der Stichworte an.

Kreativität: Mit Jürgen Renn sehe ich die revolutionäre Leistung Einsteins in seiner Integration vorhandenen Wissens an den Grenzbereichen von klassischer Mechanik, Elektrodynamik und Thermodynamik durch neuartige begriffliche Interpretationen.[17] Es sind keine aus dem Nichts entstandenen Konzepte; die Wissensproduktion gelingt Einstein durch geniale innovative Zusammenfügung vorhandener Ansätze und Gedankenkeime. In der Speziellen Relativitätstheorie etwa baut er auf Ideen von Poincaré und Lorentz auf. Auch in der Gravitationstheorie gab es Ansätze von Konkurrenten. Der Name Bose-Einstein-Statistik beinhaltet, dass der indische Physiker Bose die Idee vorgeschlagen hat, auch wenn er sie nur halb verstanden und Einstein dann das Richtige daraus gemacht hat. Wie breit das Spektrum der bahnbrechenden Arbeiten Einsteins war, ist weiter oben beschrieben worden.

In den zeitgenössischen Elogen der 20er Jahre wird Einstein als mit Archimedes, Kopernikus, Galilei, Kepler und Newton ebenbürtig gesehen. Abgesehen von Archimedes haben diese Gelehrten, von heute aus betrachtet, Fortschritte in der Theorie der Schwerkraft und ihrer Anwendung auf die Erde, das Planetensystem und den Kosmos gebracht. Daher liegt ein Bezug zu Einstein als einem weiteren wichtigen Glied in der Kette nahe, in die dieser sich auch bewusst einreihte. In London legte er 1921 einen Kranz am Grabe Newtons nieder, in New York hielt er eine Ansprache in der Carnegie Hall anlässlich des 400sten Todestages von Kopernikus. Es ist jedoch schwierig, wenn nicht unmöglich, die Leistungen, die Genialität, die individuelle Größe verschiedener Menschen – dazu noch aus verschiedenen Epochen – zu vergleichen. Wenn Einstein als zweiter Newton ausgewiesen werden soll, so müssten Newtons geniale Beiträge zur Mathematik (Differentialrechnung, Entwicklung in unendliche Reihen) und zur Physik (Gravitationstheorie, Himmelsmechanik, Optik) mit den von Einsteins Erfindungskraft ausschließlich in der Physik hervorgebrachten Leistungen „verrechnet" werden. Legt man den Einfluss eines Wissenschaftlers auf das, was heute „Weltbild" genannt wird, zugrunde, so könnte Einstein vielleicht mit Kopernikus und Darwin verglichen werden, eventuell auch mit Sigmund Freud. Die Reaktion der Öffentlichkeit auf die Darwinschen Erkenntnisse zur Evolution der Arten war heftiger als die auf Einsteins Relativitätstheorien. Darwins umstürzende Entwicklungsidee, welche von der fortschreitenden Wissenschaft glänzend bestätigt wurde, forderte Religion und Sitte heraus, was man den Gedanken Einsteins zu Raum, Zeit, Masse und Schwerkraft nun wirklich nicht nachsagen kann. Da in diesem Jahr ein Darwin-Jubiläum gefeiert wird, lesen sich die Vergleiche in den Zeitungen einmal andersherum: „Er [Darwin] ist so bedeutend wie Newton, Einstein, Planck oder Heisenberg". Dennoch geht die heutige Einstein-Manie in den Medien soweit, dass Darwin als der „Einstein der Arten" bezeichnet worden ist.[18]

Die Medien haben der Öffentlichkeit weder Max Planck, den Entdecker des Energiequants, noch Erwin Schrödinger als Erfinder der Wellenmechanik („Schrödingers Katze"), noch den Schöpfer der Quantenmechanik Werner Heisenberg in vergleichbarer Intensität und Bewertung nahegebracht, wie sie dies mit Einstein tun. Und das, obgleich die Auswirkungen der Schrödingerschen und Heisenbergschen Quantentheorie auf das Alltagsleben – z. B. in Form von technischen Geräten, welche die Funktion von Halbleitern, Lasern, Magnetspeichern und ähnlichem ausnutzen, – unübersehbar sind. Die Computer-Revolution, insbesondere die Miniaturisierung wäre ohne Quantenmechanik unrealisierbar gewesen. Vermutlich liegt dieser Umstand in der Zurückhaltung jener Wissenschaftler oder ihrer schwächeren Ausstrahlung.

EXPERTENWISSEN: Nach einem Ondit der 20er Jahre sollten nur drei, höchstens zwölf Menschen in der Lage sein, Einsteins Allgemeine Relativitätstheorie zu verstehen. Heute wird diese Theorie im Hauptstudium der Physik angeboten. Tatsächlich beherrschte Einstein die Mathematik nicht besonders gut; so musste er z. B. seinen Studienfreund und Mathematiker Marcel Großmann heranziehen, um bei ihm den differentialgeometrischen Formalismus kennen zu lernen, den er dann zur Formulierung der Allgemeinen Relativitätstheorie benötigte. Zur Entwicklung der Mathematik hat Einstein im Unterschied zu Newton nichts beigetragen. Insofern ist der Zusammenhang zwischen Einsteins Expertenwissen und der „Rätselhaftigkeit" seiner Theorien ein Spiegelbild fehlenden Fachwissens beim allgemeinen Publikum.

WELTBÜRGER: Einstein hat sich immer zur Gemeinschaft der Intellektuellen als Bürgern der ganzen Welt bekannt und sich stets um Völkerverständigung bemüht. Dazu passt, dass das einzige Amt, das er je annahm, die Mitgliedschaft im „Internationalen Komitee für intellektuelle Zusammenarbeit" des Völkerbunds und in dem gleichnamigen Institut in Paris war.

Er unterscheidet sich damit von Newtons reicher öffentlicher Tätigkeit als Mitglied des Parlaments, Abgesandter der Universität Cambridge zum Commission High Court und Direktor der königlichen Münze. Im Lauf seines Lebens hat Einstein vier Staatsbürgerschaften besessen: die von Württemberg, der Schweiz, Deutschland und den USA. Einstein besaß Verwandte in Italien, Belgien und Spanien. Nach dem Ersten Weltkrieg konnte er als der im Ausland bekannteste deutsche Wissenschaftler als einer der ersten ins Ausland reisen und wurde dort mit akademischen Würden ausgezeichnet. Bis zu seinem Exil in Princeton unternahm er zahlreiche weltweite Reisen: u. a. in die USA 1921 und 1931, nach London 1921 und später, Paris 1922, Fernost 1922/23 (genauer: Singapur, Schanghai, Japan), Palästina, Spanien; Argentinien und Brasilien 1925. Im Gegensatz dazu blieb Newton nahezu auf demselben Fleck: Er soll nicht einmal die englische Küste und das Meer gesehen haben.

Kommunikationstalent: Einstein besaß eine besondere Formulierungsgabe in seiner Muttersprache, er hatte Sprachgefühl und Sprachwitz. Davon zeugen noch heute viele Postkarten mit seinen tatsächlichen und auch dazu erfundenen (Aus-)Sprüchen. Aphorismen wie die Lichtenbergs oder de la Rochefoucaults gelangen ihm allerdings nicht. Er hatte gute Kontakte zur Berliner und anglo-amerikanischen Presse und gab Stellungnahmen und Interviews zu vielen Themen ab. Im Unterschied zu den meisten seiner Professoren-Kollegen in der Physik muss ihm der Umgang mit den Medien Vergnügen bereitet haben: Er war in der Presse stets präsent, der erste Medienstar unter den Physikern! Den aufkommenden Rundfunk und die Schallplatte nutzte er sogleich. Man drehte sogar einen Film, um die Relativitätstheorie dem breiten Publikum nahe zu bringen. Es ist zu vermuten, dass Einstein heute zu vielen Talkshows eingeladen werden würde. Auch außerhalb der Öffentlichkeit war Einstein sehr aktiv: In einer umfangreichen Korrespondenz antwortete er geduldig den Briefeschreibern auf alle und jede ihrer Fragen. Schon im Herbst 1920 schrieb er: „Wie bei dem Mann im Märchen alles zu Gold wurde, was er berührte, so wird bei mir alles zum Zeitungsgeschrei.“[19] Es ging ihm wie in der

Geschichte mit dem Zauberlehrling: Er wurde die Journalisten nicht mehr los, nachdem er sie mit offenen Armen empfangen hatte. An Max Brod schrieb er 1949: „Über mich sind schon massenweise so unverschämte Lügen und freie Erfindungen von Reportern erschienen, dass ich längst unter dem Boden wäre, wenn ich mich darum kümmern wollte."[20] Auch Max Planck nutzte die neuen Medien: 1942 entstand auf Einladung des Reichspropagandaministeriums eine Filmaufnahme, wo er einen autobiografischen Bericht gab. Ähnliche Filmdokumente liegen von Gerhart Hauptmann, den Komponisten Hans Pfitzner und Richard Strauss, dem Chirurgen Ferdinand Sauerbruch u. a. vor. Das sind also die Zeitgenossen Einsteins, die im damaligen Deutschland als nationale Größen angesehen wurden.

Der Humanist: Der Wertekatalog Einsteins ist durch drei Stichworte geprägt: Das Streben nach Wissen um seiner selbst willen, die Liebe zur Gerechtigkeit und das Bemühen um persönliche Unabhängigkeit. Durch zahllose Interviews, schriftliche Erklärungen, Unterschriften und Manifeste, in denen er diese Werte vertreten hat, wurde er im Laufe seines Lebens zu einer moralischen Autorität. Rees Jost fasst dies im Begriff der *Seelengröße* zusammen, die Einstein gehabt haben soll und die nach Jacob Burckhardt das Allerseltenste bei weltgeschichtlich bedeutenden Individuen sei.[21] Der in der Literatur ebenfalls vorgetragene Vergleich von Einstein mit Mahatma Gandhi und Albert Schweitzer scheint mir unangemessen, da Einstein keine *persönlichen* Opfer gebracht hat, um seine Wertvorstellungen hinsichtlich der Gesellschaft zu praktizieren.[22]

Soziales und politisches Engagement: Die politische Einstellung Einsteins ist gekennzeichnet durch seine demokratische und soziale Einstellung, besonders seinen *Pazifismus* (Anti-Militarismus), sein *Weltbürgertum* (Anti-Nationalismus), sein Eintreten für den *Zionismus* (Anti-Assimilation). Obgleich er keiner politischen Partei beitrat, ist eine gewisse Nähe zur Sozialdemokratie unverkennbar. Mit den überwiegend nationalistischen, militärfreundlichen und klassenbewussten Argumenten seiner Kollegen an der Berliner Universität und in der preußischen Akademie wollte er nichts zu tun haben. Seine

Mitgliedschaft in der pazifistischen Vereinigung „Bund Neues Vaterland“ schadete seiner Karriere während des 1. Weltkriegs dennoch nicht. Durch seinen wachsenden Bekanntheitsgrad und seine Berühmtheit konnte er es sich ab 1919 leisten, in Interviews für seine Positionen zu werben: Ob es nun seine Forderung nach Pressefreiheit, gegen Wehrpflicht, sein Eintreten für die zum Tode verurteilten Gewerkschaftler Sacco und Vanzetti, später seine Haltung als Gegner der Rassentrennung in den USA oder sein unermüdliches Plädoyer für eine Weltregierung war!

Einstein ist Weltfremdheit vorgeworfen worden. Obwohl er die Situationen meist realistisch einschätzte, reagierte er auf sie als Idealist: nicht darauf, wie sie waren, sondern, wie er sie haben wollte, etwa bei seiner Rede zur Eröffnung der Berliner Funkausstellung, 1930. Er sah den Rundfunk im Dienst der Völkerversöhnung, im Gegensatz zum „verzerrenden Spiegel der eigenen Tagespresse“. Dass Sprachkenntnise nötig sind, um ausländische Programme zu verstehen, die der einfache Mann nicht besaß, schien er auszublenden. Dass der Rundfunk ebenso wie die Presse für Propaganda benutzt werden konnte und schon wurde, kann ihm nicht entgangen sein; auch dass in Deutschland die Regierung die politischen Inhalte des Rundfunks kontrollierte! Der Schriftsteller Alfred Döblin war da schon weiter: „Im Rundfunk hat sich noch nicht die Demokratie durchgesetzt, die das Geistige zu seiner Existenz und zu seiner fruchtbaren Wirkung bedarf.“[23] Andere Äußerungen, so etwa Einsteins Vorschlag zur Zusammenarbeit von SPD und KPD anlässlich der Reichstagswahl 1932 oder seine Vorschläge in der Palästinafrage in den 30er Jahren waren alle sinnvoll, aber nicht durchsetzbar, ebenso seine Vorschläge für eine Weltregierung. In all dem war Einstein ein vor allem am Schreibtisch arbeitender Moralist, kein Politiker der Tat. Das entsprach seinem Selbstverständnis: „Denn das Wesentliche im Dasein eines Menschen meiner Art liegt eben in dem, was er denkt und wie er denkt, nicht aber in dem, was er tut oder erleidet.“[24]

Einstein und die Künste: Einstein liebte die Musik. Als Sechsjähriger erhielt er schon Geigenunterricht; er konnte auch Klavier spielen, doch die Violine wurde sein Lieblingsinstrument. Mit Kollegen und Bekannten machte er Hausmusik, wie das in akademischen bürgerlichen Kreisen damals üblich war. Das Bild des geigenden Einstein ist – wie seine Haare – ein Teil des Klischeebildes im heutigen Mythos Einstein. Er traf viele Größen seiner Zeit aus den verschiedensten Bereichen, sei es Theater, Film, Architektur (Bauhaus, Le Corbusier), Bildende Kunst oder Musik. Daraus wird bei Einstein-Jubiläen ein Einfluss auf Literatur und Kunst durch Einsteins Theorien konstruiert. Eine Inspiration der Künstler durch Einstein, von denen kaum einer seine Relativitätstheorien verstand, sie also jeder auf seine Weise interpretierte, ist offensichtlich. Nicht umsonst beginnt dieser Text mit einem Gedicht über Einstein. Es gibt mindestens drei Opern zu Einstein. Sein Ruhm zog Maler und Bildhauern an, von denen er sich darstellen ließ. Im Gespräch mit einem Mitreisenden gab er als seinen Beruf an: „Ich sitze Modell" (1930). Viele Zeichnungen, Gemälde und Plastiken von ihm existieren, allerdings wenige von so bekannten Malern wie Max Liebermann. Als Mensch mit „bürgerlichem" Geschmack hatte Einstein weder Gefallen an moderner Malerei, der Musik seiner Zeit (etwa von Hindemith), noch dem Design der Avantgarde. Die Behauptung von Kunstkritikern, seine Relativitätstheorie habe einen Einfluss auf die kubistische Malerei ausgeübt, hat er noch zu Lebzeiten von sich gewiesen; sie wird jedoch immer wieder aufgewärmt. [25]

Die Entwicklung des Mythos

Das Jahr 1919 brachte Einstein Weltruhm. Bis zum Ende des Ersten Weltkriegs war er nur einem kleinen Kreis von Fachwissenschaftlern und einigen Mitgliedern der Friedensbewegung bekannt. Mit der britischen Sonnenfinsternis-Expedition von 1919 und ihrer Bestätigung der Einsteinschen Vorhersage der Ablenkung der Lichtstrahlen an der Sonne kam der Durchbruch. Mit aller Vorsicht darf man der Presse, besonders der anglo-amerikanischen (z. B. Londoner *Times* und *New York Times*) sowie einigen großen Blättern in Berlin eine wichtige Rolle bei der Entstehung eines Star-Kults um Einstein zuschreiben. Die Sonnenfinsternis-Expedition ist von einem Teil der Presse als ein Zweikampf zwischen Einstein und Newton dramatisiert worden, den Einstein gewonnen habe. Das Titelbild der *Berliner Illustrirten Zeitung* des Ullstein Verlages vom 14.12.1919 zeigt Einsteins Portrait mit der nicht gerade bescheidenen Unterschrift „Eine neue Größe der Weltgeschichte: Albert Einstein, dessen Erkenntnisse eine völlige Umwälzung unserer Naturbetrachtung bedeuten und den Erkenntnissen eines Kopernikus, Kepler und Newton gleichwertig sind." Insbesondere für seine jüdischen „Stammesgenossen", wie Einstein sie nannte, wird er inmitten der alltäglichen antisemitischen Beschimpfungen und Zurücksetzungen ein gefeierter Held gewesen sein.

Man fragt sich unwillkürlich, was die Menschen an einem für ihre Alltagsnöte irrelevanten Phänomen am Himmel so beeindruckte. Gab es eine vergleichbare Resonanz bei der Entdeckung der Röntgenstrahlen, der Radioaktivität? Oder, bei der Entdeckung von riesigen Sternsystemen außerhalb unserer Milchstraße im Jahr 1929? NEIN. Die Rohheit des Ersten Weltkrieges mit Hunger, Krankheit und Tod für so viele hatte überkommene Wertvorstellungen in Frage gestellt. So wurde die Relativität von Raum und Zeit im Feuilleton und vom allgemeinen Publikum schnell und oberflächlich in eine allgemeine Relativierung aller Werte und Fakten im Sinne von „Alles ist relativ" umgedeutet. Zu solchem, Missverständnis hat Einstein selbst beigetragen wenn er gegenüber Journalisten das individuelle Zeitempfinden mit der Zeitmessung durch eine Uhr gleichsetzt: „Eine Stunde mit einem hübschen Mädchen vergeht wie eine Minute, aber eine Minute auf einem heißen Ofen scheint eine Stunde zu dauern."[26]

Einsteins pazifistische Haltung, seine Stellungnahmen gegen Aufrüstung und Wehrdienst, sein immer wieder geäußertes Bekenntnis, er sei kein deutscher, sondern Schweizer Staatsbürger nahmen konservative Kreise im fiebrigen politischen Klima der Weimarer Republik zum Anlass, ihn anzugreifen. Er wurde Mittelpunkt regelmäßiger Auseinandersetzungen, ja ein Objekt der Hetze völkisch-nationaler Kreise, die den heutigen Rechtsradikalen entsprachen. Nach einem Totschlags-Aufruf gegen ihn und weitere Pazifisten fürchtete er zeitweise um sein Leben. Auch innerhalb der Physik gab es Streit; eine sehr kleine Gruppe um die Nobelpreisträger Philipp Lenard und Johannes Stark versuchte, die Relativitätstheorie als formalistisch, unphysikalisch und später dann als undeutsch zu brandmarken. All dies fand seinen Niederschlag in der Presse und erhöhte Einsteins Bekanntheitsgrad.

Hinzu kam Einsteins Eintreten für den Zionismus, für den er im Unterschied etwa zu Walter Rathenau seit 1919 gewonnen worden war. Für ihn war der Zionismus nicht allein eine auf Palästina gerichtete kolonisatorische Bewegung, sondern: „Das Gemeinwesen in Palästina soll sich dem sozialen Ideal unserer Vorfahren nähern, so wie es in der Bibel niedergelegt ist und gleichzeitig eine Stätte modernen geistigen Lebens sein. Ein geistiges Zentrum für die Juden in der ganzen Welt, „eine moralische Heimat." In diesem Zusammenhang unterstützte er besonders die Gründung einer Universität in Jerusalem. Seine erste Reise in die USA diente dem Zweck, Geld für die Neugründung zu sammeln. Diese Einstellung missfiel sowohl der kleinen Zahl national-deutscher Juden wie ganz besonders den zahlreichen Anti-Semiten in Berlin und Deutschland. Den Zwiespalt zwischen seinem Selbstverständnis als Weltbürger und der Schaffung eines jüdischen Nationalstaates sah Einstein wohl. Er hat nie einen „Staat der Juden" gewollt, sondern eine sichere Heimstatt, in der die Heimatlosen und Überlebenden des Holocaust mit den arabischen Einwohnern zusammenarbeiten und in Frieden leben sollten. In privaten Briefen beklagte er, „dass wir den dümmlichen Nationalismus und den Rassenunsinn der Nichtjuden (goyim) imitieren."[27] Dennoch unterstützte Einstein loyal den neuen Staat Israel. Dessen Präsidentschaft wurde ihm 1952 angetragen. Er lehnte sie jedoch ab – er sei dafür ungeeignet.

Ab 1920 war Einstein eine Person des öffentlichen Lebens und wurde häufig fotografiert und interviewt. Das zeigt, dass Einstein es als seine Pflicht sah, seine ethische und politische Weltsicht der Öffentlichkeit darzustellen. In die Politik mischte er sich bis auf wenige Ausnahmen nicht ein. So gab er in Deutschland vor

1933 keine öffentliche Stellungnahme zu Hitler ab. Das Ende der Weimarer Republik durch die Machtübernahme der Nationalsozialisten hat er so nicht vorhergesehen. Aber er fühlte sich in den aggressiven politischen Auseinandersetzungen zunehmend unwohl. Daher verpflichtete er sich ab 1932, jedes Jahr sechs Monate in Princeton am Institute for Advanced Studies zu forschen. Ab 1933 wurde Einstein in Deutschland von den Nationalsozialisten auf eine Hassfigur reduziert. Erst nach dem verlorenen Zweiten Weltkrieg entdeckte man ihn als Vorbild wieder, gab zahlreichen Gymnasien und Straßen seinen Namen, feierte ihn, der mit dem offiziellen Deutschland nichts mehr zu tun haben wollte, bei allen sich bietenden Gelegenheiten als Teil der deutschen Wissenschaftskultur. Auch in den USA blieb Einstein ein unbequemer Mahner und geriet ins Fadenkreuz des FBI.

Der Werbeträger: Einsteins Bild wurde und wird verehrt, mehr jedoch verwendet – schlimm genug – als Hilfe zum Verkauf von Produkten aller Art. Zum Gedicht *Albert Einstein. Heiland der Narzissen* (s. o.) sei vermerkt, dass inzwischen Narzissen der Marke *Narcissus Professor Einstein* im Garten blühen können. Dass die Stadt Ulm einen Marathon-Lauf veranstaltete, dem Einsteins Name verliehen und bei dem das „Einstein-Marathon-Funktions-Shirt“ verkauft wurde, kann man noch verstehen. Dass die Stadt Bern ihre Einstein-Ausstellung zum Einsteinjahr 2005 nicht gerade einfallsreich mit bErn = m c^2 bewarb, vielleicht ebenfalls. Dass ein „Freuden-Training für Anfänger und Fortgeschrittene“ mit dem Bild Einsteins und der Zeile: „… und Einstein lachte“ wirbt, ist vielleicht auch noch akzeptabel. Wenn jedoch einen „Albert Einstein“-Füllhalter mit „Iridiumspitze für komfortables Schreiben, Drehverschluss“, das Foto von Einstein mit herausgestreckter Zunge ziert, oder ein ebenfalls die Zunge zeigender Kabarettist die Variante $E = m\,.\,RICHLING^{2}$ für Veranstaltungen benutzt, ist dies nicht besonders geschmackvoll. Anrüchig wird die Sache, wenn ein Hersteller wasserfreier Urinale für sein Produkt im Internet mit Einsteins Foto Reklame macht! Ohne das Bestehen des „Mythos Einstein“ würde eine solche Kommerzialisierung keinen Sinn geben.

Ausklang

Während in der vortechnischen Zeit sich ein Mythos durch Erzählung von einer Generation zur nächsten langsam formte, erleben wir im Medienzeitalter am Beispiel des Mythos Einstein seine Entstehung mit. Vermutlich liegt dies daran, dass so viel mehr Nutzer unmittelbare Vorteile aus ihm ziehen können als früher etwa aus den antiken oder germanischen Mythen. Im Unterschied zu den klischeehaften Vorstellungen in der breiten Öffentlichkeit ist der Ausnahme-Wissenschaftler Einstein eine vielschichtige Persönlichkeit gewesen. Seine innere Unabhängigkeit bei äußerlicher gesellschaftlicher Anpassung, sein starker Wille und sein Selbstbewusstsein bei wenig Bedürfnis nach Verantwortung außerhalb der Physik, sein bescheidenes, freundliches Wesen und sein zeitweilig gefühlsarmes Verhalten gegenüber seinen Ehefrauen und seinen Kindern, seine Anspruchslosigkeit in der äußeren Erscheinung und seine betonte Selbstdarstellung in den Medien reflektieren diese Komplexität. Die mythischen Bilder von ihm leben von der Vereinfachung; sie unterscheiden sich je nach Betrachter. Für die geisteswissenschaftliche Einstein-Gemeinde wird er mehr und mehr zu einem „Kulturträger", welcher der Menschheit in den verschiedensten Bereichen von Wissenschaft und Kunst etwas zu sagen habe. Für Physiker ist er ein charismatisches Allround-Genie, das bei geeigneten Anlässen vorgezeigt wird, aber mit heutiger Spitzenforschung nichts mehr zu tun hat. Für Studierende mag er ein Vorbild sein, wie man mit Köpfchen und Fleiß aus bescheidenen Verhältnissen zu Nobelpreis-Ruhm gelangen kann. Für *Spiegel*- und andere Zeitungsleser ist Einstein das schwer verständliche Superhirn, dem ein guter Teil aller Leistungen der modernen Wissenschaft zugeschrieben wird. Seine fehlenden Socken und sein wirres Haar werden verständnisvoll belächelt. Allen Vorstellungen von Einstein in der breiten Öffentlichkeit ist gemeinsam: Das Bild des gütig blickenden, humorigen und weisen Alten, dessen Bewunderung jedermann gut tut.

Wir haben gesehen, dass sowohl externe wie interne Gründe für die Sonderrolle Einsteins verantwortlich sind: Nach den verlorenen Weltkriegen ein Bedürfnis der Menschen nach Nachrichten, die das Ansehen Deutschlands verbesserten; die Bereitschaft der Presse zum Starkult; das fotogene Aussehen Einsteins. Interne Gründe wären etwa seine überragenden Leistungen in der Physik, die zu unerwarteten Interpretationen der jedermann zugänglichen Begriffe „Raum" und „Zeit" führten; Einsteins Einsatz für Völkerverständigung und Menschenrechte und sein Widerstand gegen Diktatur und Barbarei; sein Kommunikationstalent und seine Fähigkeit zur Selbstdarstellung. In der Wissenschaftsgeschichte werden die verherrlichenden Darstellungen Einsteins zunehmend durch Forschungsresultate über sein Leben ersetzt. Zu bezweifeln ist, dass der „Mythos Einstein" dadurch an Kraft verliert. Im Gegenteil: Durch seine wirtschaftliche Nutzung scheint er *selbstbeschleunigend* zu sein, eine Eigenschaft, die natürlichen physikalischen und biologischen Systemen in der Regel fehlt.

Anmerkungen

1 Zitiert nach Friedman & Donley 1985, Appendix, pp. 195–198.
2 Rede „Jüdische Gemeinschaft" abgedruckt in Einstein 1984, S. 91–93; hier S. 93.
3 Albert Einstein an Max Born, 4. 12. 1926; zitiert nach Einstein-Born-Briefwechsel, S. 129.
4 Einstein Collected Papers, Band 5, Dok. 466.
5 Aus „Wie ich die Welt sehe", in „Mein Weltbild", zitiert nach Calaprice 1999, S. 44.
6 Albert Einstein: „Wie ich die Welt sehe", in Einstein, Mein Weltbild 1984, S. 8.
7 Zitiert nach Pais 1998, S. 236. Interview gegeben in Caputh, veröffentlicht von der New York Times am 14. 9. 1930.
8 Brief an F. Lentz v. 20. 8.1949. Zitiert nach Calaprice 1999, S. 47.
9 Y. Elkana, „Einstein and God", in: P. L. Galison et al. 2008, S. 35–47.
10 E. Bovet. Die Physiker Einstein und Weyl. Antworten auf eine metaphysische Frage. Wissen und Leben, 15. Jg, Heft 19, S. 903–907 1922.
11 Flatau 2005, S. 35.
12 Interview mit dem Nieuwe Rotterdamsche Courant, 4. 7. 1921.
13 Pais 1998, S. 194–196.
14 Berg, Lilo 2005.
15 Bounin, Ingrid 2005.
16 Agentur Einsteinjahr 2005.
17 Renn 2008, S. 252.
18 Matthias Glaubrecht in „Das Wissenschaftswunder Charles Darwin", Frankfurter Allgemeine Zeitung, v. 13.12.2008. Bilder und Zeiten, S. Z 2.
19 A. Einstein an M. Born, 9.9.1920, in Einstein-Born Briefwechsel 1982.

20 Einstein an Max Brod 22.2.1949; zitiert nach Calaprice 1999, S. 47.
21 Im Vorwort in Hoffmann & Dukas 1978, S. 7.
22 Vgl. Rowe und Schulmann, Preface S. XIX; den Vergleich des Mythos Einstein mit dem „Mythos" Buddha, Lao Tse und Jesus Christus durch John Stachel halte ich für absurd. (Stachel 2002, S. 3.)
23 Zitiert nach Goenner 2005, S. 282.
24 Zitiert nach Pais 1998, S. 85.
25 Zu diesem Punkt und einer ähnlichen Behauptung zum Verhältnis von moderner Kunst und nicht-Euklidischer Geometrie eine kritische und umfassende Diskusssion in (Henderson 2008)!
26 Zitiert nach Calaprice 1999, S. 154.
27 Briefe an Hans Mühsam v. 3.4.1946 und 22.1.1947; zitiert nach Rowe und Schulmann 2007, S. 348.

Literaturhinweise

Berg, Lilo 2005: Mythos Einstein. Berliner Zeitung, Zeitungsarchiv. http://www.berlinonline.de/berliner-zeitung/archiv/bin/dump/fcgi/2005/0119/meinung/0014/index.html.

Bounin, Ingrid 2005: Albert Einstein: Mythos und Medienstar. Mediaculture online. http:// www.mediacultureonline.de/Mythos-und-Medienstar.799.0.html.

Calaprice, Alice 1999: Einstein sagt. Zitate – Einfälle – Gedanken. TB 2805, München.

Einstein, Albert 1984: Mein Weltbild. Ullstein Materialien, Ullstein Buch Nr. 35024, Frankfurt.

Einstein, Albert und Max Born (1982): Briefwechsel 1916–1955, Frankfurt a. M.

Flatau, Elke 2005: Albert Einstein als wissenschaftlicher Autor. Max-Planck-Institut für Wissenschaftsgeschichte, Berlin, Preprint 293, 95 Seiten.

Friedman, Alan J., und Carol C. Donley 1985: Einstein as Myth and Muse, Cambridge (UK).

Galison, Peter L., Holton, Gerald, and Silvan S. Schweber 2008: Einstein for the 21 Century. His legacy in Science, Art, and Modern Culture, Princeton.

Goenner, Hubert 2004: Einstein in Berlin, München.

Henderson, Linda 2008: The Fourth Dimension and Non-Euclidean Geometry in Modern Art. 2. Aufl., Cambridge (USA).

Hoffmann, Banesh und Helen Dukas 1978: Einstein, Schöpfer und Rebell, Frankfurt a. M.

Kumar-Sinner, Susanne und Astrid Seidel 2005: Der Mythos Albert Einstein. Hintergrundtext V. http://www.einsteinjahr.de/page_93.html

Pais, Abraham 1998: Ich vertraue auf Intuition. Der andere Albert Einstein, Heidelberg.

Renn, Jürgen 2008: Learning from Einstein: Innovation in Science, in: Einstein for the 20th Century. His legacy in Science, Art, and Modern Culture. Hg. P. L. Galison, G. Holton & S. Schweber, Princeton.

Rowe, David und Robert Schulmann Hrsg. 2007: Einstein on Politics: His Private Thoughts and Public Stands on Nationalism, Zionism, War, Peace, and the Bomb. Princeton.

Stachel, John 2002: Einstein from B to Z. Einstein Studies, Vol. 8. Boston u. Basel.

Papst Johannes Paul II. in Rom in 1980.

JOHANNES PAUL II.

Vordergründige Imagination und nachhaltige Realität

von Stefan Samerski

Die Imagination des Mega-Papstes Johannes Paul II. hat Höhen und Tiefen aufzuweisen. Die Dramatik seines Lebens und Wirkens lässt sich nicht allein aus einer Amtszeit erklären, die als eines der längsten Pontifikate in der Geschichte des Papsttums gilt. Vor allem in Deutschland kippte die öffentliche Meinung nach anfänglicher Euphorie schon nach wenigen Jahren durch den streng kirchlichen, traditionsbezogenen Kurs des Papstes. Zudem erlebte die katholische Kirche in Deutschland in den achtziger und neunziger Jahren einen historisch zu nennenden Mitgliederschwund und Priestermangel, die das Ende der Volkskirche besiegelten. In dieser hochsensibilisierten Situation kam den Botschaften und Lehrentscheidungen des Papstes besondere Bedeutung zu, noch verstärkt durch die sich in jenen Jahrzehnten ausbildende Kommunikationsgesellschaft. Welche Wege wies der Papst aus der Kirchen- und Gesellschaftskrise? Gierig und gleichzeitig häufig genug mit gezieltem Missfallen registrierte man jedes Wort, das aus Rom kam – und es kam so viel wie nie zuvor! Beinahe zu jedem gesellschaftlich und politisch relevanten Thema äußerte sich Johannes Paul und ließ sich von den Medien vermarkten, so dass er rasch zu einem religiösen Mega-Star avancierte, der allein 16 mal die Titelseite des US-amerikanischen Nachrichtenmagazins *Time* zierte. Er suchte die *publicity*, und er fand sie.

Die ersten Meldungen, die Deutschland nach der Wahl des nahezu unbekannten Karol Wojtyła zum Papst im Oktober 1978 erreichten, lösten damals eine Welle von Sympathie und breites Interesse aus. Die Sensation eines ersten Slawen auf dem Stuhle Petri, eines zwar recht jungen Kirchenfürsten, aber lebenserfahrenen Seelsorgers, korrespondierte augenfällig mit dem neuen Regierungs- und Lebensstil von Johannes Paul II.: kommunikativ, sportlich, persönlich und medial. Alle Welt registrierte minutiös das Ende des vatikanischen Muffs, des isolierenden Zeremoniells und des gebrechlichen Klerikerbildes. Der Papst aus dem Osten improvisierte persönlich ein frugales Mahl für seine Gäste, ging durch die Reihen der Pilger und Journalisten, ließ sich ein Schwimmbad bauen und verließ mehr, als es manchem Kurialbeamten lieb war, den Vatikan. Die anfängliche Sympathie der Öffentlichkeit basierte außerdem auf der menschlichen Wärme und der Offenheit von Johannes Paul. Als er am 15. November 1980 auf dem Flugplatz Köln/Bonn zu seiner ersten Deutschlandreise gelandet war, strömten rund 1,5 Millionen Menschen zu seinen Gottesdiensten. Da war der erste Schock kaum verwunden, dass dem profilierten Tübinger Theologen Hans Küng die Lehrbefugnis entzogen worden war, weil er die Unfehlbarkeit des Papstes in Zweifel gezogen hatte. Weitere spektakuläre Maßregelungen gegen Theologieprofessoren folgten wie 1987 gegen Uta Ranke-Heinemann und 1991 gegen Eugen Drewermann. Rasch hatte sich Johannes Paul in den Medien den Ruf eines ultrakonservativen Kirchenoberhaupts erworben, das eisern und streng die alte kirchliche Doktrin durchsetzte. Die Hoffnungen auf große Kirchenreformen, die sein neuer Lebens- und Arbeitsstil provoziert hatte, schwanden zusehens. Viele in Deutschland beschlich eine gewisse Ratlosigkeit angesichts des weltoffenen und warmherzigen Auftretens des Papstes und seiner gleichzeitigen rigiden Durchsetzung traditioneller Vorstellungen. 1981 berief er den Münchener Kardinal Joseph Ratzinger zum obersten Glaubenswächter, der sich in seiner Amtszeit den Ruf eines „Panzerkardinals“ erwarb. Vor allem in Fragen der Sexualmoral, reduziert auf Verhütungsmittel, vorehelichen Geschlechtsverkehr und Homosexualität, erwartete man aus Rom nun weder etwas Neues noch etwas Gutes. Die Medien in Deutschland schossen sich in minimalistischer Berichterstattung geradezu auf diese Thematik ein, die bald um das klare Nein des Papstes zum Frauenpriestertum und sein starres Festhalten am Zölibat erweitert wurde.

Sein zweiter Pastoralbesuch in Deutschland, 1987, rief dann bei weitem nicht mehr das Echo hervor wie der erste. Erschwerend kam hinzu, dass die exzessive Reiseaktivität des Papstes auf starke Kritik stieß und Johannes Paul für die meisten Interessierten bereits in Rom oder anderswo ein Papst zum Anfassen gewesen war. Die Attraktivität dieses religiösen Globetrotters war in jeder Hinsicht gesunken. Bei seinem dritten Deutschlandbesuch in Berlin 1996 war die Atmosphäre dann sogar deutlich verdüstert und von aggressiven Protesten flankiert. Auch aufgrund umstrittener Bischofsernennungen (Köln 1988), die dem Willen des Kirchenvolkes und der Domkapitel kaum Rechnung trugen, bildeten sich in jenen Jahren innerkirchliche Protestgruppierungen wie das Kölner Netzwerk, das mehr Demokratie in der Kirche, praktikable Lösungen für den bedrohlichen Mangel an Priestern und stärkere Mitsprache bei kirchlichen Entscheidungen einklagte. 1999 gingen selbst einige Bischöfe auf Distanz zum Machtwort Johannes Pauls, die Kirche müsse sich aus der Schwangerschafts-Konfliktberatung zurückziehen. Die öffentliche Imagination des polnischen Papstes war in Deutschland geradezu auf dem Nullpunkt angelangt. Auch das Dokument der Glaubenskongregation *Dominus Jesus* von 2000 erregte im Land der Reformation, wo man ein Jahr zuvor noch ein Konsenspapier über die Rechtfertigungslehre gemeinsam mit dem Luthertum unterschrieben hatte, Unverständnis und Ablehnung.

Die zunehmende Gebrechlichkeit und Krankheit des Papstes warfen kurz nach der Jahrtausendwende nicht nur die Frage nach dem Rücktritt des Pontifex auf, die auch von deutschen Oberhirten bedient wurde, sie vermittelten Johannes Paul auch wieder starke Sympathien angesichts einer überalterten und mit sozialen Problemen überforderten westlichen Gesellschaft. In seinen letzten Lebensjahren schien der Papst, der sich in keiner Weise aus den Medien zurückzog, einer Gesellschaft im Reformstau durch seine pure Existenz den Spiegel vorzuhalten. Die mediale Symbolfigur einer rückständigen, weltfremden Kirche war für einen Augenblick vergessen. Neue breite Popularität brachte Johannes Paul sein Engagement für den Frieden: Im Irak-Krieg 2003 war er der einzige namhafte Staatsmann, der den amerikanischen und britischen Einmarsch verurteilte. Die alten und neuen Sympathien kulminierten in seinem Sterben und Tod im April 2005, als Rom vor allem von Jugendlichen und Polen derart überschwemmt wurde, wie es die Ewige Stadt bisher noch nicht erlebt hatte.

Solche Imaginationen von Prominenten erfassen lediglich einen Teil der Persönlichkeit und ihres Wirkens, meist noch nicht einmal das Wesentliche. Außerdem blenden sie den Kontext und die Ursachen weitgehend aus. Daher erscheint es geraten, die für das tiefere Verständnis seines Pontifikats wichtige Vorgeschichte des Papstes in einem ersten Schritt zu betrachten, um sich dann dem tatsächlich nachhaltigen Wirken Johannes Pauls in Auswahlthemen zu widmen, wie Regierungsstil, mediale Präsenz, neue Spiritualität, Zusammenbruch des Kommunismus, interreligiöse Gespräche sowie Jugend und Menschenrechte. Denn aufgrund der Vielzahl von Texten, Ansprachen, Auslandsreisen und geistlichen Veranstaltungen kann ein Einzelner kaum mehr die gesamte Aktivität Johannes Pauls II. erfassen. Dabei steht viel mehr der Papst als prominente Persönlichkeit denn als Kirchenoberhaupt im Mittelpunkt dieses Beitrags.

Ein Papst aus Polen

Karol Józef Wojtyła kam am 18. Mai 1920 in der polnischen Kleinstadt Wadowice, vierzig Kilometer westlich von Krakau, zur Welt. Die Mutter starb neun Jahre später, so dass vor allem der Vater, ein Offizier, mit seiner tiefen Frömmigkeit und Disziplin Kindheit und Jugend des intelligenten Knaben prägte. Polen hatte nach dem Ersten Weltkrieg die staatliche Unabhängigkeit wiedergewonnen und stand 1920 im Krieg gegen Sowjetrussland – Ereignisse, die Karol recht früh mit Selbstbehauptung, Kampf und Tod in Beziehung brachten und ihm ein typisch polnisches Verständnis von Heimat und Vaterland vermittelten. Jahrhundertelang befand sich Polen zwischen den beiden konfessionellen und häufig auch politischen Gegnern Russland und Deutschland und hatte im Süden die Bedrohung durch die muslimische Welt zu bewältigen, so dass das Land sich seit der Neuzeit als „Bollwerk des wahren Glaubens" verstand. Diese Zusammenhänge sind sehr wichtig, um Denken und Handeln Karol Wojtyłas zu verstehen. Neben Familie und Nation prägte ihn aber auch sein unmittelbares soziales Umfeld: Fast jeder siebte Einwohner Wadowices war jüdisch, auch viele von Karols Klassenkameraden, mit denen er Freundschaften schloss. Seine Familie pflegte die typisch polnische Volksfrömmigkeit in Form von Wallfahrten und einer Marienverehrung, die in Polen den Charakter eines nationalen Kults hatte.

Nach dem Besuch der örtlichen Grundschule wechselte Karol 1930 auf das Gymnasium von Wadowice, wo er sich intensiv mit der polnischen Nationalliteratur befasste und mit vierzehn Jahren begann, Theater zu spielen. Zuerst trat er mit patriotischen Liedern und Versen in einem Schülertheater auf, dann agierte er auch mit Berufsschauspielern und gewann Preise bei Rezitationswettbewerben. Außerdem war der sportliche, in sich gekehrte junge Mann der Schwarm seiner Klassenkameradinnen. Bei seiner intensiven Beschäftigung mit Literatur und Theater sowie seinem unbeschwerten Umgang mit den Mädchen und Jungen seiner Lebenswelt deutete nichts darauf hin, dass das Leben des tiefreligiösen Lolek, wie ihn seine Kameraden nannten, auf das Priestertum hinsteuern würde. Nach dem Abitur siedelte Karol 1938 mit seinem Vater nach Krakau über, wo er an der Jagiellonen-Universität, der bedeutendsten Hochschule des Landes, zunächst das Studium der polnischen Sprache und Literatur aufnahm. Er schrieb nun auch selbst Gedichte und Texte für das Theater.

Diese relativ glückliche Zeit wurde jedoch jäh durch den Kriegsausbruch unterbrochen, der für Karol Wojtyła zu einem Wendepunkt im Leben wurde. Nach der deutschen Besetzung Polens musste die Krakauer Universität Anfang November 1939 den Lehrbetrieb einstellen. Zur Stütze in der Zeit jenes Grauens wurde ihm die Spiritualität des Karmel, in die er von einem Bekannten eingeführt wurde. Hier kam Karol erstmals mit der spanischen Mystikerin und Ordensgründerin Teresa von Avila und ihrem männlichen Pendant Johannes vom Kreuz in

Berührung, dessen Schriften er noch als Kardinal und Papst hochschätzte. Sie verwiesen ihn auf das Kreuz Christi und ein Leben, das ganz und gar Gott geweiht ist.

Da der 20-jährige Karol Wojtyła offiziell keiner geregelten Tätigkeit nachging, war er unmittelbar in Gefahr und musste mit Deportation und Zwangsarbeit in Deutschland rechnen. Er schloss sich einer gewaltlosen kulturellen Untergrundgruppe an. So wirkte er etwa seit November 1941 an den Untergrundaufführungen des „Rhapsodischen Theaters“ mit, das in Privatwohnungen mit einfachsten Mitteln etwa sieben Stücke herausbrachte, in denen die polnische Nationalgeschichte in ihrer Verbindung mit dem Christentum thematisiert wurde. Seine Freunde sahen hier seine Zukunft: Karol besaß Stimme, Gestik, Leidenschaft und Gedächtnis.

Als der äußere Druck der Nationalsozialisten in Krakau zunahm, begann Karol Wojtyła im Herbst 1940 in einem Steinbruch zu arbeiten. Hier bekam er auf brutale Weise den Ernst des Lebens zu spüren. Im ersten Winter schaufelte er bei bis zu minus 30 Grad auf dem Grund der Grube Kalkstein in eine Lore. Die Arbeitskollegen behandelten ihn dort sehr wohlwollend und legten ihm nahe, Priester zu werden. Schon damals konnte Wojtyła alles um sich herum vergessen und sich im Gebet ganz nach innen zurückziehen.

Im Gebet musste er bald auch den Tod seines Vaters im Februar 1941 verarbeiten. Mit knapp 21 Jahren stand er nun alleine in der Welt. Die Gräuel des Krieges und der Tod des Vaters brachten ihn zu dem Entschluss, Priester zu werden: Im Herbst 1942 meldete er sich in der Krakauer Residenz des Erzbischofs, wo er als Priesteramtskandidat angenommen wurde. Karol Wojtyła musste nun im Untergrund studieren. Dies war freilich nicht ungefährlich; einer seiner Untergrundkommilitonen wurde beispielsweise von der Gestapo aufgegriffen und wenig später umgebracht. Noch gefährlicher wurde es für Karol Wojtyła nach dem Warschauer Aufstand 1944: Um in Krakau ähnlichen Aufständen vorzubeugen, durchkämmte die Gestapo die Stadt nach Widerstandsnestern und Oppositionellen. Wojtyła schwebte in höchster Gefahr und verbarg sich während der Razzia in einem

Keller. Dann rettete er sich in die Residenz des Erzbischofs, wo er bis zum Kriegsende blieb. Der adlige Erzbischof Adam Sapieha unterrichtete damals die Alumnen persönlich und begleitete sie geistlich-menschlich durch die Kriegszeit. Die vielen Wochen an der Seite dieses beeindruckenden Kirchenfürsten prägten Wojtyłas Bild von einem Bischof und Seelenführer sein Leben lang.

Unter dem Druck der Roten Armee verließen die deutschen Truppen am 18. Januar 1945 Krakau. Diese „Befreiung" stellte sich kurze Zeit später nur als ein Wechsel von einem totalitären Regime zum anderen heraus. Am 1. November 1946 wurde Wojtyła in der Privatkapelle der erzbischöflichen Residenz zum Priester geweiht. Seine Priesterweihe empfand er nach den Schrecken des Krieges, der persönlichen Lebensgefahr und dem enormen physischen und psychischen Druck als Geschenk und Auftrag zugleich. Seine Angehörigen waren gestorben, befreundete Priester verhaftet und Kommilitonen umgebracht worden; nur ihm hat die Vorsehung die schwersten Erfahrungen erspart, wie er im Rückblick konstatierte.

Nun begann für Wojtyła die Zeit des Reisens. Sapieha schickte den 26-Jährigen nach Rom zum weiteren Studium. Unterwegs besuchte der Jungpriester Prag, Straßburg und Paris. Auf seinen weiteren Reisen nach Belgien und Frankreich ließ er auch die Seelsorge nicht zu kurz kommen: In Charleroi etwa betreute er polnische Bergarbeiter. Er stellte den ganzen Menschen in den Mittelpunkt seiner Seelsorge, indem er die Familien und die Arbeitsstätten persönlich aufsuchte. Dieser ständige Kontakt zu den Menschen, sein Sprachtalent sowie seine persönliche Bedürfnislosigkeit ließen ihn zu einer authentischen und ansprechenden Priester-Persönlichkeit werden, der man das abnahm, was sie sagte.

Bei aller Reisetätigkeit stand jedoch sein Studium an erster Stelle. Zunächst musste er am *Angelicum*, der römischen Dominikaneruniversität, im Juli 1947 den Magistergrad in Theologie erwerben, um dann zu promovieren. Seine Dissertation widmete sich den Werken des Karmeliten Johannes vom Kreuz. Bereits hier wird deutlich, wie stark der Mensch mit seinen Lebensbedingungen im Mittelpunkt von Wojtyłas Philosophie und Theologie stand. Das korrespondierte ganz mit seiner Persönlichkeit, die bei allen Begegnungen vollständig auf ihr Gegenüber fixiert war – ob Gott oder Mensch.

Nach seiner Prüfung im Juni 1948 kehrte er nach Krakau zurück, wo ihm die dortige Universität den Doktortitel verleihen musste, da er aus Geldmangel nicht in Rom publizieren konnte. Der Oberhirte Sapieha schickte den Frischpromovierten zur Seelsorge in die Provinz: Das Dorf Niegowić war weder elektrifiziert noch kanalisiert. Fremd war für Karol hier alles, nicht nur das kommunistische System. In einer ersten Demutsgeste küsste Vikar Wojtyła bei seiner Ankunft den Boden seiner kleinen Pfarrei. Dann organisierte er vordringlich die Jugendarbeit. Schon damals hatte er begriffen, dass die Jugend die Zukunft der Kirche darstellte und die Laienaktivität unverzichtbar für die ansonsten stark klerikalisierte Kirche Polens war.

Nach acht Monaten harter Gemeindearbeit übertrug ihm Sapieha die Studentenseelsorge in Krakau, wo sich der Intellektuelle ganz entfalten konnte. In den kommenden elf Jahren ermunterte er die Jugendlichen, ihren eigenen Weg zu finden und zu gehen und sich nicht von den kommunistischen Machthabern instrumentalisieren zu lassen. Den Kommunismus lehnte er aus christlichen und philosophischen Grundsätzen ab, ohne seinem Wesen nach ein politischer Mensch zu sein. Wojtyła ging von einem christlichen Humanismus aus, den er durch geheime Bildungskurse in Kirchen und Klöstern vermittelte. Moderne Elemente pflegte Dr. Wojtyła vor allem im Gottesdienst. Angesteckt von der Liturgischen Bewegung im deutschsprachigen Raum, gründete er einen Studentenchor, der gregorianische Gesänge einübte, führte die Messe mit Antworten aus dem Kirchenvolk ein und diskutierte weitere liturgische Neuerungen mit den Studenten.

Nach dem Tod seines priesterlichen Vorbilds Sapieha im Herbst 1951 wurde Karol Wojtyła für zwei Jahre zur Habilitation in Krakau freigestellt. Aufgrund seines philosophischen Interesses an der objektiven Realität schrieb er seine Arbeit über den deutschen Philosophen Max Scheler. Nach Abschluss der Habilitation im Dezember 1953 folgte seine akademische Lehrtätigkeit:

zunächst in Krakau über Sozialethik, dann auch als Professor für Moralphilosophie an der Katholischen Universität Lublin. Nun entstanden zahlreiche philosophische Traktate, die immer den Menschen als Person in den Mittelpunkt stellten. Doktorandenkolloquien fanden häufig im Freien, in den Bergen oder zu Hause statt, wobei er später als Bischof Korrespondenzen erledigen und gleichzeitig den Studenten aufmerksam zuhören konnte.

Am 4. Juli 1958 wurde Professor Wojtyła problemlos zum Weihbischof in Krakau ernannt, da er bisher wegen seiner nach außen apolitischen Haltung nicht mit dem Regime in Konflikt geraten war. Es war typisch für den sportlichen Priester, dass ihn die Ernennung zum jüngsten Bischof Polens bei einer Kajakfahrt im Nordosten des Landes erreichte. Damit endete für ihn ein bedeutender Lebensabschnitt, der seiner geistigen und intellektuellen Formung gedient hatte. Als Bischof stand er jetzt in der Schusslinie des kommunistischen Regimes. Er war zwar nach wie vor kein Widerstandskämpfer der Straße, trug aber sehr wohl zum „kulturellen Widerstand" bei.

Prägend blieb für den jungen polnischen Bischof das Zweite Vatikanische Konzil. Wojtyła besuchte jede Sitzung des Konzils und erlebte hier nach der Isolation im kommunistischen Polen die Weltkirche als die Erfahrung einer universalen Gemeinschaft. Intensiv arbeitete er an zahlreichen Konzilsdekreten mit, vor allem jenen zur Aufgabe der Laien, zum Selbstverständnis der Kirche und zur Religionsfreiheit. Auch knüpfte er zahlreiche Freundschaften zu seinen ausländischen Mitbrüdern. Er gehörte 1965 auch zu den Verfassern des berühmten Briefs an die deutschen Bischöfe, wo von der Vergebung gegenüber den Deutschen und der Bitte um Vergebung die Rede war. Im selben Jahr verließ Wojtyła das Konzil als einer der bekanntesten Kirchenmänner, der durch Ideenreichtum und persönliche Ausstrahlung überzeugte.

Nach dem Tod des bisherigen Diözesanverwesers des vakanten Erzbistums Krakau übernahm Weihbischof Wojtyła ab 1962 diese Aufgabe, bis er schließlich im März 1964 selbst das Amt des Erzbischofs übertragen bekam; 1967 wurde er Kardinal. Jeweils fast den ganzen Vormittag hielt er sich in der Kapelle auf, um dort zu beten oder an philosophischen Aufsätzen, Predigten oder Gedichten zu schreiben. Verwaltungsfragen rangierten bei ihm nie obenan; das Gemeindeleben war ihm wichtiger. In der knappen Freizeit setzte er seine alten Sportgewohnheiten fort: Kajak- und Skifahren, wann immer er konnte. Er hielt auch seine alten Kontakte zum Theater aufrecht, nun allerdings als Seelsorger und nicht mehr als Akteur.

Als die Kardinäle nach dem Tod des nur kurz regierenden Papstes Johannes Paul I. im Herbst 1978 wiederum nach Rom eilten, war Wojtyła kein Unbekannter mehr. Da das italienische Lager, das sich bislang als meinungsführend erwiesen hatte, gespalten war, gaben gerade die deutschsprachigen Purpurträger den Fingerzeig auf den Krakauer Oberhirten, der dann im achten Wahlgang am 16. Oktober 1978 als erster Nichtitaliener nach 455 Jahren und erster Slawe überhaupt den Stuhl Petri bestieg. Sein Landsmann, Kardinal Stefan Wyszyński, prophezeite ihm damals, dass er die Kirche ins dritte Jahrtausend führen werde. Diese Worte waren für Wojtyła von Anfang an Programm und Ziel seines gesamten Pontifikates.

Der Regierungsstil Johannes Pauls II.

Bis an sein Lebensende war Karol Wojtyła von dem Gedanken durchdrungen, von Gott als Nachfolger des Apostelfürsten Petrus erwählt zu sein. Daher trat er auch in Alter und Krankheit nicht von seinem hohen Amt zurück: Nachfolge Christi bedeute auch Leid und Tod. Entsprechend waren Gebet und Gottesdienst seine wichtigsten Energiequellen, aus denen er lebte und arbeitete. Ähnlich wie in Krakau verbrachte er auch im Vatikan viele Stunden in der Kapelle, wo er Ansprachen und Lehrschreiben entwarf und immer wieder auch an religiösen Gedichten arbeitete. Im ausgiebigen meditativen Gebet sank er förmlich ein in die Begegnung mit Gott, in der er erkannte, was zu tun war.

Johannes Paul II. hatte seine eigenen Vorstellungen, die Dinge zu erledigen, wie man mit den Menschen umgehen müsse und welche Aktivität man entwickeln solle. Eingebunden war alles in eine kompakte Vision, die den Wenigsten zugänglich war. Besonders in der ersten Hälfte des Pontifikats entfaltete er eine Hyperaktivität, die nicht nur die Kurie überforderte, sondern auch die Angesprochenen, die Gläubigen. Der Papst war omnipräsent: in der Öffentlichkeit, in den Medien und durch seine detailliert vorbereiteten Reisen in aller Welt. Geschätzte 17,6 Mio. Menschen hatten ihn allein in den Generalaudienzen in Rom erlebt. Wer konnte seine Botschaften zu nahezu allen Themen des Glaubens und der Welt aufnehmen, wer alle Lehrschreiben und Verlautbarungen lesen? 14 Enzykliken, 14 nachsynodale Apostolische Schreiben, 11 Apostolische Konstitutionen, 42 Apostolische Briefe und 5 Bücher, um nur die allerwichtigsten Veröffentlichungen mit zum Teil glaubensrelevanten Aussagen zu nennen.

Unkonventionell war auch sein Umgang mit den Medien: Schon bei seiner ersten Pressekonferenz brach er mit der Tradition, verließ das Podium und beantwortete die Fragen der Journalisten in ihrer Muttersprache. Auf die Frage, ob er weiter Ski fahren werde, antwortete er bezeichnend: „Ich weiß nicht, ob man mir das erlauben wird." Er tat es einfach und lud seinen Freund, den italienischen Staatspräsidenten Sandro Pertini, im Juli 1984 zu einem zweitätigen Ausflug nach Adamello ein. In seiner Sommerresidenz Castel Gandolfo ließ er sich einen Swimmingpool bauen, den er in seinen ersten Jahren auch ausgiebig nutzte, um sich fit zu halten. Alpine Wanderungen unternahm er bis in den Sommer 1999 hinein, als er nahezu achtzig Jahre alt war.

Er gestaltete sein Leben als Papst bewusst transparent und durchbrach jede Form von Abschirmung. Niemals vor ihm gab es Bilder aus den päpstlichen Privatgemächern, in die nun auch Journalisten Eingang fanden; niemals zuvor erfuhr man über den persönlichen Alltag des Kirchenoberhaupts so viel; niemals zuvor hatten so viele Personen direkten Zugang zum Papst – sei es in der morgendlichen Frühmesse um 7 Uhr, zum Frühstück oder Abendessen oder in den Gottesdiensten, wo er für alle buchstäblich ein Papst zum Anfassen wurde. Johannes Paul II.

lebte öffentlich – bis in den Tod hinein. Die Schlichtheit seiner Umgebung und seiner persönlichen Lebensführung wurde zum neuen Markenzeichen eines modernen Papsttums, das für die Botschaft mehr Raum ließ und dadurch authentischer wirkte. Sein medienwirksames, schauspielerisches Talent tat das Seine, auch ohne komplizierte theologische Deduktionen präsent und mit seinem geistlichen Auftrag wirksam zu sein. Bei einer charismatischen Persönlichkeit wie der seinen, die manches Mal ihre Gesprächspartner (auch ökumenische) unwillkürlich geradezu „erdrückte", wirkte alles echt. Verstärkt wurde dieser Eindruck durch sein offenes Zugehen auf die Menschen, was seinem Verständnis von Leitung und geistlicher Amtsführung entsprach.

Offensichtlichstes Beispiel hierfür waren seine zahlreichen Reisen in alle Welt – insgesamt 104 Reisen außerhalb und mehr als 150 Pilgerfahrten innerhalb Italiens mit geschätzten 1,3 Millionen Reisekilometern, wofür er häufig, vor allem innerhalb von Kirche und Kurie, kritisiert wurde. Für Johannes Paul II. waren seine Pastoralvisiten eine Art Massenkommunikationsmittel zur Verkündigung der Frohen Botschaft auf den Straßen der Welt. Grundlegend hierfür war nicht nur die universale Dimension des Petrusamts, sondern auch das pastorale Anliegen, zu denen zu kommen, denen die ökonomische Basis fehlte, nach Rom zu reisen. Er setzte mit seiner Präsenz vor Ort zudem bewusst einen Kontrapunkt gegen die allgemeine Verdrängung des Religiösen aus dem öffentlichen Leben. Außerdem zeichnete er mit jeder Auslandsreise den Staat, das Volk, die Kultur und nicht zuletzt die Ortskirche aus und flößte den meist jungen Gemeinden in Südamerika und dem Fernen Osten Selbstbewusstsein ein. Für die Medien hielt er große Gesten parat: Er küsste den Boden beim ersten Betreten des Landes und zeigte sich mit indianischem Federschmuck, Koalabär oder Texashut. Stets konnte er sich sicher sein, dass ein Millionenpublikum zu seinen Gottesdiensten strömen würde. Auf den Philippinen waren es geschätzte vier Millionen Gläubige, sodass der Papst den Hubschrauber nehmen musste, um zur Altarinsel zu gelangen.

Auch während seiner Pastoralvisiten entfaltete Johannes Paul II. eine enorme Aktivität. Der Höhepunkt wurde in Genf im Juni

Erster offizieller Deutschland-Besuch Papst Johannes Pauls II.
Empfang des Bundespräsidenten, Prof. Karl Carstens;
15. November 1980.

1982 erreicht, wo er innerhalb von zwölf Stunden zehn Ansprachen hielt. Gewöhnlich war sein Programm dicht gedrängt durch Begegnungen mit Bischöfen, Priestern, Politikern, Kranken, Wissenschaftlern, Künstlern, Andersgläubigen etc.; hinzu kamen Gottesdienste, symbolische Besuche und die Ehrung der Ortsheiligen. Ruhe gönnte sich der Papst dabei nicht, allenfalls auf dringendes Anraten der Ärzte, als er bereits schwerkrank und gebrechlich war. Auf einer seiner letzten Auslandsreisen, nach Lourdes 2004, brach er vor laufenden Kameras zusammen. Als globaler Missionar nahm er seine Verantwortung für die Weltkirche wörtlich; der Widerstand der Kurie war von Anfang an erfolglos.

Der Papst als Medienstar

Kein Papst war derart in den Medien präsent wie Johannes Paul II. Dabei halfen ihm nicht nur seine in der Anfangszeit jugendliche Dynamik und charismatische Ausstrahlung – auch das päpstliche Zeremoniell sowie sein schauspielerisches Talent –, er setzte auch bewusst und geschickt eine breite Palette von Medien für seinen Verkündigungsauftrag ein und wusste seine Botschaften öffentlichkeits- und medienwirksam zu inszenieren. Presse, Rundfunk und Fernsehen hatten einen neuen Star! Nicht nur zu Lebzeiten war Johannes Paul II. der am meisten fotografierte und gefilmte Mensch der Geschichte, auch noch bei seinen Beerdigungsfeierlichkeiten zog er geschätzte zwei Milliarden Menschen vor die Bildschirme und erreichte so die höchste je dagewesene Einschaltquote. Die ständige mediale Aufmerksamkeit hatte jedoch auch ihre Schattenseiten: So lichteten ihn Paparazzi unbemerkt in seiner Sommerresidenz Castel Gandolfo in der Badehose ab.

Selbst in ganz vertraulichen Momenten wie der Begegnung mit seinem Attentäter Ali Agca im Gefängnis, 1983, oder in seinem Krankenzimmer in der Gemelli-Klinik ließ er Kameras zu. Mit Johannes Paul brach zweifellos etwas ganz Neues für die Kirche und das Papstbild an. Zunächst unterwarf er sich radikal den Gesetzen der Medien. Typisch journalistische Übertreibung, Banalisierung, Wiederholung, Verfälschung und Unterhaltung schreckten ihn nicht ab. Er setzte von Anfang an Vertrauen in die Medien, ohne ihre Schattenseiten auszublenden. Erschien er in der ersten Hälfte seines Pontifikats als unkonventioneller religiöser Held, so vermochte der leidende und zunehmend gebrechlich wirkende Papst starke Emotionen beim Zuschauer zu wecken und diesem über die Medien ein starkes Gefühlserleben zu vermitteln.

Johannes Paul II. bediente dabei nicht nur öffentliches Interesse und Neugier, er nutzte die mediale Aufmerksamkeit dazu, in unbefangener, klarer und einprägsamer Weise seine Botschaften in jeden Haushalt zu bringen. Das konnte und tat er weniger durch Worte als durch Gesten, Begegnungen und Massenszenen. Der Papst aus dem medienarmen kommunistischen Polen hatte seit Oktober 1978 eine enorme Entwicklung durchgemacht, rasch gelernt und dank seiner schauspielerischen Begabung und liturgischen Schulung intuitiv richtig reagiert. Weitere Hilfen waren ihm seine Improvisationsgabe und sein spontanes und herzliches Zugehen auf die Menschen.

Er hatte begriffen, dass der richtige Umgang mit den Massenmedien vor allem in Europa und der westlichen Welt zu einer Überlebensfrage für die Kirche werden könne. Bischöfe, Priester und Ordensleute sollten dementsprechend die Verkündigung der Frohen Botschaft auf die Medienkultur abstimmen und sich solide Kenntnisse eines adäquaten Sprachgebrauchs aneignen.

Auch in der *Spiritualität* griff der Papst willig neue Elemente auf; die überlieferten Formen und Inhalte wurden mit neuem Geist erfüllt. Die Bezeichnung „traditionell" für seine und seiner Kirche Frömmigkeit greift entschieden zu kurz. Allen Teilnehmern von Papstmessen in Rom und anderswo wurde das rasch deutlich. Johannes Paul hatte keine Berührungsängste gegenüber lokalen Riten, Sitten und Liedern – selbst in den Gottesdiensten. Inkulturation ließ er auch in der Liturgie seiner Pastoralbesuche zu. Und auch einige Treffen mit den Jugendlichen im Vatikan hatten diskothekähnlichen Charakter. Er ist von seinem in Krakau geübten Habitus nicht abgegangen, direkt zu den Menschen zu gehen, dorthin wo sie lebten und arbeiteten.

Der Zusammenbruch der kommunistischen Regime

Johannes Paul II., der aus leidvoller Erfahrung in Polen den Kommunismus von innen her kannte, entwickelte die Überzeugung, dass „die Ideologien des Bösen tief in der Geschichte des europäischen philosophischen Denkens verwurzelt“[1] seien. Mit der in Jalta 1945 vereinbarten Teilung Europas in zwei politisch-militärische Interessenszonen hatte er sich nie abgefunden. Bezeichnenderweise sagte er 1996 in Berlin, als er durch das Brandenburger Tor schritt: „Jetzt ist der Zweite Weltkrieg zu Ende!“[2] Er wusste auch um die religiösen Kräfte seiner Heimat in der Auseinandersetzung mit einem System, das er längst als unmenschlich und morsch erkannt hatte. Während seines gesamten Pontifikats klagte er beständig die Menschenrechte und die Religionsfreiheit, die ihre Quellen in der christlichen Offenbarung haben, ein. Im Zusammenspiel mit seiner charismatischen Persönlichkeit musste das explosiv wirken.

Der sowjetische Außenminister Andrej Gromyko schätzte weit vor der politischen Wende die Situation richtig ein, wenn er in seinen Erinnerungen schrieb: „Der Vatikan hat viele Möglichkeiten zur Beeinflussung seiner Herde“.[3] Angesichts der Revolten in Polen Anfang der achtziger Jahre konstatierte Gromyko, dass „der Vatikan eine Haltung einnahm, die die Schwelle zwischen Politik und Religion deutlich überschritt“.[4] Zweifellos bedeutete nämlich der erste Besuch von Johannes Paul in Polen im Juni 1979 ein Fanal für alle Unzufriedenen im Lande. Die Reise glich einem Triumphzug: Geschätzte 13 Millionen erlebten den Papst persönlich, nahezu die Gesamtbevölkerung im Rundfunk und Fernsehen. Nur wenige Monate später brach ausgerechnet in Polen ein Arbeiteraufstand aus, der für den gesamten Ostblock eine ernstzunehmende Gefahr bedeutete. Der Papstbesuch hatte offensichtlich in der Heimat die Lethargie, Hoffnungslosigkeit und Furcht vertrieben und die Erfahrung der individuellen Würde und des kollektiven Bewusstseins gestärkt.

Es waren nur etwa acht Monate nach der Registrierung der Solidarność, als der Attentäter Ali Agca am 13. Mai 1981 in der Generalaudienz auf dem Petersplatz auf den Papst schoss und ihn lebensgefährlich verletzte. Die Spur des aus Bulgarien stammenden Türken Ali Agca wurde später bis zum bulgarischen Geheimdienst verfolgt, wo sie sich verlor. Heute gilt es als sicher, dass der sowjetische Militärgeheimdienst GRU den Mordauftrag gegeben hatte.

Der Zusammenbruch des Kommunismus von 1989/90 war für den Papst die Lösung eines wichtigen Problems, wenn auch kein Sieg. Denn schon als Krakauer Erzbischof hatte er, genau wie in seiner Enzyklika *Sollicitudo rei socialis*, von der Verführungskraft des alternativen Systems eines praktischen Materialismus im Westen gesprochen. Vielfach wurde er nach der Wende als großer Kritiker des Kapitalismus gescholten, obgleich er schon vorher weltanschauliche Exzesse angeprangert hatte.

Dialog mit den Religionen

Nach dem Zusammenbruch des Kommunismus war die Einheit der Menschheit zum Greifen nahe. Parallel dazu zeigten sich auch im Dialog mit den Religionen Fortschritte. Bereits das Zweite Vatikanische Konzil sprach erstmals vom Auftrag der Kirche bei der Wiederherstellung der Einheit aller Christen und nicht mehr von der Rückkehr der Getrennten zur Römischen Kirche. Ferner bekannten sich die Konzilsväter zur Religionsfreiheit und zur Toleranz auch gegenüber nicht-christlichen Religionen. Johannes Paul hat diesen Weg konsequent und aktiv beschritten wie keiner seiner Vorgänger. Seine Enzyklika *Ut unum sint* (1995) stellte darüber hinaus die besondere Bedeutung des ökumenischen Anliegens heraus. Hochrangige interkonfessionelle und interreligiöse Treffen und Gespräche wurden seither abgehalten und sind heute längst nichts Außergewöhnliches mehr. Johannes Paul hat auch bei seinen Auslandsreisen stets den Kontakt zu dortigen Religionsführern gesucht. Im ökumenischen Gespräch stellte der Papst gegen Ende seines Lebens sogar die derzeitige Form der Primatsausübung zur Diskussion, betonte aber immer wieder, dass der Bischof von Rom der „sichtbare Bezugspunkt der Einheit" unter den Kirchen sei. Ermutigendes und greifbares Ergebnis des ökumenischen Gesprächs mit den Protestanten war die *Gemeinsame Erklärung zur Rechtfertigungslehre*, die im 16. Jahrhundert mit einen Anlass zur protestantischen Abspaltung geliefert hatte. Am Reformationstag (31.10.) des Jahres 1999 unterzeichneten Vertreter des Lutherischen Weltbundes und der Römisch-Katholischen Kirche im symbolträchtigen Augsburg das relativ kurze Papier, dem allerdings von jeder Seite ein anderer Anhang folgte.

Sehr kompliziert gestaltete sich das Gespräch mit den Juden, das hauptsächlich durch die Gräuel des Dritten Reiches belastet war. Als die ursprünglich positive jüdische Haltung gegenüber Pius XII. und der Stellung der Kirche im Nationalsozialismus in den sechziger Jahren gekippt war, hatte es der Papst nun schwer, die gemeinsamen Wurzeln zu betonen und zu einer echten Versöhnung zu gelangen. Dabei war sein Einsatz für seine „älteren Brüder im Glauben", wie Johannes Paul die religiösen Juden nannte, bereits in seiner Biografie vorgezeichnet und durchaus authentisch. 1986 besuchte er als erster Papst die römische Synagoge, umarmte den dortigen Oberrabbiner, brachte seine Abscheu vor Antisemitismus und Holocaust zum Ausdruck und bedauerte die Unterdrückung der Juden, für die etliche seiner Vorgänger verantwortlich zeichneten. 1998 veröffentlichte die eigens im Vatikan gebildete Kommission für die religiösen Beziehungen zum Judentum eine Erklärung zur Shoa, die als „Schandfleck in der Geschichte", als „unsagbarer Frevel", als „fürchterlicher Völkermord und Gipfelpunkt des Verbrechens" gegeißelt wurde.

JUGEND, MENSCHENRECHTE, FRIEDEN

Zu den Jugendlichen suchte Papst Johannes Paul II. immer wieder Kontakt; sie waren schon in Krakau seine bevorzugten Gesprächspartner gewesen. Als Professor trieb er mit ihnen Sport, ging in Ferienlager und diskutierte seine aktuellen Forschungen mit ihnen. Dahinter steckte nicht nur die Erkenntnis, dass die Jugend die Zukunft der Kirche und der Gesellschaft sei. Er nahm sie vielmehr ernst und fühlte sich als ein Teil von ihnen. Als Papst blühte er noch im hohen Alter bei Zusammenkünften mit jungen Leuten stets sichtlich auf; dann scherzte er und sang mit ihnen, trotz Stock und Parkinson. Aber auch die Jugendlichen waren von diesem sportlichen, unkonventionellen Kirchenoberhaupt fasziniert, der mit allem, was er sagte, stets authentisch wirkte und Vertrauen einflößte. Schon nach seiner überlangen Amtseinführung im Oktober 1978 zeigte er sich nochmals am Fenster des Apostolischen Palastes und rief den jungen Leuten zu: „Ihr seid die Zukunft der Welt, die Hoffnung der Kirche! Ihr seid meine Hoffnung!" Er war davon überzeugt, dass die jungen Leute bei aller äußerlichen Gleichgültigkeit eine tiefe religiöse Erwartung hatten. „Lasst euch von Christus verführen: Nehmt seine Aufforderung an und folgt ihm", war immer wieder die Botschaft des Papstes, der sie aufforderte, Hoffnung und Frieden in die Welt zu tragen. Neben solchen jugendrelevanten Themen predigte er ihnen auch die katholische Morallehre. Direkt und verständlich sagte er ihnen dabei häufig unbequeme Wahrheiten, doch das nahm nichts von seiner Attraktivität. Dabei sparte er kein Thema aus: „Die Droge überwindet man nicht mit der Droge" (September 1984). „Habt keine Angst davor, das Leben zu schützen, das ganze Leben. Das Leben an seinem Anfang und an seinem Ende!" (Juni 1992). „Habt keine Angst vor der Liebe, die dem Menschen bestimmte Forderungen stellt".[5]

Wie vorher in Krakau setzte sich der Papst für Menschenrechte, Demokratie und menschliche Solidarität in den Schwellen- und Entwicklungsländern ein. Er ging in seiner Rede vor der FAO Ende 1992 sogar so weit, ein „humanitäres Eingreifen", das eine Militäraktion des Auslands einschließe, zu fordern, um bedrohte Menschen zu retten. Die Wahrung von Gerechtigkeit und Menschenrechten sei nicht nur die innere Angelegenheit eines Landes, sondern die Völkerfamilie habe inzwischen Prinzipien des internationalen humanitären Rechts zur Verfügung gestellt, die ein Eingreifen zum Überleben von Volksgruppen oder ganzen Völkern zur Pflicht mache.

Krankheit und Tod

Wer sich heute an Johannes Paul II. erinnert, denkt zunächst an eine alte, gebrechliche Gestalt, die am Ende kaum mehr zu sprechen in der Lage war. Am Samstag, dem 2. April, um 21.37 Uhr starb er mit 84 Jahren. Sein langsames Sterben hatte weltweit Anteilnahme und Bestürzung ausgelöst. Rom wurde nun förmlich von Trauernden überschwemmt; allein aus Polen, das kostenlose Sonderzüge zur Verfügung stellte, kamen geschätzte drei Millionen. Besonders die unübersehbare Menge von Jugendlichen aus aller Welt, denen Johannes Paul II. stets große Aufmerksamkeit gewidmet hatte, wollte ihm ihren Dank abstatten und stand stundenlang in den Zufahrtsstraßen zum Petersdom, um an dem Aufgebahrten vorbeidefilieren zu können. Zu einem bislang nie gekannten Ereignis gestaltete sich auch die schlichte Beerdigung, die ganz Rom bereits Tage zuvor in einen Ausnahmezustand versetzte. 200 Staatsgäste und geschätzte vier Millionen Menschen rund um den Vatikan und Milliarden an den Bildschirmen erwiesen dem Papst die letzte Ehre. Am Tag der Beisetzung war die gesamte römische Innenstadt für den Verkehr gesperrt, aber die Menschen ertrugen die Strapazen mit großer Geduld. Noch heute pilgern jährlich Tausende zur schlichten Begräbnisstätte von Johannes Paul II. in den Grotten von St. Peter.

Anmerkungen

1 Johannes Paul II. 2005, 21.
2 Samerski 2008, 62.
3 Gromyko 1989, 303.
4 Gromyko 1989, 301.
5 Accattoli 2005, 200–203.

Quellen

Johannes Paul II. 2005: Erinnerung und Identität. Gespräche an der Schwelle zwischen den Jahrtausenden, Augsburg.
Ders. 1994: Die Schwelle der Hoffnung überschreiten, Hamburg (hg. von Vittorio Messori).
Stark im Glauben. Johannes Paul II. in Polen. Die Reise in Bild und Text, Kevelaer 1979.

Literaturhinweise

Accattoli, Luigi (Hg.) 2005: Johannes Paul II., Köln.
Bartoszewski, Wladyslaw (Hg.) 2004: Die Kraft des Augenblicks. Begegnungen mit Papst Johannes Paul II., Freiburg/Br.
Gromyko, Andrej 1989: Erinnerungen, Düsseldorf.
Ross, Jan 2001[3]: Der Papst Johannes Paul II. – Drama und Geheimnis, Berlin.
Rossi, Fabrizio 2005[3]: Der Vatikan. Politik und Organisation, München.
Samerski, Stefan 2008: Johannes Paul II., München.
Ders. 2009: Teufel und Weihwasser. Der Papst und die Erosion des Kommunismus, in: Osteuropa, 59. Jg., Heft 2–3, S. 183–193.
Weigel, George 2003[2]: Zeuge der Hoffnung. Johannes Paul II. Eine Biographie, Paderborn u. a. (ausführlichste Biographie).

Picasso zeichnet mit Kohle den Blick aus seinem Atelier „Le Fournas“.
Vallauris 26.6.1953. Fotografie von Edward Quinn.

Picasso

Analyse eines Mythos

von Carsten-Peter Warncke

Als Picasso am 8. April des Jahres 1973 verstorben war, schrieb Werner Spies in der *Frankfurter Allgemeinen Zeitung*:

> *Ein neuer Picasso, könnte er heute leben? Ist es vorstellbar, dass in einer kommenden Zeit noch einmal ein Mensch auf Jahrzehnte hinaus in seinem Bereich so radikal alles usurpiert? Ein Personenkult, der nicht abwählbar war. Vom Soziologischen her betrachtet ist dieser Mann ein entmutigender Superlativ an Genie, Ruhm, physischem Dasein und Glück […]. Der Mythos ist zu groß, zu unheimlich, als dass er auch mit dem grandiosesten Weltbegräbnis aus der Welt geschafft werden könnte. Hier tritt nicht ein Künstler ab, ein Cézanne, ein Matisse, hier beginnt mit dem Tod […] das mühselige Sterben einer Zeit".*[1]

Und in einem anderen Artikel der gleichen Zeitung formulierte er: „Picasso, […] hinter den Erscheinungen seines Mythos kann man sich kein[…] Dasein mehr vorstellen, Nichts an ihm scheint fassbar."[2] Damit drückte Spies aus, was Viele denken: Mit dem Namen und der Person Picasso verband und verbindet sich mehr als bloß eine Gestalt der neueren Kunstgeschichte. Der Mensch, der er doch war, humaner Prägung verhaftet wie alle anderen Menschen auch, ist zu einer Fokusfigur kollektiver Imagination geworden und scheint damit irdischem Dasein entrückt. Im Folgenden sollen die Wesentlichen dieser Vorstellungsbilder kritisch betrachtet werden.

Der Ruhm

In der Tat ist Picasso ein sehr berühmter, ja geradezu populärer Künstler. Sein herausragender Ruhm hat auch nach seinem Tod nicht abgenommen und manifestiert sich in einer kaum vergleichbaren Fülle. Es kommt ja häufig vor, dass nach bedeutenden Persönlichkeiten öffentliche Einrichtungen benannt werden. Meist sind es Plätze und Straßen, aber auch Institutionen, die einen inhaltlichen Bezug zum Namensgeber haben, man denke z. B. an die Johann Wolfgang Goethe-Universität in Frankfurt am Main. Nach Picasso aber hat seine Geburtstadt Malaga ihren Flughafen benannt, eine Ehre, zu der sonst nur Staatsmänner kommen und in der Kunst lediglich Leonardo da Vinci, der Namensgeber des früher schlicht Rom-Fiumicino genannten Flughafens der italienischen Hauptstadt. Und nicht nur das: Ende der 90er Jahre des vergangenen Jahrhunderts benannte der französische Autohersteller Citroën ein Auto nach ihm, den *Citroën Xsara Picasso*, und schon 1960 kannte man die damals neu aufgekommenen dreieckigen Milchtüten in Deutschland unter dem Spottnamen *Picasso-Euter*.

Wie andere Größen der Menschheit so wurde auch Picasso nicht allein Gegenstand von Dokumentationen, sondern auch von fiktionalen Filmen. Der 1978, also nur 5 Jahre nach seinem Tod, in Schweden gedrehte Streifen *Picassos Äventyr* wurde in Deutschland unter dem Titel *Die Abenteuer des Herrn Picasso* vertrieben. 1996 dann spielte Anthoy Hopkins den Künstler in dem Spielfilm *Surviving Picasso*, der die Beziehung zur jungen Françoise Gilot zum Gegenstand hat und dessen sehr bezeichnender Titel in der deutschen Fassung ebenso irreführend wie verharmlosend *Mein Mann Picasso* lautet. 1985 gab es sogar eine Comic-Story um Dagobert und Donald Duck sowie die drei listigen Neffen Tick, Trick und Track, die sich mit Picasso-Werken befasste und unter dem Titel *Picasso-Raub in Barcelona* in der Reihe *Abenteuer aus Onkel Dagoberts Schatztruhe* erschien. Sicher, es ist gang und gäbe geworden, Künstlern von Rang eigene Museen zu errichten, aber Picasso sind inzwischen nicht weniger als fünf gewidmet: zwei in Spanien, in Barcelona und Malaga, zwei in

Frankreich, in Antibes und Paris, und auch in Deutschland, im westfälischen Münster. In Antibes und Barcelona entstanden sie schon zu seinen Lebzeiten.

Aber sein Werk ist nicht bloß eingesargt in museale Grüfte, es lebt und entfaltet immer noch Wirkung. Das beste Beispiel dafür lieferte die jüngste Geschichte. Als am Vorabend des Irak-Krieges der amerikanische Außenminister Colin Powell Anfang Februar 2003 vor dem Sicherheitsrat der Vereinten Nationen in New York in einer 85-minütigen Rede die zu erwartende Kriegserklärung der USA mit den angeblich von Saddam Hussein gehorteten Massenvernichtungswaffen begründete und anschließend im Flur vor die Presse trat, hatte man eigens einen sonst dort hängenden Wandteppich mit einer Nachbildung von Picassos *Guernica* durch einen blauen Vorhang den Blicken entzogen. Denn *Guernica* ist nicht allein das fraglos berühmteste Gemälde des 20. Jahrhunderts, bekannt und weltweit in Reproduktionen gegenwärtig wie sonst nur Leonardos *Mona Lisa* oder Rembrandts *Nachtwache*, es ist auch zum Sinnbild des neuzeitlichen Krieges geworden, zu einem Mahnmal der Gewalt von Menschen gegen Menschen. Damit war es für den amerikanischen Politiker unmöglich, ausgerechnet davor sein kriegerisches Eingreifen zu verkünden. Die Aktion der UN-Diplomatie entpuppte sich als das, was sie war, ein hilfloser opportunistischer Akt, der zudem einen ganz gegenteiligen Effekt hatte. Denn die Berichte über die Verhüllung von *Guernica* gingen um die ganze Welt und vertieften die ohnehin virulente Skepsis gegenüber den amerikanischen Absichten; ein schöner Demonstrationsfall dafür, dass Kunst im Kontext durchaus Bedeutung hat. Schon im Jahr 1969 hatte die spanische PolitKunstgruppe *Equipo Chronica* Picassos *Guernica* mit dem Gemälde *El Instruso* aktualisiert. Sie funktionierten das Vorbild zu einer Collage moderner Mythen um, indem sie Versatzstücke der abendländischen Kulturgeschichte in die Komposition einfügten, von den Holzschnittillustrationen der ersten neuzeitlichen wissenschaftlichen Anatomielehre des Vesalius bis hin zum Comic-Helden Prinz Eisenherz, was zeigt, dass Picassos Bild genau wie die Helden der Comics längst zu einem Bestandteil der Populärikonografie geworden war. Das bestätigte auf seine Weise dann 1973, im Sterbejahr Picassos, Peter Saul, ein Vertreter der amerikanischen Pop Art mit seinem Bild *Saul´s Guernica*, einer grellbunten Neufassung, die in ihrer bewussten Verkehrung der formalen Eigentümlichkeiten aus dem monochromen, primär zeichnerisch angelegten Original eine nervend fröhliche, archaisierende und überzeitliche Motivik aktualisierende und trivialisierende Pop-Art Vision macht, die die Schrecken der modernen Plastikwelt thematisiert.

Nun gibt es solche Bearbeitungen auch von Werken anderer bedeutender neuerer Künstler; das allein macht Picasso noch nicht zu einem Mythos, wie auch die Rekordpreise, die seine Bilder auf Auktionen erzielten, kein Indikator für seine Sonderrolle sind. Denn Gustav Klimts Porträt der *Adele Bloch-Bauer* toppte mit 135 Millionen Dollar bei weitem die 104,1 Millionen, die für Picassos *Knabe mit Pfeife* gezahlt worden waren, und Bilder von Klimt sind ja auch in Reproduktionen weltweit verbreitet. Inzwischen reichen sogar die Preise für Werke von in der allgemeinen Öffentlichkeit ziemlich unbekannten Malern, wie dem Briten Lucian Freud, an die 100 Millionen-Dollar-Region. Der Kunstmarkt ist eben längst zu einem Hype wie der Aktienhandel geworden und seine Spekulationsblase wird wohl in den Zeiten der internationalen Finanzkrise ebenso platzen.

Nein, was Picasso von allen anderen unterscheidet, ist, dass er für die moderne Kunst in ihrer Gänze steht, dass sein Name zu ihrem Synonym wurde, so wie der Name des Physikers Einstein für die moderne Naturwissenschaft. Ja, schon in seinen letzten Lebensjahren avancierte Picasso zu einer Projektionsfigur, in der sich alle Ideale des Künstlertums sammeln konnten. Er wurde zum Genie schlechthin stilisiert. Das Überzogene der Halbwahrheiten, des schiefen Pathos und der Versatzstücke aus den Klassikern der Künstlerbiografien, das dieses veröffentlichte Meinungsbild prägte und vielfach immer noch prägt, kommt vielleicht nirgends besser zur Kenntlichkeit als in der Parodie. Ich kann es mir an dieser Stelle nicht versagen, aus einer satirischen Würdigung von Robert Gernhardt zu zitieren, die 1973 unter dem Titel *In Memoriam Picasso* in der längst verblichenen Zeitschrift *Pardon* zu lesen war:

Pique Asso […] kam […] eigentlich als Pablo Karobubo zur Welt, nannte sich aber nach der Familie seiner Mutter Max Beckmann. Schon früh begann er zu zeichnen, zusammen mit seinem Bruder Jan van Picasso entdeckte er die Ölmalerei, eine Vorläuferin des Kubismus. Bereits mit 12 Jahren schnitt er sich das erste Ohr ab, wenig später schon galt er in seiner Heimatstadt Barcelona als Wunderkind, diesen Titel konnte er bis zum Jahre 1956 erfolgreich verteidigen; er verlor ihn erst nach einem Stechen an Pablo Mozart. 1902 kam Picasso nach Paris und bezog dort sein erstes Atelier, das später berühmt gewordene Künstlerdomizil Sacre Coeur. Damals war die Seine-Stadt noch das Mekka der Künstler, Muhamed Manet und Ali Renoir waren die gefeierten Größen ihrer Zeit, doch bald sollte ihnen der durch einen tragischen Unfall bereits seit der Kindheit verwachsene Korse den Rang ablaufen. Seine Fresken an der bis dahin für unbemalbar gehaltenen Nordwand der Sixtinischen Kapelle nötigten selbst Pablo Grohmann, dem Kunstpapst seiner Epoche – aber wem erzähle ich das alles […]. Picasso war nun 25, aber seine Schaffenskraft war ungebrochen. Fast ertaubt dirigierte er vor ausverkauftem Hause seinen berühmten Guernica-Zyklus, der mit dem für ihn typischen Farbakkord Grau-Grau-Grau-Schwaaarz beginnt – aber kommen wir zum Schluss. Picasso – sein Name umschließt eine ganze Epoche europäischer Kulturgeschichte. Als Kind tanzte er vor Napoleon, das heißt, Napoleon hat vor ihm getanzt, gut 150 Jahre vor ihm, aber auch später sollten große Frauengestalten seinen Weg begleiten: Käthe Kollwitz, Alma Mahler-Werfel, Marie Curie – er hat sie alle geliebt oder gemieden. Und als alter Mann noch entschloß er sich ein letztes Mal zur Ehe. An der Seite von Grandma Moses lebte und malte er auf seinem Alterssitz Malente-Gremsmoulins ein Bild nach dem anderen, und zwar genau in dieser Reihenfolge. In dem Punkte war er eigen. Nun hat er seinen Schirm für immer zugeklappt. Ein Frühvollendeter, der trotzdem 18 Millionen Bilder, 170 Tausend Radierungen und 12 Handzeichen hinterläßt.[3]

Es lohnt sich nach den Gründen für diese Mythenbildung zu fragen, denn – auch wenn die Wissenschaft es noch nicht vermocht hat, die Rezeption des Oeuvres von Picasso umfassend zu untersuchen – soviel steht doch schon jetzt fest: Bei aller Wertschätzung – nicht alle Strömungen und Formen der Moderne lassen sich auf sein Vorbild zurückführen. Zwar ist es richtig, dass Picasso mit den *Demoiselles d´Avignon* 1907 den entscheidenden Anstoß für den dann von ihm selbst und Georges Braque entwickelten Kubismus geschaffen hat und diese Richtung durch ihre Bilder und Erfindungen wie Collage und Assemblage wiederum wesentliche Impulse für die weitere Entwicklung der bildenden Kunst gab. Aber die im Laufe der folgenden Jahrzehnte immer mal wieder aktuell werdenden Spielarten des Expressionismus standen Picasso fern wie auch die gesamte abstrakte Kunst, deren Intentionen er erklärtermaßen ablehnte. Und für die zahlreichen Spielarten konzeptioneller Kunst war ein Marcel Duchamp viel wichtiger als Picasso. So stand er seit dem Ende des II. Weltkriegs, also über die Hälfte des 20. Jahrhunderts, außerhalb der aktuellen Kunst. Und schon für den Surrealismus war er zwar von dessen Wortführer André Breton als Leitfigur vereinnahmt worden, aber Picasso profitierte ebensoviel von den Surrealisten wie sie von ihm. Für alle auf technischen Innovationen beruhenden neueren Kunstrichtungen und -formen, beispielsweise die Videokunst, ist Picasso eine Gestalt der Steinzeit.

Warum dennoch Picasso zum Inbegriff der Moderne wurde, lässt sich mit einem Blick auf eine Anzeige des französischen Autoherstellers Citroën veranschaulichen (s. S. 169). Der schon erwähnte *Citroën Xsara Picasso* wurde mit dem Slogan „Inspiration ist alles“ beworben. Neben der Abbildung des besagten Fahrzeugs findet sich das Foto eines Sattelschleppers, der vor der neutralen Kulisse eines Funktionsgebäudes acht Gemälde Picassos transportiert, die sämtlich zum Bestand des Pariser Picasso-Museums gehören. Obwohl es also rein logistisch möglich gewesen wäre und wegen der großen Formate auch den Anschein hat, sind es keine Originale, die da abgekarrt

werden sollen, sondern Reproduktionen. Ja, die Werke selbst als Dokumente dessen was hier reklamiert wird – die Kreativität nämlich – scheinen gar nicht so interessant zu sein, denn sie sind ausnahmslos gegenüber den Originalen in den Maßen verändert worden. Als größtes Bild erscheint hier die Komposition ganz rechts oben, ein in Öl auf Leinwand ausgeführtes Gemälde, das am 27. Oktober 1970 entstanden ist, vom Künstler signiert und präzise datiert. Es läuft in der Literatur unter dem Titel *Liegender weiblicher Akt und guitarrespielender Mann* und ist im Original 130 cm zu 195 cm. Exakt genau so groß ist das Original des Bildes daneben, die *Figuren am Meeresufer* vom 12. Januar 1931, ebenfalls in Öl auf Leinwand. Hier ist es aber weniger breit, was in diesen Ausmaßen nicht an der perspektivischen Verkürzung liegen kann. Noch krasser sind die Veränderungen bei den Gemälden ganz links außen. Das obere ist der sogenannte *Wettlauf*, auch *Laufende Frauen am Strand* genannt, von Picasso im Sommer 1924 als Gouache auf Sperrholz und Entwurf für den Vorhang der Aufführung des Ballets *Le Train bleu* ausgeführt. Es hat zum „Nachbarn" den *Liegenden weiblichen Akt* vom 4. April 1932, der 130 cm zu 161,7 cm misst. Daneben erscheinen die laufenden Frauen kleiner, aber immer noch metergroß. Doch hat das Bild im Original ganze 32,3 cm Höhe und 42,1 cm Breite. Ähnlich verhält es sich mit der *Badenden* darunter, einem mit 24,5 cm zu 35 cm verhältnismäßig winzigen Ölbild auf Leinwand, das hier etwa halb so groß auftritt wie die *Liegende mit Buch* vom 21. Januar 1939, ein Porträt von Picassos früherer Geliebter Marie-Thérèse Walter, in Öl auf einer 96,5 cm mal 130,5 cm großen Leinwand angelegt.

Neben dieser Präsentationsweise ist auch die Auswahl äußerst signifikant. Keines der berühmten Bilder des Künstlers befindet sich hierunter, kein Werk des Kubismus und auch nicht ein Bild der vom Publikum so geliebten Blauen und Rosa Periode, nicht die *Demoiselles d'Avignon* und auch nicht *Guernica*. Es sind ausschließlich Gemälde aus den 1920er und den 1930er Jahren, sowie aus der allerletzten Lebenszeit Picassos. Aber sie haben alle etwas gemeinsam. Es sind alles Darstellungen von Menschen. Sie gehen aus vom Abbild, formen aber die Motive völlig um, ohne doch die Erkennbarkeit gänzlich zu zerstören. Gerade durch diese Deformation wird die Willkür des Künstlers umso deutlicher und stellt sich als sein eigentliches Anliegen dar, der Gestalt der Natur die Gestaltung der Kunst als autonom gegenüberzustellen. Überschaut man die Urteile über Picassos Werke, die im Laufe seiner langen Karriere veröffentlicht worden sind, die positiven, teilweise enthusiastischen Würdigungen, aber auch die negativen, häufig vernichtenden Kritiken, dann findet man bei aller Gegensätzlichkeit der Bewertungen eine überraschende Gemeinsamkeit, die beides verbindet und Zustimmung und Ablehnung als zwei Seiten derselben Medaille ausweist. Leitmotiv ist immer die Vorstellung von einer die künstlerische Äußerung prägenden Irrationalität, von Willkür und reiner, geradezu dämonischer Energie. Damit aber artikulierte die publizistische Picasso-Rezeption das, was allgemein das Urteil über die jeweils neuen Erscheinungen der modernen Kunst auszeichnete. Die tiefgreifende Befremdung, die man durch das unerhört Neue, das vorher nie Gesehene empfand, erweckte durchgehend das Empfinden, hier den Ausdruck von Willkür vor sich zu haben, ein im Guten wie Schlechten signifikantes Missverständnis. Denn alle Kunst ist Manifestation von Willkür, lediglich die Nähe zur Konvention, zum Gewohnten mildert die Irritation, die ihr innewohnt. Deswegen verwechselt ja der ungeschulte Geist Kitsch und Kunst so gern, und das solide Kunsthandwerk triumphiert in der Gunst des Publikums meist über die Kunst.

Der Mensch

Auch das allein aber war noch nicht ausschlaggebend für die Bildung des Mythos Picasso. Hinzu traten komplementär sein Leben und seine Person. Gewiss, der Künstler als interessante Figur ist kein Einzelfall, von den Malerfürsten früherer Epochen, etwa einem Rubens im 17. Jahrhundert oder einem Lenbach oder Franz von Stuck zur Zeit der Wende vom 19. zum 20. Jahrhundert, bis hin zu den Selbstinszenierungen eines Andy Warhol oder Josef Beuys. Aber Picasso toppte sie alle in seinem langen Leben. Seine bewegte Vita, von den Anfängen als angebliches Wunderkind in Spanien, über die Bohemejahre am Montmartre in Paris und die Periode als Liebling der Gesellschaft in den 1920er und frühen 1930er Jahren, die großbürgerliche Attitüde als Schlossherr und Besitzer zahlreicher Villen, mit Luxusautomobilen und Chauffeur, das so sichtbar angehäufte Vermögen, aber auch die Mitgliedschaft in der Kommunistischen Partei Frankreichs, vor allem jedoch die zahlreichen Frauen in seinem Leben und seine ungebrochene Vitalität bis ins hohe Alter, seine immense Produktivität mit einem Abertausende von Werken zählenden Oeuvre – das machte ihn zum Medienereignis.

Zahllose einschlägige Publikationen sorgten für ein nicht nachlassendes Interesse, allen voran die vom Künstler vergeblich juristisch bekämpften Enthüllungsberichte: 1933 von Fernande Olivier, seiner Lebensgefährtin während Rosa Periode und Kubismus, und 1964 das bezeichnenderweise in Zusammenarbeit mit einem Journalisten geschriebene *Leben mit Picasso* der schon erwähnten Françoise Gilot, mit ihm zusammen von 1946 bis 1953 und Mutter seiner Kinder Paloma und Claude. Mutter seiner Tochter Maya war schon 1935 die blutjunge Marie-Thérèse Walter. Diese Beziehung war der endgültige Grund für den Bruch seiner Ehe mit der russischen Tänzerin Olga Koklowa, der Mutter seines ältesten Sohnes Paolo (oder Paul), die aber wegen praktisch unüberwindlicher juristischer Schwierigkeiten nie geschieden wurde, sodass Picasso erst nach dem Tode Olgas 1955 seine letzte Lebensgefährtin, die Witwe Jaqueline Rocque, heiraten konnte. Heute sind es die Enkel, die dafür sorgen, dass ein an Sensationen interessiertes Publikum versorgt wird. Marina Picasso machte in ihrem 2001 veröffentlichten Buch die Egomanie und den angeblichen Sadismus ihres Großvaters im Verhalten zu ihrem Vater Paul für den Selbstmord ihres Bruders und ihre eigene jahrelange psychoanalytische Behandlung verantwortlich. Das im Französischen schlicht *Grand-père* betitelte Werk heißt in Deutschland reißerisch *Und trotzdem eine Picasso. Leben im Schatten meines Großvaters*. Gegen solche Anschuldigungen ging zwei Jahre später Olivier Widmaier Picasso, Sohn der Tochter Marie-Thérèse Walters, an, obwohl er seinen Großvater niemals persönlich gesehen hat. Sein Buch *Picasso – Porträt der Familie* versteht sich als Berichtigung von Vorurteilen und Irrtümern.

Das Genie

Das aber ist nur die zwangsläufige Kehrseite eines von Picasso selbst sein Leben lang intensiv gepflegten Umgangs mit dem, was wir heute „die Medien“ nennen. Hier war er durchaus auf der Höhe der Zeit, nutzte virtuos alle Möglichkeiten der Publizistik und achtete darauf, nicht nur im Wort, sondern auch im Bild präsent zu sein. Im Laufe seines Lebens hat man wohl mehr Aufnahmen von ihm gemacht als von jedem anderen bildenden Künstler des 20. Jahrhunderts, zum Teil verdanken wir sie einigen der bedeutendsten Fotografen ihrer Zeit. Was Picassos Verhältnis zu ihnen und ihrer Arbeit angeht, so sind die Angaben widersprüchlich, aber ein Grundzug lässt sich über alle Perioden seines Werkes und Lebens hin erkennen: Seine Beziehung zu diesem Medium war alles andere als naiv. Seit 1901 fotografierte Picasso selbst und war auch mit den Entwicklungen der künstlerischen Fotografie wohl vertraut. Er wusste genau, was man hier machen konnte. Und so waren Fotografien für ihn immer auch ein Instrument der Selbstdarstellung. Um das zu befördern, soll er jungen Fotografen sogar seinen eigenen Apparat geliehen haben, damit sie mit Fotos von ihm ein wenig Geld verdienten. Wie dem auch sei: Ob der noch junge Picasso seine Arbeiten aufnahm, sich mit dem Selbstauslöser im Bild festhielt und die Interieurs seiner Ateliers auf die Platten bannte, um sie in seinem Werk umzusetzen, oder ob der längst arrivierte Star der Kunstszene von einem Fotokünstler wie Brassaï Dokumentationen seiner Plastiken für die neue Kunstzeitschrift *Minotaure* herstellen ließ, die dann André Breton, das Haupt der Surrealisten, zu einer Grundsatzabhandlung inspirierten, oder ob der zum Genie des Jahrhunderts hochstilisierte alte Picasso sein Privatleben in seinen Häusern an der Côte d'Azur von Eward Quinn und dem Fotojournalisten David Douglas Duncan dokumentieren ließ, immer vermitteln die Fotos seine eigene Sicht.

Mustert man nun die frühen Fotografien durch, die den jungen Picasso zeigen, egal, ob er sie mit dem Selbstauslöser aufnahm oder andere sie anfertigten, dann fällt sofort auf, dass sie klar bestimmbare Eigenheiten prägen. Alle strahlen ein offenkundig außerordentliches und unbeirrbares Selbstbewusstsein aus. Intensive Blicke unter schräg in die Stirn fallenden Haaren fixieren die Betrachter und vermitteln einen direkten Eindruck von unbändiger Energie. Aber damit reproduzieren sie nur, was Picasso vorgebildet hatte, denn in seinen Selbstporträts tritt er uns genauso gegenüber. Es scheint, als habe der Künstler schon sehr bald eine regelrechte Ikonographie der Selbstdarstellung aufgebaut, die er ein Leben lang beibehielt. Dazu gehört auch die ganz ungenierte öffentliche und lange Zeit so im 20. Jahrhundert unübliche Präsentation des nur wenig verhüllten eigenen Körpers. Von Aufnahmen in Boxershorts vor seinen Gemälden in seinem Pariser Atelier um 1914/15 bis hin zu den so überaus zahlreichen Fotografien der 1950er Jahre an der Côte d'Azur – Picasso manifestierte mit seinem nackten Oberkörper vor allem eines: Vitalität. Sie wirkte umso eindringlicher als er in einem Alter war, in dem andere längst ihre Rente verzehren. Damit kam er nicht zuletzt wiederum einer Publikumserwartung entgegen, die als Avantgardisten einen verwegenen Künstler wollte. Und angesichts einer für die breite Masse immer unverständlicher werdenden aktuellen Kunstszene konnte der vitale Alte mühelos vom Bürgerschreck zum Leitbild mutieren.

Dazu trugen nicht zuletzt auch die Aufnahmen bei, die ihn bei der Arbeit zeigen. Dora Maar z. B. verdanken wir eine eindrucksvolle Serie von Fotografien, die das Werden von *Guernica* in seinen verschiedenen Stadien festhalten. Sie gelten seither als unverzichtbare Grundlage aller Beschäftigung mit Picassos berühmtestem Bild. In der Tat zeigen sie nicht nur die unterschiedlichen Zustände der Komposition, sie zeigen auch, wie Picasso daran in seinem großen Pariser Atelierraum arbeitete, wie er Farben mischt, auf der Leiter an der riesigen Leinwand agiert, mit dem Pinsel Details malt, Abstand nimmt und bestimmte Ecken prüft, fast immer die unvermeidliche Zigarette in der Linken. All das sehen wir und sind dadurch sozusagen mittendrin. Und ganz ähnlich versetzen uns dann in den späten 1940er und den 1950er Jahren die Aufnahmen von Edward Quinn an die Seite des Künstlers. Wir sehen Picasso mit den aufgehäuften Alltagsgegenständen, aus denen er seine Plastiken formt, wie er Hand an sie anlegt, assistiert von Françoise Gilot, wie er an der Staffelei sitzt und malt, vor der Leinwand steht und malt, direkt mit den Fingern in das Gemalte eingreift (s. S. 162), Abzüge seiner Grafiken korrigiert, mal der Kälte wegen dick eingemummelt, mal der Hitze wegen nur mit Shorts und Sandalen bekleidet, wie er prüfend das Werk betrachtet, allein oder mit seinen wechselnden Lebensgefährtinnen oder Besuchern – und wir sind dabei. Wie Dora Maar die Entstehung von *Guernica* dokumentiert, zeigt uns David Douglas Duncan mit einer Serie von Fotografien, wie Picasso ein Porträt malt. Sie wurden aufgenommen vom 1. bis 3.7.1957 in dessen Villa La Californie in Cannes.

Bei aller Anschaulichkeit sind diesen Fotografien allerdings prinzipielle Grenzen gesetzt. Auch ganze Serien können das Prozessuale bildender Kunst nur höchst unvollkommen einfangen. Denn das Medium ist statisch und das Bilden von Kunstwerken findet in einem Zeitablauf statt. Schon früh kam deswegen die Idee auf, die Künstler bei der Arbeit zu filmen. So auch Picasso. Er ließ sich mehrfach bei der Arbeit filmen; von Paul Haesaerts

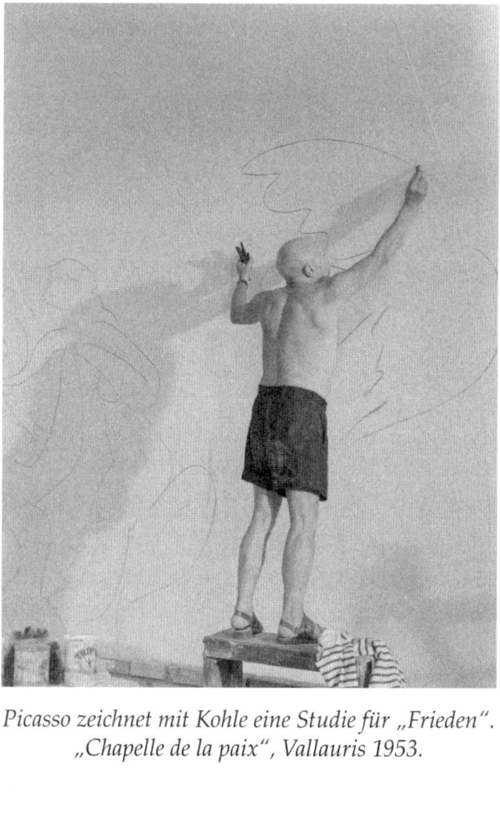

Picasso zeichnet mit Kohle eine Studie für „Frieden". „Chapelle de la paix", Vallauris 1953.

1948 (*Visite à Picasso*), von Luciano Emmer 1953 bei der Ausmalung des Friedenstempels in Vallauris und von Henri-Georges Clouzot 1955. In dessen Film *Le mystère Picasso* malt und zeichnet er mehrere Bilder, um seine Arbeitsweise anschaulich zu machen. Dieses Eingehen auf eine scheinbar objektivierende Darstellung bot ihm die einzigartige Möglichkeit, sein persönliches Künstlerbild mit der Autorität eines dokumentarischen Mediums zu verbreiten. Man sieht ihm ja zu, wie er malt und zeichnet. Die statischen und die bewegten Bilder zeigen immer, wie er ganz aus sich selbst heraus, ohne alle äußeren Voraussetzungen, seine Werke realisierte, wie er mühelos mit den Motiven spielte und immer neue Metamorphosen der Formen erzeugte. Dadurch war es möglich, ihn zur Projektionsfigur für das traditionelle Ideal des genialen Künstlers zu machen, der jederzeit schlechthin alles kann.

Wie machtvoll diese Selbstdarstellung war, erkennt man auch an den Autoren dieser besonders wichtigen Fotografien und Filme. Dora Maar war selbst Künstlerin und seit Mitte der 1930er Jahre bis zum Ende des 2. Weltkrieges eine von Picassos Lebensgefährtinnen. Niemand kannte ihn zum Zeitpunkt der Entstehung von *Guernica* besser, niemand wusste genauer, wie er sich das Bild erarbeitete. Henri-Georges Clouzot war, als er mit Picasso drehte, längst einer der bedeutendsten französischen Spielfilmregisseure; sein vielleicht größter Klassiker, *Lohn der Angst* (*Le Salaire de la Peure*), war 1953 entstanden. Niemand in Frankreich verstand es so wie er, Personen filmisch in Szene zu setzen, aber schon der Titel der angeblichen Dokumentation *Le mystère Picasso* spricht ja für sich. Und David Douglas Duncan war ein äußerst erfahrener Fotojournalist, hatte Kriegsreportagen gemacht, niemand kannte die Vorzüge und Grenzen von Fotodokumentationen besser.

Aufschlussreich an diesen Fotos und Filmen ist deswegen nicht nur, was sie zeigen, sondern vor allem auch, was sie nicht zeigen, nämlich die Vorgeschichte der Formerfindungen. Man erhält keinen Einblick in den oft mühsamen Prozess der skizzierenden Motiv- und Kompositionsfindung, allein *Guernica* gingen ja nicht weniger als 45 Studienzeichnungen voraus. Und bei den *Demoiselles d'Avignon*, dem Durchbruch zur neuen Kunst, waren es sogar über 800! Dass Picasso zeitlebens Skizzenbücher führte, in denen er zeichnerisch Ideen für spätere Verwertungen fixierte, das zeigen die Fotos nicht. Sie verschleiern vielmehr, dass Picasso bei seinen Imaginationen aus einem Fundus von Bilderfindungen und Bilderprobungen schöpfte und so gut wie niemals ohne konkreten Bezug arbeitete.

Die Macht seiner Selbstinszenierung war so groß, dass David Douglas Duncan, als er in seiner Serie die Entstehung eines Bildes festhielt, Picassos Auseinandersetzung mit einem solchen konkreten, nicht im Kopf bewahrten Muster gar nicht für erwähnenswert hielt. Das schon als Porträt falsch titulierte Gemälde beginnt als Kopie einer ebenfalls 1957 geschaffenen Blechplastik, die dann langsam umgearbeitet wird.

Man muss feststellen, dass die angeblich dokumentarischen Medien den Kern von Picassos künstlerischer Existenz verschleiern. Denn die bestand in erster Linie aus unermüdlicher Arbeit. Wie ein Pianist sich durch tägliches Üben auf der Höhe seines Könnens hält, so auch Picasso. Er war ein Genie durch seine revolutionären Erfindungen, das unablässige Erproben von Ausdrucksmöglichkeiten, aber nicht, weil ihm einer zutiefst bürgerlichen Vorstellung vom Originalgenie zufolge alles zuflog, wie es die Autoreklame mit dem Slogan „Inspiration ist alles" ausdrückte, sondern weil er ständig am Werk war. Fleiß war die Basis seiner Kreativität. Die Diskrepanz von medialer Selbstdarstellung und künstlerischer Realität ist besonders aufschlussreich, weil Picasso andererseits ein Künstler war, der seine Arbeitsprozesse ungewöhnlich transparent machte. Seit Mitte der 1920er Jahre datierte er viele Werke, vor allem seine vorbereitenden Skizzen und Studien, exakt mit Jahres-, Monats- und Tagesangaben, sodass Entwicklungsschritte genau nachvollzogen werden können. Es ging ihm gar nicht darum, die Wahrheit zu verbiegen. Aber es war auch sein Anliegen, seine einzigartige kunstgeschichtliche Stellung effektiv zu propagieren. So stellte er dem bewusst komplementär ein ganz auf Publikumswirkung und Publikumserwartung berechnetes öffentliches Bild seines Künstlertums gegenüber.

Erst allmählich beginnt sich in der Fachpublizistik die Erkenntnis durchzusetzen, dass Picasso sich und vor allem seinem Werk mit diesem Auftreten eher geschadet als genützt hat. Wie Marie Noëlle Delorme in ihrem Beitrag zum Katalog der von Werner Spies konzipierten Ausstellung über des Künstlers Spätwerk *Picasso. Malen gegen die Zeit* ausführt, stellte er sich „[...] als ein [...] Virtuose dar, als dessen Haupteigenschaft die Schnelligkeit erscheinen musste. Ein paar Pinselstriche nur, und schon erschien ein Fisch oder eine Ziege auf dem Papier". Es sei dadurch der Eindruck vermittelt worden „[...] der Künstler mache es sich bequem und gehe einem Kinderspiel nach".[4]

Man muss tatsächlich konstatieren, dass, auch wenn dieser angebliche Unernst positiv als Beleg für eine einzigartige Befähigung gewertet wurde, diese Stereotypen vom Originalgenie den wesentlichen Charakterzug von Picassos künstlerischer Existenz total verhüllten, nämlich die Intellektualität seiner Kreativität. Picasso war kein ganz aus dem Unbewussten schöpfender, sondern ein vollkommen rational mit funkelndem Witz und scharfem Verstand operierender Künstler. Und die Basis seines Schaffens war eine geradezu verblüffende literarische Bildung.

Zwar kann seine schulische Ausbildung nur als unvollkommen bezeichnet werden; er besuchte keine Universität, wechselte bereits im Alter von 11 Jahren vom Gymnasium an eine Kunstschule und drei Jahre später an eine Kunstakademie, doch gibt es kaum einen anderen Künstler der Moderne, dessen Prägung durch die Literatur so tiefgreifend ist. Von Beginn seiner selbstständigen Karriere als Künstler an lebte und arbeitete er ständig in einem Milieu, das durch eine enge, ja unauflösbare Verbindung von Dichtung und Malerei, durch praktisch täglichen Umgang mit Schriftstellern, Verlegern, Journalisten gekennzeichnet war. Seit 1897 im Intellektuellenzirkel um das Kabarettcafé *Els Quatre Gats* und das Magazin *Pél y Ploma* in Barcelona sowie als Mitherausgeber der Zeitschrift mit dem programmatischen Titel *Arte Joven* 1901 in Madrid waren in seinem so langen und reichen Leben Literatur und Literaten stets allgegenwärtig.

Die Liste der Schriftsteller, mit denen Picasso in persönlichem Kontakt stand, ist lang und umfasst etliche der illustresten Namen der neueren Literaturgeschichte. Manche, wie James Joyce, traf er nur gelegentlich, aber andere, wie etwa Jean Cocteau und Paul Eluard, gehörten über Jahre und Jahrzehnte zu seinem engsten Kreis. Und einige, wie Max Jacob, Guillaume Apollinaire, aber auch André Breton, hatten entscheidende Bedeutung für sein Leben und seine Kunst. Von ihnen und durch den Umgang mit ihnen lernte er unaufhörlich neues aus der Welt der Literatur kennen – und keineswegs nur ihre eigenen Werke oder die ihnen Nahestehender, nein, auch und gerade die großen Texte der Geschichte von Poesie und Prosa, von Dichtung und Theater. Sicherlich, von systematischer Unterweisung war das weit entfernt, aber ungleich intensiver. Und, vor allem, viel fundamentaler. Nicht nur ein schon in der Jugendzeit in Spanien gepflegtes Interesse, das auf heimische Schriften, aber z. B. auch die eines Oscar Wilde gerichtet war, konnte Picasso so weiter kultivieren, die Begegnung mit der durch Literaten vermittelten Literatur wirkte sich vielmehr ganz elementar auf seine Existenz aus. Denn in der Hauptstadt Frankreichs war er zuerst buchstäblich sprachlos. Der junge Maler, der aus Spanien aufbrach, um im anderen Land zu Ruhm zu kommen, konnte so gut wie gar nicht und dann viele Monate nur sehr schlecht Französisch und war daher zunächst auf die Integration in die spanische Kolonie in Paris angewiesen. Max Jacob war der erste Franzose, mit dem ihn enger Kontakt, ja Freundschaft verband, und sobald sich Picasso dauerhaft in Paris niederließ, kamen mit Apollinaire und Salmon weitere Schriftsteller hinzu.

Er war nun nicht länger ein weiterer Spanier in Paris, sondern verkehrte regelmäßig im Café *Closerie des Lilas*, dem Treffpunkt der literarischen Boheme, pflegte mehr Umgang mit Dichtern als mit Malern. Spracherwerb und literarische Bildung waren so eng gekoppelt; Picasso lernte, sich im fremden Idiom auszudrücken. Er lernte auch die wichtigsten neueren französischen Dichtungen kennen und schätzen und vermochte bald Verlaine und Rimbaud auswendig zu deklamieren. Poesie und bildende Kunst waren untrennbar für ihn, waren Grundlage seines

Lebens. Das signalisierte er damals unübersehbar, indem er ein Schild an seiner Ateliertür aufhängte, auf dem mit blauer Kreide *RENDEZ-VOUS DES POÈTES* (und nicht etwa RENDEZ-VOUS DES PEINTRES) geschrieben stand. Und so blieb es auch. Der Maler, der sich nach und nach immer neues Terrain eroberte, der die grafischen Techniken erlernte, der plastische Werke in Holz, Ton und Metall schuf, er setzte sich mit Dramen, Romanen, Novellen, Gedichten auseinander und erschloss sich sukzessive ein Panorama der Weltliteratur von Sophokles über Ovid, Gongora und Tolstoi bis zur Gegenwart des 20. Jahrhunderts; er dichtete selbst und wurde zum Gegenstand und Thema von Dichtungen anderer. Eines prägte ihn dabei besonders: die Vorstellung einer Äquivalenz von Wort und Bild. Schon als Kind hatte Picasso Briefe in Form einer illustrierten Zeitung geschrieben; die eigene Tätigkeit als Mitherausgeber eines Kulturmagazins wie auch der enge Umgang mit Dichtern vertieften das, wie es generell einem Ideal der Maler und Dichter in der kubistischen Szene entsprach. Cocteau soll erklärt haben, Picasso benutze eine visuelle Syntax und man sehe sofort, was er sage.

Ohne dieses begriffliche Bild-Denken wäre der Durchbruch zur radikalen Moderne, wären die Form- und Materialexperimente des Kubismus, wären aber auch die Variationen nach alten Meistern im späteren Oeuvre, wären selbst die sich wie wild gebärdenden letzten Gemälde und Grafiken nicht möglich gewesen. So muss es für die Zukunft die Aufgabe der seriösen Picasso-Forschung sein, den Schutt des Mythos beiseite zu räumen und die spezifische Intelligenz dieses Ausnahmekünstlers neu zu entdecken.

Anmerkungen

1 Spies 1979, 66.
2 Spies 1979, 57.
3 Gernhardt/Bernstein/Waechter 1979, 240.
4 Delorme, in: Spies 2006, 259.

Quellen

Duncan, David Douglas 1958: The private world of Pablo Picasso, New York.

Duncan, David Douglas 1996: Picasso malt ein Porträt, Bern.

Gernhardt, Robert und F. W. Bernstein, F. K. Waechter 1979: Welt im Spiegel. WimS 1964–1976, Frankfurt/M.

Gilot, Françoise und Carlton Lake 1964: Life with Picasso, New York-Toronto-London (dt. Ausgabe z. B.: Frankfurt/Main 1967).

Olivier, Fernande 1933: Picasso et ses amis, Paris (dt. Ausgabe: Neun Jahre mit Picasso: Erinnerungen aus den Jahren 1905–1913, Zürich 1957 und München 1959).

Picasso, Marina und Louis Valentin 2001: Grand-père, Paris (dt. Ausgabe: Und trotzdem eine Picasso. Leben im Schatten meines Großvaters, München 2001).

Quinn, Edward 1977: Picasso. Fotos von 1951–1972, Köln.

Quinn, Edward 1987: Picasso. Mensch und Bild, Stuttgart.

Spies, Werner 1979: Das Auge am Tatort. Achtzig Begegnungen mit Kunst und Künstlern, München.

Widmaier Picasso, Olivier 2003: Picasso. Porträt der Familie, München-Berlin (Orig. Ausgabe: Picasso: portraits de famille, Paris 2002).

Literaturhinweise

Baldassari, Anne 1997: Picasso und die Photografie. Der schwarze Spiegel, München.

Bernadac, Marie-Laure und Christine Piot (Bearb.) 1989: Picasso. Die poetischen Schriften 1935–1959, München.

Delorme, Marie-Noëlle 2006: Picasso zwischen Ruhm und Schmähung, in: Picasso. Malen gegen die Zeit, hg. v. Werner Spies, Ostfildern, S. 256–267.

Klant, Michael 1995: Künstler bei der Arbeit von Fotografen gesehen, Ostfildern-Ruit.

Korte, Helmut und Johannes Zahlten (Hg.) 1990: Kunst und Künstler im Film, Hameln.

Lipton, Eunice 1976: Picasso Criticism 1901–1939. The Making of an Artist Hero, New York.

Richardson, John 1991–2007: A Life of Picasso, 3 Bde., London – New York.

Voss, Ursula 2008: Im Auge des Minotaurus die Wimper der Sphinx. Dora Maar und Pablo Picasso, Frankfurt/Main.

Warncke, Carsten-Peter 1991: Pablo Picasso 1881–1973, 2 Bde., Köln.

Marilyn Monroe um 1955.

Marilyn Monroe

Star – Mythos – Ikone

von Anita-Maria Goda

In der westlichen Kultur hat der personale Ruhm eine lange Tradition: Seit der Antike werden Menschen aufgrund ihrer Taten und Talente, ihres Wissens oder auch ihres Aussehens berühmt und verehrt. Vor allem Staats- und Kirchenoberhäupter oder Gelehrte und Künstler erfuhren als herausragende Persönlichkeiten und dank ihrer erinnerungswürdigen Leistungen anhaltende öffentliche Anerkennung in Schrift und Bild. Solche Berühmtheiten waren von jeher kulturelle Repräsentanten und Identifikationsfiguren, und manche von ihnen wurden durch die Jahrhunderte zu mythischen Gestalten, zu Helden und Schlüsselfiguren der Imagination. Die vielleicht Berühmtesten von heute, die Stars, stellen in diesem Zusammenhang den Höhepunkt einer im 16. Jahrhundert einsetzenden Demokratisierung des Ruhms jenseits von Klassengrenzen dar – aber auch jenseits von klar definierbaren, gesellschaftlich bedeutsamen Taten oder Fähigkeiten.[1]

Während die Berühmtheiten und Helden früherer Epochen sich ihr Ansehen verdienten, indem sie den Lauf der Geschichte prägten, die Wissenschaft, die Kunst oder Nationen revolutionierten, scheint das Phänomen des Stars, das sich zu Beginn des 20. Jahrhunderts zunächst im Rahmen der Filmindustrie Hollywoods entwickelte, auf einer neuartigen Qualität des Ruhms zu gründen. Es wird viel Zeit, Geld und Energie darauf verwendet, das Leben der Stars in diversen Medien zu verfolgen, obwohl Stars ihren Bewunderern meist völlig fremd sind und ihr Tun sich höchst selten direkt auf die Lebensumstände anderer auswirkt. Dabei ist es nicht erst seit Castingshows wie *Deutschland sucht den Superstar* kein Geheimnis mehr, dass Stars für kommerzielle Zwecke entworfen und vermarktet werden.

Denn das Publikum war stets ein wissender und williger Komplize des Starphänomens: Es erwählt die von Kulturindustrien wie Hollywood produzierten und angebotenen Stars, vollendet sie erst durch seine Anerkennung und ist somit aktiv an ihrer Erfindung und ihrem Dasein beteiligt. Die Mechanismen des Starphänomens scheinen dabei intuitiv verständlich und leicht durchschaubar. *Stardom* oder Starruhm ist relativ willkürlich fabrizierbar und kultivierbar, oft kurzlebig und weniger als individuelle Leistung, sondern vielmehr als ‚mediale Prominenz' zu verstehen. Dennoch, und das macht zum großen Teil den Reiz des Starphänomens aus, ist bisher keine Definition allgemeingültiger Starqualitäten möglich;[2] die Frage nach dem Glanz und den Gründen des Starruhms bleibt äußerst brisant.

Auch bei Marilyn Monroe, einer vor fast fünfzig Jahren an einer Medikamentenüberdosis gestorbenen Hollywoodschauspielerin, drängt sich zunächst die Frage auf, womit sich die immense Aufmerksamkeit für ihre Person rechtfertigen lässt und warum man sie im Zusammenhang der ‚Mythen Europas' würdigt. Man könnte in ihr wenig mehr als eine medienwirksame Schönheit sehen, die nicht sonderlich viele oder herausragende Filme hinterlassen hat und ohne deren Existenz das 20. Jahrhundert nur um unzählige Fotos und Boulevardgeschichten ärmer gewesen wäre. Doch gleichzeitig ist die anhaltende Faszination, die Marilyn Monroe weit über die Grenzen der USA hinaus, ja selbst außerhalb westlicher Kulturkreise ausübt, nicht von der Hand zu weisen: Bereits 1954 wurde sie in Tokio von zehntausenden hysterischen japanischen Fans bestürmt; 1956 zierte sie die Titelseite der ersten Ausgabe der deutschen *Bravo*; 1962 wurde sie mit dem *Golden Globe* als beliebteste internationale Schauspielerin ausgezeichnet; und im Lauf der Jahre schmückte ihr Gesicht die Briefmarken afrikanischer und asiatischer Staaten wie Niger, Somalia, der Demokratischen Republik Kongo oder Tadschikistan. Bis heute ist ihr Bildnis auf zahllosen Werbeflächen, Titelseiten, Kunstwerken und Objekten des Alltags zu sehen, ihr Leben wird hundertfach in Biografien und Fiktionen heraufbeschworen und ihre körperlichen Markenzeichen finden immer neue Inkarnationen in mehr oder weniger bekannten

Doubles, darunter zahlreichen Film- und Musikstars. Der Sinn, sich mit dem Star Marilyn Monroe zu beschäftigen, ist also allein schon mit ihrer offensichtlichen und dauerhaften Präsenz im kollektiven Bewusstsein, in der globalen Erinnerungs- und Bildkultur begründbar – sie ist unbestreitbar eine Schlüsselfigur vieler Imaginationen.

Anders als bei den Berühmtheiten früherer Epochen stehen auch bei Marilyn Monroe weniger ihre Begabung oder ihre Leistung für das Wohl der Allgemeinheit im Vordergrund; vielmehr geht es um einen mit ihrer Persönlichkeit und ihrer individuellen Lebensgeschichte verknüpfbaren, metaphorischen oder mythischen Gehalt. Marilyn Monroe wurde zum bewunderten Star, weil sie ein Kristallisationspunkt dominanter aber auch kontroverser Wertvorstellungen, Visionen und Geschichten der amerikanischen Gesellschaft war und diese anhand ihrer Person modellhaft verhandelt werden konnten. Ihre kulturelle Relevanz als anschauliches, hoch verdichtetes Zeichen, als Trägerin eines imaginären Bildes, dem das Publikum in immer neuen Schichten und Farben immer neue Sinnebenen hinzufügen kann, liegt in ihrem *Image*. Es gehört zu der äußerst vielfältigen, zum Teil sogar widersprüchlichen und im Lauf der Zeit wandelbaren Natur dieses Images, dass man keine erschöpfende Antwort für Marilyn Monroes Wirkungsmacht finden, geschweige denn entschlüsseln kann, wer sie ‚wirklich' war. Fragmente ihrer Biografie und ihrer Karriere, ob erfunden oder wahr, sind stattdessen Anhaltspunkte für Facetten des Monroeschen Images und können nur Erklärungsangebote liefern. Im Folgenden sollen einige repräsentative Schichten dieses Images durchleuchtet und in einen größeren, soziokulturellen Zusammenhang gestellt werden, um aufzuzeigen, warum Marilyn Monroe in den 1950er Jahren zum Star wurde, welche Eigenschaften sie aber auch weit über ihren Tod hinaus zu einem amerikanischen Mythos und einer medialen Ikone werden ließen, die unsere Phantasie bis heute beflügelt.

Es war einmal: Ein Mädchen wird zum Star gemacht

Die Geburt des Filmstars Marilyn Monroe im Hollywood der 1950er Jahre verlief nach etabliertem Muster: Sie war „ein reines Kunst- oder besser Marktprodukt"; sie wurde „gemacht".[3] Stars waren zunächst eine Arbeitskraft der Filmindustrie, genauer gesagt Darstellungskünstler, die meist kontinuierlich ähnliche Rollen oder Charaktertypen spielten, woraus sich ein ihnen spezifisches Rollenimage entwickelte. Dieses wurde mit gewissen Eigenschaften assoziiert und ermöglichte, ähnlich wie Filmgenres, eine vereinfachte und effektivere Erzählweise. Gleichzeitig wurden Schauspieler dadurch zu werbeträchtigen Markenzeichen, welche die Erwartungshaltung des Publikums berechenbar machten und mit ihrem Marktwert den kommerziellen Erfolg eines Films garantierten. So spielte auch die Monroe seit Beginn ihrer Filmkarriere 1946 meist in romantischen Komödien *the girl*, ein relativ anonym bleibendes Mädchen, das hauptsächlich über sein Alter, sein Geschlecht und seine Attraktivität definiert wird. Noch in *Das verflixte 7. Jahr* (1955) bleibt ihre Figur namenlos, im Abspann als „the Girl" bezeichnet. Ihre Charaktere üben Berufe aus, bei denen die Frau zum Vergnügen des Mannes agiert: Sie ist beispielsweise eine Revuetänzerin (*Blondinen bevorzugt*, 1953; *Der Prinz und die Tänzerin*, 1957), eine Schauspielerin oder Solokünstlerin, die nicht durch ihr Talent, sondern ihr Aussehen besticht (*Alles über Eva*, 1950; *Bus Stop*, 1956; *Manche mögen's heiß*, 1959), eine Sekretärin (*Liebling, ich werde jünger*, 1952), ein Model (*Wie angelt man sich einen Millionär?*, 1953; *Das verflixte 7. Jahr*, 1955) oder eine Prostituierte (*Fünf Perlen*, 1952). Die von ihr verkörperten Frauen träumen von einem Durchbruch im Showbusiness, sind auf der Suche nach Anerkennung oder einem Mann – vorzugsweise einem Millionär –, der sie versorgen kann und gut behandelt.

Dieses Rollenimage Marilyn Monroes wurde von einer typischen Aschenputtelbiografie ergänzt, wie sie in Hollywood unzählige Male für Stars erfunden oder zurechtgerückt wurde, wenn die Fakten ihr nicht von selbst entsprechen wollten:[4]

Marilyn Monroe wurde 1926 in einem Vorort von Los Angeles als uneheliches Kind geboren. Getauft wurde sie auf den Namen Norma Jean Baker. Norma Jean lernte ihren Vater nie kennen, und empfand dies ihr Leben lang als Belastung. Ihre allein erziehende Mutter Gladys arbeitete als Cutterin bei dem Filmstudio RKO. Aufgrund zahlreicher Psychiatrieaufenthalte ihrer Mutter verbrachte Norma Jean den Großteil ihrer Kindheit bei Pflegeeltern und in Waisenhäusern; zu Beginn ihrer Karriere stellte sie sich sogar bewusst als Vollwaise dar. Ihre Mutter hatte ihr den Traum von Hollywood in die Wiege gelegt, daher betrachtete Norma Jean vom Fenster des Los Angeles Waisenhauses nachts gerne die Reklameschrift des RKO Studios an einem Wasserturm und nahm sich vor, einmal ein Star zu werden. Doch zunächst heiratete sie jung und arbeitete während des Zweiten Weltkriegs in einer Rüstungsfabrik. Als ein Fotograf sie dort entdeckte, wurde Norma Jean zu einem beliebten *Pin-up*-Modell, einem Mädchen, dessen Foto sich die jungen Soldaten an der Front in ihre Spinde hefteten, wie der Name es andeutet. Schließlich wurde ein Filmproduzent auf ihre Fotos aufmerksam, das Filmstudio Twentieth Century Fox nahm sie 1946 unter Vertrag – und Norma Jean wurde zu Marilyn Monroe.

Noch war die außergewöhnlich attraktive junge Frau kein Star. Allgemein musste man sich als Studioneuling erst einen Namen als Schauspieler machen und sich dann vom Filmmedium und seinem Leinwanddasein emanzipieren, also als Person für das Publikum von Interesse und zu einem Prominenten werden. Private Informationen über den Schauspieler flossen dann in sein Image mit ein, konnten es unterstützen oder auch gefährden und damit den kommerziellen Erfolg mindern. Bis in die 1950er Jahre versuchte Hollywood daher, seine Darsteller vertraglich zu kontrollieren und öffentlich eine größtmögliche Kontinuität und Homogenität zwischen Aussehen, Leinwandrollen und Privatleben zu gewährleisten. Bei Marilyn Monroe wurde die Öffentlichkeit erst mit dem Film *Asphalt-Dschungel* (1950) auf sie aufmerksam. Die Presse rühmte sie vor allem als schöne, blonde, kurvenreiche Neuentdeckung, also für ihre körperliche Präsenz, weniger für ihre schauspielerischen Fähigkeiten. Dies sollte sich

Zeit ihres Lebens kaum ändern: Marilyn Monroe wurden höchstens Schönheit, eine natürliche, instinktive Begabung für das Spiel mit der Kamera sowie eine einzigartige Wirkung auf der Leinwand zugesprochen; dass dahinter auch immenser Ehrgeiz, über Jahre antrainierte Beherrschung von Körper und Mimik, zeitintensives Styling und professioneller Schauspielunterricht standen, wurde darüber oft vergessen.[5]

Das Jahr 1953 markiert Marilyn Monroes Durchbruch, den Beginn ihrer Karriere als Star im öffentlichen Bewusstsein: Die drei ersten Filme, in denen sie Hauptrollen spielte, kamen in die Kinos (*Niagara, Blondinen bevorzugt, Wie angelt man sich einen Millionär?*) und die amerikanischen Filmverleiher wählten sie erstmals zum Kassenmagneten Nummer Eins. Im Januar 1954 heiratete sie den berühmten Baseballspieler Joe DiMaggio und besuchte im Februar unter großem Medienrummel die amerikanischen Truppen in Korea. Marilyn Monroe war der Star der Stunde, ein *all-American girl* mit unerhörten körperlichen Reizen.

EIN BILD VON EINER FRAU: MARILYN MONROE ALS PIN-UP

Der Filmwissenschaftler Richard Dyer argumentiert, dass Marilyn Monroe zum Star wurde, weil ihr Image die in den 1950er Jahren erstarkenden Diskurse über Sexualität artikulierte und authentifizierte; Sexualität galt als Schlüssel zur menschlichen Existenz und als Lösung für die Unzufriedenheiten derselben.[6] Im August 1953 wurde der Kinsey-Report über *Das sexuelle Verhalten der Frau* veröffentlicht, der mehr Berichterstattung als jede andere wissenschaftliche Veröffentlichung zuvor generierte. Im Dezember desselben Jahres erschien die erste Ausgabe des *Playboy* mit Marilyn Monroe auf dem Titelbild und ihrem Foto *Golden Dreams* von Tom Kelley als *Centerfold*. Es war ein gelungener Mediencoup, denn *Golden Dreams* war kein glamouröses Publicityfoto, das Monroe als gesellschaftlich akzeptable, stromlinienförmige Badenixe zeigt, sondern ein Aktfoto in künstlich aufreizender Pose. Marilyn Monroe rechtfertigte sich in der Presse zwar, das Foto schon 1949 aus Geldnot gemacht zu haben, sie weigerte sich aber auch, sich dafür zu schämen: Sie hätte nichts Verbotenes getan, sondern etwas Natürliches. Auf die Frage, was sie während der Aufnahmen angehabt hätte, antwortete sie mit einem ihrer berühmt gewordenen Blondineneinzeiler: „Ich hatte das Radio an."[7] Marilyn Monroe war die perfekte Botschafterin der von *Playboy* propagierten Philosophie einer unschuldig freimütigen, gesunden weil glücklich machenden und daher moralisch zu befürwortenden Sexualität.

Ihre immer wieder betonte Natürlichkeit und erfrischende Naivität sind besonders wichtige Momente ihres Images beziehungsweise der von ihr verkörperten Sexualität. Sie unterscheiden sie von anderen, ihr zum Teil nachempfundenen weiblichen Sexsymbolen der Zeit wie Jayne Mansfield, die anerkannte, dass Marilyn Monroe ein Naturtalent sei.[8] Marilyn schien immer unverfälschte, fast kindliche Freude und spielerische Sexualität auszustrahlen, während dieselben Posen oder ähnliche Szenerien bei anderen Frauen oft bemüht und unsicher oder plakativ und aufdringlich wirkten. Schon bei vorangegangenen Startypen war Natürlichkeit ein wichtiger Bestandteil des Images, doch dann gepaart mit einer eher asexuellen Komponente: Die Frauen waren unschuldige *Jungfrauen* wie Mary Pickford oder Shirley Temple; oder bodenständige *gute Kameradinnen* der Männer, wie Barbara Stanwyck oder Doris Day. Erotik hingegen war stets ein Merkmal dezidiert unnahbarer, dominanter oder für den Mann gefährlicher Frauentypen: *Femmes fatales* wie Theda Bara; *Mondäne* wie Pola Negri, Bette Davis oder Elizabeth Taylor; *Flapper* wie Clara Bow oder Louise Brooks; oder *Vamps* wie Greta Garbo, Marlene Dietrich, Mae West und Jean Harlow. Im seit den 1940er Jahren verbreiteten Typ des *Pin-ups* wurde die weibliche Bedrohung gebannt: Dieser Typ zeigt ein *girl next door*, ein Mädchen von nebenan, reizvoll aber nicht schmutzig, visuell ergötzend und charakterlich unkompliziert. Es verkörperte für die jungen amerikanischen Soldaten an der Front die Heimat und versprach unbeschwerte Urlaubstage.[9]

Mit Marilyn Monroe müsse Sex besonders leicht und sorgenfrei sein. Sie war das ideale *Playmate*, dessen ultimative Aufgabe darin besteht, dem Mann zu gefallen, genauer: ein Vehikel für seine Sexualität zu sein, ohne dass er sich Sorgen um die ihre machen müsste. Das ‚schöne Geschlecht' findet seine (sexuelle) Erfüllung in der Befriedigung des Mannes beziehungsweise in der Bestätigung seiner Attraktivität durch den Mann – und damit in einer narzisstischen Verinnerlichung männlicher Bedürfnisse. Dementsprechend wird Marilyn Monroes Körper in ihren Filmen oft als Objekt eines männlichen, sexuell aufgeladenen Blicks inszeniert, ob in halbdurchsichtigen Kleidern, wehenden Röcken oder mit Betonung ihrer weiblichen Silhouette. Sie ist ein weicher, diffuser, unsteter, ein spezifisch weiblicher Körper. Sie trug keine Figur formenden Korsagen oder einschnürenden Büstenhalter mehr und war weit entfernt von der fast männlichen Unnahbarkeit einer Marlene Dietrich oder der offensiven Härte einer Jean Harlow. Selbst wenn sie als blendend weiße, platinblonde, mit Diamanten geschmückte, rein und unerreichbar scheinende weibliche Idealfigur und Göttin inszeniert wurde, war sie doch gleichzeitig eine sich hingebende, mit feucht geöffnetem Mund, halb geschlossenen Augen und offenherzigem Dekolletee sich zum (männlichen) Betrachter beugende Trophäe, die augenscheinlich erobert werden will.[10] Marilyn Monroe war sowohl Maria als auch Magdalena, Jungfrau und Hure, ein sinnlicher und ein übersinnlicher Körper. Sie synthetisierte Sexualität und Unschuld wie keine andere.

Zu Hinterlist oder Kastration des Mannes wäre ein *Pin-up* wie Marilyn Monroe intellektuell wie emotional gar nicht fähig. Zeitgenössische Kritiker nahmen ihr zum Bespiel die Rolle, die sie in *Niagara* spielte, nicht ab: eine bedrohliche *Femme fatale*, die den Mann vorsätzlich ins Unglück stürzt. Marilyn Monroe erschütterte Männer zwar oder führte sie in Versuchung, so wie in *Das verflixte 7. Jahr*; sie war aber gleichzeitig der Grund, warum die Männer wieder zu sich finden.[11] Ein Autor sah sie fähig, eine Eva in einem Paradiesfilm zu spielen: Sie würde der Schlange erklären, ihr und ihrem Mann Adam ginge es prächtig, sie bräuchten keine Frucht; oder sie würde die Schlange gar dazu bringen, den Apfel selbst zu essen, was das ultimative *happy end*, nämlich das Ende aller Schuld bedeuten würde.[12] Eher noch war

Titelseite des Life-Magazins vom 7. April 1952, Aufnahme von Philippe Halsman.

Marilyn Monroe selbst das Opfer der Komödien, in denen sie mitwirkte. Die von ihr verkörperten, meist dümmlich-naiven Frauen sind oft in Szenen oder Situationen verwickelt, die sie dem männlichen Blick und dem Gelächter des Publikums aussetzen, wodurch sie als Frau mehr oder weniger subtil ausgenutzt und gedemütigt wird. In *Manche mögen's heiß* glaubt sie sich beispielsweise in der schützenden Gesellschaft von Frauen, gibt aber dem als Frau verkleideten Tony Curtis ihre innigsten Wünsche preis und verschafft ihm wie dem Publikum voyeuristisches Vergnügen.

Dem Filmhistoriker Enno Patalas zufolge manifestieren sich in den jeweils vorherrschenden Startypen die „kollektiven Hoffnungen, Wünsche und Befürchtungen" einer Zeit.[13] Im Typ des

Pin-ups spiegelte sich ein vom Zweiten Weltkrieg gebeuteltes, maskulines Wunschdenken ebenso wider, wie die männliche Unsicherheit und Sorge um die eigene Stellung angesichts einer möglichen weiblichen Emanzipation. Letztlich bedeutete die in den 1950er Jahren in *Playboy* und anderen Medien suggerierte und von Marilyn Monroe verkörperte sexuelle Befreiung nur eine neue Konstruktion von Sexualität. Durch die einseitige Orientierung der weiblichen Sexualität an männlichen Bedürfnissen wurde Männern und Frauen ihr designierter Platz in der Gesellschaft nicht nur zugeteilt, sondern vor allem der Versuch unternommen, diese Positionierung zu festigen. Marilyn Monroes verheißungsvolle Sexualität erschien auf natürliche Weise unbedrohlich, unterwürfig und jederzeit verfügbar; es schien ihr Wille und ihr ureigenstes Bedürfnis zu sein, ein ideales *Playmate* darzustellen. Mit ihrem sinnlichen Image brach sie sexuelle Tabus und unterstützte eine nur auf den ersten Blick progressive Philosophie der Sexualität.

Die Schönste im ganzen Land: Marilyn Monroe als Nationalmythos

Wie jeder Hollywoodstar lebte auch Marilyn Monroe die archetypische amerikanische Erfolgsgeschichte einer real möglichen, jedem offen stehenden Wandlung von Durchschnittlichkeit zu Außergewöhnlichkeit. Dieser Geschichte liegt der *American Dream*, der amerikanische Traum als zentraler Mythos der amerikanischen Kultur zugrunde, der genährt wird durch den Glauben an Demokratie, eine offene Gesellschaft und den Wert des kleinen Mannes.[14] Hollywood ist in doppeltem Sinn ein kultureller Funktionär dieser mythischen Grundfeste der amerikanischen Gesellschaft: Als Traumfabrik fabriziert es kompensatorische Filmfiktionen ausgefüllter Leben, in denen sich die Zuschauer verlieren oder wieder erkennen können. Als Industrie ist Hollywood Synonym wie Symbol für den amerikanischen Traum, eine letzte *Frontier*, also eine zu überwindende Grenze im Land der unbegrenzten Möglichkeiten, hinter der Erfolg und

Reichtum warten. Marilyn Monroe synthetisierte auch diese Ideale auf scheinbar natürliche Weise in ihrem Image: Sie war ein traumhafter, anbetungswürdiger Star; doch sie war auch ein einfaches Mädchen ohne familiäre Wurzeln, das einst von einem Zuhause in Hollywood träumte. Die selbstbetrügerischen und narzisstischen Tendenzen dieser Wünsche verblassen angesichts der naiven Unschuld, mit der Marilyn Monroe sie lebte. Sie war ein ideales mythisches Zeichen, denn sie transformierte die historisch und ideologisch geprägten Hoffnungen Amerikas in eine scheinbar natürliche Tatsache, war gleichzeitig wahr und irreal.[15]

Marilyn Monroe steht damit für den nationalen Traum und die Wurzel amerikanischer Identität: die Natur selbst. Auf der Suche nach einer eigenen kulturellen Identität und Einheit identifizierte sich die junge amerikanische Nation von Anfang an als *nature's nation*. In der unberührten Wildnis schien ein gesellschaftlicher und moralischer Neuanfang möglich, frei von der Geschichte, den Schuldzusammenhängen und den zivilisatorischen Verfallserscheinungen der alten Welt. Der neue Kontinent wurde dementsprechend als historisch losgelöstes neues Eden verklärt. Es wurde als *Manifest Destiny*, als göttliche Vorsehung und schicksalhafte Bestimmung der amerikanischen Nation sowie des kleinen Mannes erachtet, diese Ehrfurcht gebietende, erhabene Wildnis zu einem fruchtbaren Garten zu machen und die wahren Ideale der Zivilisation und Demokratie zu verbreiten. Das Bild der Landschaft war ein visueller Text für das Selbstverständnis der Nation als organische Einheit. Die Natur war der *common ground*, ein demokratisch-gemeinschaftlicher Boden, der ohne elitäres Wissen von jedem lesbar weil sinnlich erfahrbar war. Im 19. Jahrhundert wurden Landschaftsbilder zur wichtigsten Bildgattung und landesweit als Attraktionen in öffentlichen Ausstellungen gezeigt; in populären Theaterstücken wurde der *country bumpkin*, das naive aber gewitzte Landei, als typisch amerikanischer Charakter eingeführt.

Das Hollywoodkino trat im 20. Jahrhundert das Erbe solcher populären Spektakel an; die allseits bekannten Filmstars wurden zum neuen *common ground*. Sie ermöglichten kollektive Erinnerung und gemeinschaftliche Verständigung und stifteten daher kulturellen Konsens und Identität. Was früher in das Land eingeschrieben wurde, verkörperten nun Stars. Der Produzent von *Wie angelt man sich einen Millionär?*, Nunnally Johnson, beschrieb Marilyn Monroe bezeichnenderweise mit den Worten: „Marilyn ist ein Naturphänomen, wie die Niagara Fälle oder der Grand Canyon. […] Du kannst nur einen Schritt zurücktreten und in Ehrfurcht erstarren."[16] Marilyn Monroe war das neue Naturspektakel Amerikas, ihr Image nahm nationale Dimensionen an. Sie verkörperte Freiheit, historische Ungebundenheit, naive Unschuld, Jugendlichkeit, Bodenständigkeit, Fruchtbarkeit und Fülle, den Glauben an demokratische Selbstverwirklichung und Erfolg. Den fehlenden Vater, ihre Identität und familiären Halt suchte sie folgerichtig in einem Urvater der amerikanischen Nation: Abraham Lincoln. Sie stellte sich gerne vor, dass der Präsident, der die amerikanische Nation nach dem Bürgerkrieg im 19. Jahrhundert einte, ihr Vater sei. Sein Bildnis hing jahrelang über ihrem Bett.

Eine kulturelle Einheit und Identität im Kontrast zu Europa brauchte und spürte die amerikanische Nation vor allem in den 1950er Jahren. Nach Jahren des Isolationismus und der Großen Depression der 1930er Jahre hatte der Zweite Weltkrieg die USA an die Spitze der weltpolitischen Ordnung katapultiert. Amerika sah sich nicht nur aufgrund seiner wirtschaftlichen und militärischen Vormachtstellung bei Kriegsende in einer globalen Führungsrolle. Nach den Gräueln des Holocaust verstand es sich auch als einziger Garant und Vertreter von Freiheit und Demokratie. Die kulturellen Zentren verschoben sich von Europa in die USA; Hollywoodfilme und Stars trugen die Vorzüge des *American way of life* in andere Erdteile. Wer eignete sich besser, das unbeschwerte Selbstbewusstsein der amerikanischen Nation zu verkörpern, als die Lichtgestalt Marilyn Monroe? Sie war, in den Worten Norman Mailers, „jedermanns Liebschaft mit Amerika".[17] In ihrem ersten selbst produzierten Film, *Der Prinz und die Tänzerin* (1957), werden solche Vorstellungen besonders deutlich: Monroes Figur Elsie ist eine Revuetänzerin, ein typisch amerikanisches Mädchen, kindlich naiv, aber mit gesundem Menschenverstand ausgestattet. Sie nimmt ihren Körper und das Sexuelle als etwas

Marilyn Monroe am Strand.

Natürliches an, ohne Scheu und Peinlichkeit. Ihre unverblümte und emotionale Art steht in Kontrast zu der kultivierten und rationalen Figur des europäischen Prinzen, der von dem britischen Paradeschauspieler Sir Laurence Olivier gespielt wird. Während Elsie frisch und ungekünstelt wirkt, ist der Prinz steif und unnahbar, in Konventionen und Streitigkeiten mit seinem Vater gefangen. Erst Elsie / Marilyn Monroe schafft es mit ihrer menschlichen, einnehmenden Art, die beiden zu versöhnen – der alte europäische Aristokrat lernt von dem jungen amerikanischen Showgirl. Bezeichnenderweise war der Film in Europa besonders erfolgreich und erhielt hier in der Presse viel Lob.

Unter einem unglücklichen Stern: Marilyn Monroe als tragisches Opfer

Der Reiz Marilyn Monroes beruht zum großen Teil auf der Nostalgie für die so viel versprechenden 1950er Jahre in Amerika. Die Segnungen der sich entwickelnden Konsum- und Wohlstandsgesellschaft und die liberaler werdende Sexualmoral ließen das Leben sorglos und unbeschwert erscheinen. Doch Marilyn Monroes Stern wäre ungesehen verglüht, wenn sie nur den schönen Schein der 1950er Jahre verkörpert hätte. Stattdessen war ihr Image auch von Untiefen durchzogen, die von Ambivalenzen und Spannungen zeugen. Ihr Starkörper als amerikanischer *common ground* markiert auch Kämpfe über die Gültigkeit dieser Identität stiftenden Gemeinsamkeiten.

Mitte der 1950er Jahre lag Marilyn Monroe die Männerwelt zu Füßen, doch sie kehrte der Traumfabrik den Rücken. Sie hatte genug von Hollywoods Knebelvertrag und klischeehaften Rollen, gründete ihre eigene Produktionsfirma und zog nach New York, um sich dort am *Actor's Studio* zu einer ernstzunehmenden Schauspielerin ausbilden zu lassen. Bereits 1956 markiert der Film *Bus Stop* ihre Rückkehr nach Hollywood. Darin spielt sie das Showgirl Cherie, das den billigen Kneipen, in denen es arbeitet, entkommen will. Doch statt Erfolg und Respekt erntet sie nur Gelächter: Einen Höhepunkt des Films bildet jene Szene, in der Don Murray, der einen professionellen Cowboy spielt, Cherie / Marilyn Monroe mit seinem Lasso einfängt, als sie versucht, ihn mit dem Bus zu verlassen. Es wird deutlich, dass Marilyn Monroe im Kern chauvinistische Weiblichkeitskonstrukte ‚natürlich' wirken lässt und in ihnen ohne Aussicht auf eigene Befriedigung gefangen ist. Es sollte ihr zu Lebzeiten nicht vergönnt sein, die ersehnte Anerkennung als Schauspielerin und intelligente, aus eigener Kraft erfolgreiche Frau zu erhalten: Sie wollte begehrt, aber auch ernst genommen werden – stattdessen wurden ihr Leben und ihre Leistung oft in Verbindung zu ‚großen Männern' gelesen, von denen sie sich Berühmtheit, Macht oder eine Rolle erträumt und erwirkt hätte.[18] Der amerikanische Traum endet für Frauen in den Rollen, die Männer für sie vorsehen. Eine selbst bestimmte Sexualität und Karriere wird ihnen (noch) nicht zugestanden.

Marilyn Monroe versuchte mehrfach, das Repertoire ihrer Weiblichkeit zu erweitern und zu beweisen, dass sie nicht nur eine amüsante, kurvenreiche Blondine war. Bei Fotoaufnahmen mit Richard Avedon für das *Life*-Magazin im Herbst 1958 schlüpfte sie in diverse Frauentypen der Vergangenheit: die *Vamps* Marlene Dietrich und Jean Harlow, den *Flapper* Clara Bow, und eine der unschuldigen Bühnenheldinnen des 19. Jahrhunderts, Lillian Russel. Eine Verkörperung war für sie besonders relevant: Theda Bara, der erste Film-*Vamp*, eine *Femme fatale*, deren Name ein Akronym für „arab death", arabischer Tod war, und die laut ihrer erfundenen Biografie in der Sahara-Wüste geboren war. Marilyn Monroe hoffte vergeblich, dass die Produzenten bei Twentieth Century Fox sie aufgrund dieser Fotos als potentielle Protagonistin des geplanten *Cleopatra*-Films in Betracht ziehen würden.[19] In diesen Aufnahmen wird deutlich, dass Marilyn Monroe ihren Körper auch zum grotesken Spektakel machte. Sie verkörperte nicht nur ideale Weiblichkeit, sondern parodierte sie auch. Ihre übertriebene Darstellung zeigt die Konstruktion des Weiblichen auf und lässt ihre eigene Weiblichkeit stilisiert erscheinen. Die alten Frauentypen konnten bei Marilyn Monroes Versuch, das eigene Image zu sprengen oder selbst zu bestimmen, keinen Ausweg darstellen.

Bezeichnend ist Richard Avedons Anekdote zu frühen Fotoaufnahmen im Mai 1957. Stundenlang hätte Marilyn Monroe, wie es ihre Art war, getanzt, gesungen und geflirtet, und das unter steigendem Alkoholeinfluss. Schließlich kam es zu dem unausweichlichen Fall – sie saß ausdruckslos in der Ecke. Und Avedon drückte ein letztes Mal auf den Auslöser. Dazu bemerkt er, sie nicht ohne ihr Wissen fotografiert zu haben: „And as I came with the camera, I saw that she was not saying no."[20] Das entstandene Porträt wird meist dafür gelobt, dass es zeige, dass hinter dem Image immer noch etwas anderes, etwas Wahres sei. Das Foto verdeutlicht aber auch die nicht enden wollende Vergewaltigung Marilyn Monroes durch die Kamera und den meist männlichen Blick. Sie tat alles, was eine Frau tun kann, um zu gefallen. Vor der Film- und Fotokamera schlüpfte sie willig und leidenschaftlich in alle Rollen, die den Frauen im 20. Jahrhundert bis dato gegeben worden waren. Doch es war nicht genug. Die Kamera und das in ihr implizierte Publikum wollten Marilyn Monroe am meisten dann, wenn sie eigentlich nicht mehr konnte. Sie nahmen sich das Bild von ihr, welches sie haben wollten oder brauchten. Und Marilyn sagte nicht nein, vielleicht, weil sie zeigen wollte, wie leer ihre Glamourwelt eigentlich war, vielleicht aber auch, weil sie einfach keine Kraft mehr hatte, sich zu wehren oder zu versuchen, ihre Rolle selbst zu bestimmen. Der amerikanische Traum endete für den Star in den Rollen, die das Publikum für ihn vorsah: Marilyn Monroe als Opfer.

In vielen ihrer Filmrollen war Marilyn Monroe ein Opfer mit einer sexuell konnotativen, körperlichen Verletzlichkeit. Diese wurde von biografischen Anekdoten untermauert: Sie soll als Kind sexuell missbraucht worden sein und an Menstruationsbeschwerden gelitten haben; sie erlitt mehrere Fehlgeburten, war dreimal unglücklich verheiratet und galt bei ihren männlichen Kollegen als schwierig, schüchtern und frigide. Die Tatsache, dass sie als Star ein Opfer ist beziehungsweise Opfer bringen muss, spiegelt auch die ebenfalls im amerikanischen Traum verankerte protestantische Arbeitsethik wider. Diese fordert harte Arbeit und echte Opfer, will man erfolgreich sein. Da Marilyn Monroes Arbeit als Schauspielerin nicht ernst genommen oder als natürliches Talent begriffen wurde, sie als Star aber exzessiv erfolgreich war, musste sie mit ihrer Privatsphäre zahlen. Und Marilyn Monroe zahlte gerne, sah sie in der Öffentlichkeit doch „die einzige Familie, den einzigen Traumprinzen und das einzige Zuhause", von denen sie jemals geträumt hatte.[21] Doch ihre Wunden wurden durch „den Blick des Publikums und die mediale Aufmerksamkeit, die sie dank der gewonnenen Berühmtheit narzisstisch auf sich zieht", nicht geheilt, wie es die prototypische Stargeschichte der Literaturwissenschaftlerin Elisabeth Bronfen zufolge verspricht.[22] Stattdessen ist sie einen faustischen Vertrag eingegangen, denn dieselben Publikumsblicke bedrängen, isolieren und sezieren sie. Das zeitgenössische weibliche Publikum schwankte zwischen Bewunderung ihres

Marilyn Monroe wurde oftmals nur auf ihre Weiblichkeit reduziert.

weiblichen, glamourösen Stils und vehementer Distanzierung von ihrem Frauenbild. Marilyn Monroe hatte lange Zeit keine einzige Freundin in ihrem Alter. Nach ihrem Tod wurde sie im Rahmen feministischer Theorien besonders kontrovers diskutiert: Sie wurde teils als Musterbeispiel chauvinistischer Degradierung der Frau zum Sexobjekt in der patriarchischen westlichen Gesellschaft, teils als Rebellin gegen sexuelle Doppelmoral und kulturelle Normen gesehen.[23]

In Marilyn Monroes letztem vollendeten Film, *Misfits – Nicht Gesellschaftsfähig* (1961), findet nicht nur die Reduzierung auf ihr Geschlecht seinen Höhepunkt: Sie ist eine Frau, Roslyn, von der nur bekannt ist, dass sie geschieden ist. Die Männer in dem Film, wiederum Cowboys, sind unfähig, ihre Sinnlichkeit und ihre weibliche Sexualität zu begreifen. Verzweifelt umarmt Roslyn / Marilyn Monroe in einer Szene einen Baum und wirft den Männern einen traurigen Blick zu. Die symbolische Struktur des Filmes setzt sie vielfach in Relation zur Natur, inszeniert sie als Antithese von Kultur, Karriere, Gesellschaft und Geschichte. Die amerikanischen Träumer finden sich jetzt in einem Alptraum wieder. Die Cowboys haben sich von ihrer männlichen Bestimmung und der weiblichen Natur entfremdet. Die Natur, der einstige amerikanische *common ground,* kann keinen Trost und keine Identität mehr spenden; die Frau ist verletzlich und einsam wie nie. Der Drehbuchautor des Films, der Pulitzerpreisträger Arthur Miller, war Marilyn Monroes dritter Ehemann und hatte einst den Tod des amerikanischen Handlungsreisenden erdacht. Dieselbe Identitätslosigkeit und Unsicherheit spricht auch aus dem Titel dieses Films: *Misfits* – die alten Rollen und Vorstellungen passen nicht mehr in die Gesellschaft. Ebenso absurd und unmöglich erschien die „Liaison von Geist und Körper“: Millers und Monroes Beziehung wurde nie ernst genommen.[24] Die Skeptiker sollten Recht behalten, denn die Ehe wurde 1961 geschieden.

Die auf dem Fortschrittsglauben basierende Landerschließung und Industrialisierung hatten die amerikanische Natur nach und nach auf gewaltsame Weise gezähmt, urbar gemacht und in Kultur verwandelt. In dem Maße in dem der *common ground* der

Natur zerstört wurde – sollte er denn jemals existiert haben –, wurde auch immer deutlicher, dass die amerikanische Nation keine organische Einheit war, sondern eine heterogene Masse. Die Vorstellung von Amerika als *Melting Pot*, als Schmelztiegel, in dem viele verschiedene kulturelle und nationale Identitäten zu einer einzigen, ganzen Nation verschmelzen, stellte sich als Trugbild heraus. Ab Beginn der 1960er Jahre spalteten Unruhen und Proteste im Rahmen der Bürgerrechtsbewegung das Land. Der Vater der Nation, Abraham Lincoln, hatte seinen kompensatorischen Einfluss verloren und sein jüngster Nachfolger John F. Kennedy sollte bald einem Attentat zum Opfer fallen. Daneben wurde immer deutlicher, dass der *American Dream* von Widersprüchen durchzogen war. Für den Großteil der amerikanischen Bevölkerung erwies er sich als leeres Versprechen, Erfolg und sozialer Aufstieg als unberechenbarer Glücksfall in einer geschlossenen Gesellschaft. Wie in Hollywood brachten es auch in Amerika allgemein nur einige wenige zu Wohlstand oder gar Reichtum. Die amerikanische Gesellschaft stand ihren ureigensten Mythen gespalten gegenüber und der widersprüchliche und konfliktgeladene Charakter Amerikas wurde offenbar. Marilyn Monroe wurde zu einem mythischen Wahrzeichen dieses Amerika, zu einer *American Monroe*, wie die Politik- und Frauenwissenschaftlerin Paige Baty sie bezeichnet, weil sich sowohl die Versprechen als auch die Kosten des amerikanischen Traumes in ihrer Person manifestieren.[25]

In ihrem letzten Interview für das *Life*-Magazin 1962 sagte Marilyn Monroe: „Als Sexsymbol wird man zu einer Sache […]. Man kollidiert mit den unbewussten Wünschen der Menschen. Es ist nett, wenn die Leute einen in ihre Phantasien einbeziehen, aber man möchte auch um seiner selbst willen akzeptiert werden."[26] Eine solche Unterscheidung war für Marilyn Monroes Publikum jedoch weder nötig noch möglich. Tatsächlich verschmelzen in jedem Starkörper, wie Elisabeth Bronfen es beschreibt, ein öffentliches „Image" und ein privater „Leib".[27] Der Leib ist funktionaler Kern des Starphänomens, denn er haucht dem Star Leben und Wirklichkeit ein und garantiert damit die Glaubwürdigkeit seines Images und der von ihm verkörperten Werte. Aufgrund ihrer Natürlichkeit und ihres scheinbar ausschließlich auf die Befriedigung ihres Publikums ausgerichteten Daseins war die Verschmelzung von Image und Leib bei Marilyn Monroe besonders ausgeprägt – „ihr Image [ist] als ihre Authentizität und ihre Authentizität als ihr Image zu begreifen“.[28] Auch wenn sie selbst sich als „nicht vollkommen ‚echt‘“, als „gut gemachte Fälschung“ oder als „Kunstprodukt“ empfand:[29] Sie verdankte ihren Erfolg auch ihrem äußerst überzeugenden Wesen. Daher war der ‚innere Konflikt‘ Marilyn Monroes, ihr Aufreiben zwischen Image und Leib, gewissermaßen eine tragische Erkenntnis im klassischen Sinn. Die Erkenntnis kam einerseits zu spät, denn es gab keinen Ausweg mehr, und bedeutete andererseits ein Verschulden, das die Heldin nicht hätte verhindern können, weil es schicksalhaft ihrer ‚Natur‘ entsprang. Ihr Image war letztlich stärker als ihr Leib und hat sich auch diesen Konflikt ‚einverleibt‘, ihn selbstreflexiv zu einem Bestandteil des Images gemacht. Der Filmhistoriker Lorenz Engell formuliert treffend: „Der Mythos Monroe ist ein Mythos im negativen Selbstbezug, der Mythos eines vom Mythos zerstörten Menschen.“[30] Der amerikanische Traum und sein Mythos von Selbstverwirklichung endeten für Marilyn Monroe in einer tödlichen Überdosis.

Die Nachricht von ihrem Freitod in der Nacht des 4. August 1962 bezeugte, dass die Zeit der unbeschwerten Träume vorüber war und Amerika an der Schwelle zu einer neuen Krisenzeit stand. Die mutwillige Zerstörung ihres sinnlichen Leibes schien nicht nur die ultimative Rebellion gegen ihr Image, sondern auch eine unmissverständliche Negation der amerikanischen Gesellschaft und ihrer Grundwerte zu sein. Mit Marilyn Monroes Leichnam trug ein verunsichertes Amerika seine Unschuld zu Grabe. Ihr toter Körper war, wie Paige Baty erläutert, einerseits heilig, andererseits Furcht einflößend; er hatte nicht mehr die Macht zu einen, sondern auch zu destabilisieren. Bald wurde ein größerer Sinn in ihrer Geschichte gesucht: Während die Tatsache ihres Selbstmords zunächst nicht in Frage gestellt wurde, mutmaßte man ab Anfang der 1970er Jahre, Marilyn Monroe sei das Opfer politischer Intrigen gewesen und ermordet worden. Sie muss eine Gefahr für das amerikanische Camelot der

Kennedyzeit gewesen sein: In den 1980er Jahren kamen Konspirationstheorien auf, die Marilyn mit den Kennedy-Brüdern und der Unterwelt verbanden, also mit legitimen und illegitimen Machtstrukturen, während andere sie zur kommunistischen Spionin erklärten. In diesen Verschwörungsgeschichten und in dem Wunsch, die Umstände ihres Todes zu klären, kommt Paige Baty zufolge das Bedürfnis zum Ausdruck, das amerikanische Erbe der 1950er und 1960er Jahre zu begreifen, all die disparaten Elemente in einer logischen Geschichte und einem Körper, genauer in Marilyn Monroes Starkörper zusammenzuführen.[31]

Und wenn sie nicht gestorben wäre: Die mediale Auferstehung einer Ikone

Marilyn Monroes Starkörper hätte womöglich niemals seine heutige Zeichenhaftigkeit annehmen können, wenn sie nicht gestorben wäre. Sie verlor durch ihren Tod nicht an Präsenz, denn ihr Image konnte durch dieselben medialen Apparate, die sie einst zum Star gemacht hatten, im doppelten Sinn – als Geschichte und als Bild – unendlich reproduziert und dadurch gerettet werden. Marilyn Monroe wurde zu einer wahren Ikone, dem Bildnis einer Heiligen ohne lebende Referenz.

Der Künstler Andy Warhol, selbst ein amerikanisches Wahrzeichen, trug viel zur Ikonisierung Marilyn Monroes bei. Unmittelbar nach ihrem Tod schuf er ein der nationalen Heiligen Marilyn Monroe würdiges Andachtsbild und kommentierte gleichzeitig die beginnende populär-vulgäre Reduzierung und kommerzielle Vereinnahmung ihres Images. Auf einen breiten Goldgrund, der an byzantinische Ikonenmalereien erinnert, ist mittig ein Porträtfoto Marilyns platziert. Es handelt sich dabei um ein Publicityfoto für den Film *Niagara*, das Warhol im Siebdruckverfahren reproduzierte und mit Farbflächen unterlegte, die Marilyn Monroes blondes Haar, ihre Lippen, Zähne, Augenlieder und Haut hervorheben. Die billig wirkenden, knalligen und leicht unpräzise aufgetragenen Farben stehen im Kontrast zu dem teuren, mystisch wirkenden Hintergrund. Ihre Einzigartigkeit wird gleichzeitig manifestiert und ironisiert, ihre stereotype, an einfachen, massentauglichen Wunschvorstellungen orientierte Zeichenhaftigkeit verdeutlicht. All dies umso mehr, da Warhol dieselbe Vorlage in der Folgezeit unzählige Male reproduzierte und der schlampige Farbauftrag dem Wiedererkennungswert keinen Abbruch tut. Das Image wurde zum Bild und das Bild wurde zum Typ, dem Bild Marilyns schlechthin. Die Bilder waren eine mehrfache Ikonisierung, wie die Kunsthistorikerin Anne-Marie Bonnet erläutert: „Warhols vermeintliche Monroe-Porträts sind eigentlich (Ab-)Bilder von (Ab-)Bildern."[32] Die Maskenhaftigkeit und die Fabrikation ihres Images werden so dekonstruiert. Man meint in dem abweichenden Farbauftrag verschiedene Facetten des Individuums Marilyn Monroe erahnen zu können, doch das ist ein Trugbild. Es ist immer nur dieselbe, in ihrer Reproduktion zur leeren Fratze geronnene Kopie einer Kopie – eine Kopie ohne Original. Warhols Bilder verdeutlichen, dass Marilyn Monroe als ikonischer Referent bereits ein ikonisches Wesen vermittelt: den Star.

Weil der Star Marilyn Monroe als biografische Person in der realen Welt existierte, empfinden wir sie nicht als völlig künstlich. Doch jede ihrer Erscheinungen in der Öffentlichkeit und in den Medien, jede biografische Notiz und private Anekdote, jedes Wort, das sie sprach und das über sie gesprochen wird, summiert sich zu ihrem Image. Sie ist uns nur durch dieses intertextuell konstruierte Bild zugänglich, unser Blick auf sie ist immer öffentlich, mediatisiert und virtuell. Stars sind zwar leibhaftige Persönlichkeiten der Geschichte, aber eigentlich ebenso erfundene Identitäten und Repräsentationen wie Figuren in einem Roman. Der Filmwissenschaftler Knut Hickethier beschreibt diese Eigenschaft folgendermaßen: „Ihre Medialität, die Herausbildung eines bestimmten von der Person des Stars unabhängigen Bildes von ihm ist ihre Besonderheit, die sie von anderen Formen personeller Prominenz abgrenzt."[33] Marilyn Monroe hatte dies schon zu Lebzeiten erkannt: Sie sprach oft von ‚Marilyn Monroe' in der dritten Person, als sei ihre Identität eine Rolle.[34] Zudem beweist ihre wohl kalkulierte und perfektionierte Selbstinszenierung, wie sehr sie sich der Bedeutung

Marilyn Monroe als gefeierter Star.

der Kamera für ihre Wirkung bewusst war. Als Konstrukt eines fotografischen Mediums profitierte sie von der Gewissheit des Publikums, dass vor der Kamera wirklich und wahrhaftig einmal ihre Person gewesen sein muss. Die Kamera ermöglichte es ihr, „ein Bild von Natur und ‚Natürlichkeit' [zu erschaffen], das zwar ein künstlich erzeugtes darstellt, aber den Betrachtern den Schein des Unmittelbaren, Direkten, ja letztlich Nicht-Medialen vermittelt".[35] Filmische Großaufnahmen und Porträtfotos intimer Momente scheinen Marilyn Monroes individuelle Persönlichkeit zu manifestieren, ihr ‚Sein' offen zu legen. Doch das Publikum weiß nie, ob die gezeigten Emotionen ‚echt' sind, und die nicht auszuschließende Möglichkeit des ‚Scheins' lässt es ewig unbefriedigt zurück. Diese inhärente Ambivalenz wird von allen Medientexten, die Marilyn Monroe der Öffentlichkeit präsentieren, aufgegriffen und scheinbar gelöst: Sie pflegen eine Rhetorik der Authentizität, die von fehlender Kontrolle und Privatsphäre markiert ist und verspricht, hinter das Image blicken zu lassen und einen ungeschönten Blick auf Marilyn Monroe ‚wie sie wirklich ist' zu gewähren – und dennoch ist die leibhaftige Privatperson außerhalb des Medienkontextes nicht greifbar.

Der Effekt dieses fundamentalen Missverständnisses spiegelt sich in Marilyn Monroes Tod wider: Er war einerseits erschütternd physisch-real und endgültig, ihr Leib unwiederbringlich verloren. Doch er war andererseits irreal und nicht greifbar, ein medial vermitteltes Mysterium – ebenso wie es ihr Dasein als Star schon gewesen war. So gesehen änderte sich durch ihren Tod nur inhaltlich etwas, nicht strukturell: Marilyn Monroe war nach wie vor eine Repräsentation. Gerade weil ihre Geschichte nun abgeschlossen war, schien sie eine innere Kohärenz und Bedeutung zu haben, die es zu enthüllen galt. Ihr toter und gleichzeitig ewig junger und begehrenswerter Starkörper eröffnete vielfältige Möglichkeiten der Re-Interpretation. Dazu konstatiert einer ihrer vielen Biografen selbstreflexiv, dass jede Erzählung über sie mehr über den Autor und seine Bedürfnisse, als über die Person Marilyn Monroe aussage.[36] Die posthume Erfindung immer neuer Identitäten und Bedeutungen für sie und ihre mediale Auferstehung machten nur noch offensichtlicher, dass Marilyn für die heutige bildgeprägte Kultur zum leibhaftigen Anschauungsobjekt der medialen Inszenierung eines Körpers als Symbolsystem, als soziales Konstrukt wurde.

Marilyn Monroe bedeutet uns immer noch so viel, weil sie die schizophrene Erfahrung unserer mediatisierten, virtuellen Zeit verkörpert, weil das nicht auf den Punkt zu Bringende in ihrem Körper erahnbar, wenn auch nicht greifbar wird: Es ist die postmoderne Befindlichkeit einer Orientierungs- und Zeitlosigkeit ohne konstante, einheitliche Identität. Das Subjekt ist nicht entfremdet, sondern fragmentiert, lebt als Kopie, als Re-Präsentation in pluralen Gegenwarten und zum Teil widersprüchlichen Erfindungen. Das Wissen um Marilyn Monroes einst real-biografischen Leib hält die Hoffnung in uns aufrecht, sie – und damit im übertragenen Sinn auch uns selbst – als einheitliches Individuum verorten und erkennen zu können. Aber man kann die Monroe auch als postmodernes *Simulacrum* begreifen, nämlich als echt wirkende Simulation, die doch im Kern ein leeres Zeichen ohne definitive Bedeutung und realen Referenten ist.[37] Dann erinnert uns ihre Figur auch immer schmerzhaft daran, dass die öffentliche Repräsentation beziehungsweise das Image die einzige Realität ist, die wir haben, dass das Reale somit immer eine Simulation ist und wir auch unserer eigenen wahren und klar definierbaren Individualität nicht habhaft werden können. An dieser Simulation haben wir mehr oder weniger alle Anteil, wir sind tatsächlich ein, wie der Medientheoretiker Marshall McLuhan es einst bezeichnete, ‚globales Dorf' geworden, teilen eine gemeinsame Erinnerungskultur.

Marilyn Monroe ist somit nicht mehr nur ein amerikanischer Mythos, sie eint uns über nationale Grenzen hinweg in unserer Nostalgie für Einheit, Identität und Wahrhaftigkeit. Ihr offenes, ambivalentes, natürlich wirkendes Image ließ sie zum Kaleidoskop menschlicher Bedürfnisse und gesellschaftlicher Befindlichkeiten werden. Sie personifiziert Weiblichkeit und Sexualität, die unschuldig wirkenden 1950er Jahre und die Sehnsucht nach dieser Unschuld, den gespaltenen Charakter Amerikas, den Traum von individueller Selbstverwirklichung, Verlust und Tod, die trügerische Relation von Image und Leib, von Öffentlichkeit und Privatheit, von Simulation und Realität, das virtuelle Leben in einer mediatisierten Gesellschaft. Sie erfüllt alle Voraussetzungen, um noch lange eine Schlüsselfigur unserer Imagination zu sein. Sie wird erst zur Ruhe kommen, sollten wir sie jemals vergessen.

Anmerkungen

1 Vgl. Braudy 1986.
2 Vgl. Korte & Lowry 2000, 6.
3 Engell 1992, 110–111. Hierzu und zum Folgenden vgl. auch Staiger 1997, 48–52.
4 Alle im Text gemachten biografischen Angaben zu Marilyn Monroe beruhen, wenn nicht anders vermerkt, auf Zolotow 1960.
5 Vgl. Dyer 2004, 20; Geiger 1995, 146; Zolotow 1960, 44, 116, 132, 250–251, 276, 289.
6 Vgl. Dyer 2004, 17–63.
7 Zit. nach Dyer 2004, 29 (meine Übers.); vgl. auch Zolotow 1960, 66, 106.
8 Jayne Mansfield: „It's too bad I'm not Marilyn Monroe. She's a naturalist." Zit. nach Dyer 2004, 30.
9 Vgl. Dyer 1998, 50–51; Patalas 1963.
10 Vgl. Dyer 2004, 40–42, 53–56.
11 Vgl. Dyer 2004, 43; Zolotow 1960, 23, 255.
12 Vgl. Zolotow 1960, 330.
13 Patalas 1963, 15; vgl. auch Dyer 1998, 47; Dyer 2004, 6–8.
14 Vgl. Dyer 1998, 35; Freese 1985.
15 Vgl. Barthes 2003.
16 Zit. nach Zolotow 1960, 194 (meine Übers.).
17 Zit. nach Geiger 1995, 145.
18 Vgl. Baty 1995, 90; Zolotow 1960, 140.
19 Vgl. Brown & Barham 1992, 99. Letztlich wurde die Hauptrolle in *Cleopatra* (1963) von Elizabeth Taylor gespielt. Zu Theda Bara vgl. Staiger 1997, 54–55.
20 Zit. nach Heilbrunn 2008.
21 Zit. nach Zolotow 1960, 90 (meine Übers.).
22 Bronfen 2002, 46.
23 Vgl. Baty 1995, 22–23; Dyer 2004, 56–57; Steinem 1986.
24 Geiger 1995, 82.
25 Vgl. Baty 1995, 35, 49, 79.
26 Zit. nach Geiger 1995, 126–127.
27 Bronfen 2002, 46.
28 Bronfen 2002, 49.
29 Zit. nach Geiger 1995, 132.
30 Engell 1992, 212.
31 Vgl. Baty 1995, 127, 137, 146, 156–7; vgl. auch Brown & Barham 1992, 310–362; Geiger 1995, 118–126.
32 Bonnet 2005, 218.
33 Hickethier 1997, 32.
34 Vgl. Baty 1995, 92.
35 Hickethier 1997, 32; vgl. auch Dyer 1998, 20.
36 Vgl. McCann 1991, 330.
37 Bauman 1999.

Quellen

Baty, S. Paige 1995: American Monroe. The Making of a Body Politic, Berkeley Los Angeles London.
Brown, Peter Harry und Patte Barham 1992: Marilyn. Das Ende, wie es wirklich war. Eine Dokumentation der letzten 14 Wochen, München.

Dyer, Richard 2004: Heavenly Bodies. Film Stars and Society, [1986] London.
Geiger, Ruth-Esther 1995: Marilyn Monroe, Reinbeck bei Hamburg.
Zolotow, Maurice 1960: Marilyn Monroe. An Uncensored Biography, New York.
Heilbrunn Timeline of Art History, The Metropolitan Museum of Art 2008: Richard Avedon „Marilyn Monroe, Actress, New York City (2002.379.11)“ <http://www.metmuseum.org/toah/hd/phev/ho_2002.379.11.htm>.

LITERATURHINWEISE

Barthes, Roland 2003: Mythen des Alltags, [1964] Frankfurt am Main.
Bauman, Zygmunt 1999: Unbehagen in der Postmoderne, Hamburg.
Bonnet, Anne-Marie 2005: Marilyn Monroe: „meine“ private „Heldin“? (my private „shero“) – Person versus Image, in: (my private) Heroes, hg. v. Jan Hoet, Ausstellung MARTa Herford, Katalog Bielefeld, S. 214–222.
Braudy, Leo 1986: The Frenzy of Renown. Fame and Its History, New York.
Bronfen, Elisabeth 2002: Zwischen Himmel und Hölle – Maria Callas und Marilyn Monroe, in: Die Diva. Eine Geschichte der Bewunderung, Elisabeth Bronfen und Barbara Straumann, München, S. 43–67.
Dyer, Richard 1998: Stars, [1979] London.
Engell, Lorenz 1992: Sinn und Industrie. Einführung in die Filmgeschichte, Frankfurt New York.
Freese, Peter 1985: The American Dream and the American Nightmare. General Aspects and Literary Examples, in: American Popular Culture, hg. v. Hans-Jürgen Diller, Heidelberg, S. 7–37.
Hickethier, Knut 1997: Vom Theaterstar zum Filmstar. Merkmale des Starwesens um die Wende vom 19. zum 20. Jahrhundert, in: Der Star. Geschichte – Rezeption – Bedeutung, hg. v. Werner Faulstich und Helmut Korte, München, S. 29–47.
Hörnlein, Ruth 2003: A Bright Galaxy of Stars. Die Entwicklung des Filmstars aus filmhistorischer Sicht, Marburg.
Korte, Helmut und Stephen Lowry 2000: Der Filmstar. Brigitte Bardot, James Dean, Götz George, Heinz Rühmann, Romy Schneider, Hanna Schygulla und neuere Stars, Stuttgart Weimar.
Mailer, Norman 1973: Marilyn, New York.
McCann, Graham 1991: Biographical Boundaries. Sociology and Marilyn Monroe, in: The Body. Social Process and Cultural Theory, hg. v. Mike Featherstone, Mike Hepworth und Bryan S. Turner, London Thousand Oaks, S. 325–338.
Patalas, Enno 1963: Sozialgeschichte der Stars, Hamburg.
Staiger, Janet 1997: Das Starsystem und der klassische Hollywoodfilm, in: Der Star. Geschichte – Rezeption – Bedeutung, hg. v. Werner Faulstich und Helmut Korte, München, S. 48–59.
Steinem, Gloria 1986: Marilyn, New York.

Albert Uderzo, Co-Schöpfer von Asterix, malt Asterix (Amsterdam).

ASTERIX

Einer für alle – alle für einen

von Bernd Dolle-Weinkauff

Mit dem sonderbaren Wort ‚Hinkelstein' wissen wir vor allem deshalb etwas anzufangen, weil es ein Objekt bezeichnet, das eine Rolle in einer der bekanntesten zeitgenössischen Comic-Serien spielt, die von jung und alt gelesen wird. Dabei ist dessen Rolle keineswegs von überragender Bedeutung für den Handlungsverlauf der einzelnen Episoden dieser Serie und nur die wenigsten unter den Millionen von Lesern alleine im deutschsprachigen Raum dürften sich jemals darüber Gedanken gemacht haben, woher diese Bezeichnung kommt und was sie eigentlich bedeutet. Tatsächlich ist es für das Verständnis der *Asterix*-Comics kaum von Belang, zu wissen, dass es sich dabei um ein Synonym für Menhir handelt, das von einem rheinhessischen Heimatforscher Ende des 19. Jahrhunderts in die Altertumsforschung eingebracht wurde. Der Terminus wird dadurch zum Kuriosum, weil er einen verballhornten rheinhessischen Mundartausdruck für ‚Hünenstein' aufgreift, wobei mit ‚Hinkel' im Rheinhessischen aber nicht der Hüne (oder Riese) gemeint ist, sondern ein verbreitetes bäuerliches Haustier, das Huhn. Ob ein sprachliches Missverständnis oder ein Scherz dieser Wortbildung zugrunde liegt, ist offenbar nicht mehr zu klären, doch handelt es sich hier um die gleiche Mutation, die das ‚Hünengrab' auf dem Weg zum ‚Hühnergrab' erfuhr. Der nach oben spitz zulaufende ‚Hinkelstein' aber ist uns ungeachtet all dieser Erkenntnisse lediglich von Bedeutung als symbolisches Element eines Kosmos, nämlich der Comic-Welt der *Asterix*-Geschichten.

Der Konzept-Comic, sein Kosmos und sein Medium

In der Sprache der Comic-Analyse wird unter ‚Kosmos' die Gesamtheit der unveränderlichen Elemente verstanden, welche die unverwechselbare Struktur einer Comic-Serie ausmachen. Während sich die Handlung in zahllosen Varianten entwickeln kann, bleiben das Milieu, das Figureninventar, die Protagonisten und deren Eigenschaften, der Handlungsrahmen und die Konfliktschemata immer gleich. Dazu gehören auch typische Requisiten wie der Hinkelstein in *Asterix*. Die wichtigsten Elemente dieses Kosmos, oft auch die Besonderheiten des Helden, werden gewöhnlich in einer *origin story* mitgeteilt, einer Ursprungsgeschichte, die am Anfang jeder umfangreicheren Serie steht und auf die in den Fortsetzungen immer wieder Bezug genommen wird. Nicht immer verrät die Ursprungsgeschichte etwas über die Ursprünge des Helden: woher Asterix stammt und wie sein Dasein bis zum Beginn der Geschichte des ersten Bandes *Asterix, der Gallier* verlief, wird nicht mitgeteilt. In diesem Fall konzentriert sich die Ursprungsgeschichte nicht auf den Helden selbst, sondern auf das Setting innerhalb dessen er agiert: die römische Besetzung ganz Galliens mit Ausnahme des kleinen, widerständigen Dorfs. Einen weiteren wesentlichen Teil der Einführung nimmt die Präsentation der ‚Stehenden Figuren' ein, die deshalb so heißen, weil sie im Verlauf der Serienhandlung ohne jede Veränderung be*stehen* bleiben.

Asterix ist – im Unterschied etwa zu klassischen Disney-Serien wie *Donald Duck* oder *Micky Maus* – ein Konzept-Comic, der in seinen Komponenten und Figuren nicht allmählich gewachsen, sondern in einem großen Entwurf planvoll gesetzt worden ist. Der *Asterix*-Kosmos ist alleine schon deswegen kaum solchen Wandlungen unterworfen wie diejenigen Comics, die in den nordamerikanischen Studios kreiert wurden, weil bis heute nur ein Szenarist und ein Zeichner daran beteiligt waren. Die Schöpfer, René Goscinny und Albert Uderzo, hatten sich bereits Anfang der 50er Jahre kennen gelernt und die Zusammenarbeit in einigen mehr oder minder erfolgreichen Comic-Projekten erprobt. Aus dieser gut eingespielten Kooperation entsteht schließlich ein Serien-Konzept, an dem praktisch nichts mehr fehlt – die einzige stehende Figur von Bedeutung, die erst in späteren Aventiuren hinzukommt und sich dann zum Maskottchen entwickelt, ist der kleine Hund Idefix.

Eine ganz auffällige Besonderheit des *Asterix*-Kosmos bildet eine Instanz, welche allgegenwärtig ist und doch nie als bildlich dargestellte Figur Gestalt annimmt: Jener namenlose Chronist, der jeden einzelnen Band eröffnet mit dem immer gleichen historischen Kommentar über den letzten Rest gallischer Unbeugsamkeit im römischen Reich. Dieses „Wir befinden uns im Jahre 50 vor Chr. Ganz Gallien ist von den Römern besetzt. Ganz Gallien? Nein!" ist längst zum geflügelten Wort geworden. Der Umstand, dass diese Wendung mittlerweile den Signalwert einer konventionalisierten Eingangsformel wie des märchenhaften „Es war einmal ..." erlangt hat, darf nicht darüber hinwegtäuschen, dass hier auf ganz konkrete Weise ein Erzähler eingeführt wird, dessen spezifischer Tonfall ein nicht wegzudenkendes Grundelement der *Asterix*-Geschichten ausmacht. Dieser Chronist kehrt wieder in häufig rein sachlichen, bisweilen auch ironischen oder gar hinterhältig-salbungsvollen Kästchentexten, die den Gang der szenischen Erzählung begleiten und schließt unvermeidlich jeden Band ab mit einer ins Hymnische übergehenden Glosse zum obligatorischen Dorfbankett. Auf diese Weise ist *Asterix* als Historien-Comic bzw. als Geschichtsparodie nicht alleine durch die hier verhandelten Stoffe und Themen geprägt, sondern ganz wesentlich durch eine Erzählerrolle, die den antiken Historiographen mimt und gleichzeitig persifliert.

Das dem Konzept-Comic angemessene Medium ist das Buch, nicht das Magazin oder das periodisch erscheinende Serienheft. Bereits bei Hergé und seiner für die Geschichte der *bande dessinée* im französisch-belgischen Raum prägenden Serie *Tim und Struppi* (frz. *Tintin,* seit 1929) stellte sich nach einiger Zeit ein enger Zusammenhang zwischen der erzählerischen Kohärenz der einzelnen abgeschlossenen Geschichten und dem Publikationsmedium Buch ein. Die spätere Albumausgabe der zunächst in Fortsetzungen veröffentlichten Episoden war weit mehr als eine bloß ökonomisch sinnvolle Sekundärverwertung:

Sie erst entsprach der zunehmend aufwendigeren Produktion eines mit 24 Bänden, verteilt auf ca. fünfzig Jahre, durchaus überschaubaren Oeuvres und ist als die letztlich gültige Edition anzusehen. Für *Asterix* ist die Ausgabe als Sammelalbum bereits selbstverständlich, ab 1974 wird die Buchausgabe konsequenterweise die primäre Publikationsform. Es spiegelt sich darin nicht nur das besondere Format der von Goscinny und Uderzo geschaffenen Reihe, sondern die allgemeine Entwicklung der Bildgeschichte vom anonymen Serienprodukt zum literarisch ambitionierten Werk und verkörpert einen neuen Gattungstypus, den so genannten Autoren-Comic. Während dieser sich seit Mitte der 60er Jahre vor allem im an Erwachsene gerichteten Comic-Angebot etabliert, stellt *Asterix* dessen Wegbereiter im Bereich der Kinder- und Jugendliteratur dar.

Vom Bestseller zum Mythos

Asterix (frz. *Astérix le Gaulois*) erschien zuerst als Fortsetzungsserie im 1959 mit tatkräftiger Unterstützung von Radio Luxemburg neu gegründeten französischen Comic-Magazin *Pilote*. Wie Andreas Knigge berichtet, war die erste Ausgabe mit 300.000 Exemplaren innerhalb eines Tages ausverkauft und musste über Nacht nachgedruckt werden.[1] Was auch immer diesen Anfangserfolg erzeugt haben mag – die Serie *Asterix*, die nicht mehr als eine oder zwei Seiten der 32seitigen Jugendzeitschrift einnahm, war es anfangs wohl nicht. Und bereits 1960 gerät *Pilote* durch das Ausscheiden zweier Mitfinanziers in eine die Existenz bedrohende Krise und stellt für drei Wochen sogar das Erscheinen ein. Als 1961 der erste Sammelband *Asterix der Gallier* erscheint, werden davon gerade einmal 6000 Stück verkauft und auch die Verkäufe des zweiten Titels *Die goldene Sichel* (1962) nehmen sich noch relativ bescheiden aus.[2]

Dann aber werden die wagemutigen Gallier im Sturmlauf zu Lieblingen des jugendlichen, alsbald auch des erwachsenen Publikums. Als *Astérix* im September 1966 den Titel des renommierten politischen Wochenmagazins *L'Express* ziert, ist er bereits zu einer nationalen Institution geworden und ein Jahr später überschreitet die Auflage des mittlerweile zehnten Sammelbands *Asterix als Legionär* die Millionengrenze. Als die Zeitschrift *Pilote* 1974 eingestellt wurde, war die Serie *Asterix* nicht nur längst zu einer selbstständigen Größe geworden, sondern hatte sich auch erfolgreich in anderen Medien ausgebreitet. Insbesondere die seit 1967 produzierten Animationsfilme, in jüngerer Zeit auch Realfilme, haben weitere Publikumskreise erschlossen. Der Kult um die standhaften Gallier hat zahllose Merchandising-Produkte nach sich gezogen, schuf sich in Gestalt eines Themenparks bei Paris eine vom Disneyschen Vorbild gekennzeichnete Pilgerstätte, wurde in Museen ausgestellt und ging als Briefmarken-Set der französischen Post um die Welt. Als Leitmedium fungiert jedoch bis in die Gegenwart das Buch: Bis 2005 sind 33 Alben erschienen, die in der ganzen Welt in mehr als 80 Sprachen Verbreitung gefunden haben.

Alleine schon dieser Erfolg bzw. dessen inhärente Gesetzmäßigkeiten werden als Veranlassung angesehen, *Asterix* in die Höhen des Mythos zu erheben. Kult und Mythos in eins setzend, versammelt Klaus Schmeh 2004 in seinem Buch *Der Kultfaktor* allerlei Erfolgsprodukte, -institutionen und -phänomene der westlichen Welt von Rolex und VW-Käfer über Aldi, Oktoberfest und Bayern München bis hin zu James Bond, den Beatles und Tolkiens *Herr der Ringe*. In dieser Auflistung wirkungsmächtiger Erscheinungen der modernen Welt, die dem Autor zufolge durch „Marketing zum Mythos" wurden[3] darf natürlich *Asterix* nicht fehlen.[4] Auf ungleich höherem Niveau und in durchaus kulturkritischer Absicht hatte Roland Barthes bereits während der 60er Jahre in seinen *Mythen des Alltags* ganz ähnliche Phänomene aufs Korn genommen. Um an *Asterix* mythische Komponenten zu diagnostizieren, bedarf es jedoch nicht einmal solcher modern gewendeter Mythologien, zumal diese zu einer Beliebigkeit in der Verwendung tendieren, welche der beabsichtigten Aussage ihre Prägnanz nehmen können.

Wie August Stahl 1976 in einem Beitrag über *Die Mythologie der Comics* konstatiert, besitzt der Kosmos der Comic-Serie als solcher bereits Züge, die auf den „echten Mythos" und insbesondere dessen Charakteristika der Wiederholung und Bestätigung verweisen. In der Tat verändern sich die Grundkonstellation des Serien-Kosmos und alle ihre Teilkomponenten in keiner Weise. Sie liegen ausnahmslos allen Geschichten zugrunde. Weder können sich die Schauplätze der Handlung wesentlich verändern, noch vergeht Zeit im historischen Sinn; die Handlungsträger altern weder, noch machen sie substantielle Entwicklungen durch oder weichen von dem ihnen vorgegebenen Rollenverhalten ab. Dieser „gleich bleibenden Artung und Entwicklungslosigkeit ihrer Figuren" ist Stahl zufolge „die Möglichkeit zur Multiplikation ihrer Geschichten"[5] und damit zur ständigen Wiederholung geschuldet. Die Kohärenz einer Comic-Serie, die im Grunde auf endlose Fortsetzungen angelegt ist, wird durch das Prinzip der Iteration als einer geradezu mythischen Wiederkehr des immer gleichen gesichert – so lange, wie sie Erfolg beim Publikum hat. „Ökonomischer Zwang also", schreibt der Kunstwissenschaftler Werner Hofmann 1970, „verurteilt diese Gestalten zu immerwährender Existenz. Dies entrückt sie in die Welt des Mythos".[6]

Schon rein formal konvergiert dieses Konstrukt der Serie – das im übrigen nicht auf den Comic beschränkt ist – mit bekannten Strukturen mythischer Erzählungen, wie sie etwa Karl Kerényi in seinen Ausführungen über Heroengeschichten dargelegt hat: Hier ist die Rede von einer „Substanzialität" als „unverwechselbarer Kern, den man bei demselben Heros immer wiederfindet".[7] Auf dieser Grundlage lässt sich auch eine Parallele ziehen zwischen der *origin story* im Comic, die stets die Besonderheit des jeweiligen Helden – z. B. Supermans – und seine Herkunft erläutert, und der „Erzählung von eben jenem und keinem anderen Heros", welche die Spezifik des mythologischen Heroen konstituiert.[8]

Asterix ist jedoch darüber hinaus von einer inhaltlichen Konstellation bzw. von einem Grundmotiv geprägt, dessen mythische Herkunft unverkennbar ist. Die zwergenhafte Gestalt des kleinen, doch beinahe allmächtigen Helden, die monströsen Figuren der Gegner und der ihnen zur Verfügung stehenden Ressourcen, der unbeirrbare Widerstand eines abgelegenen aremoricanischen Dörfchens gegen das gewaltige Imperium Romanum, die Siege der eigentlich Machtlosen über die unbesiegbar scheinenden

Mächtigen, der Zivilisten über die Militärs, der Unbedarften über die Wohlausgestatteten – in all dem wiederholt sich beständig der Triumph des Hirtenknaben David über den Riesen Goliath.

Mythos oder ‚Phänomen'?

Geht man weiter in die Details des Werks von Goscinny und Uderzo, so tritt doch eine Reihe von Zügen auf, die eher auf Inkongruenzen zur Vorstellung vom traditionellen Mythos verweisen und die die Frage aufkommen lassen, ob diese Zuschreibung durchgängig begründbar ist. Diese Zweifel entzünden sich nicht zuletzt an der Figur des titelgebenden Helden und ihrer für den Tenor der Erzählung maßgeblichen Anlage. Wenn der Mythenforscher Joseph Campbell in seinem einflussreichen Hauptwerk *Der Heros in tausend Gestalten* davon ausgeht, dass der göttliche bzw. der heroische Protagonist ein unverzichtbares Grundelement der mythischen Erzählung bildet, so konvergiert dies durchaus mit einer großen Zahl von Comic-Geschichten. Überall dort, wo *straight heros,* Helden im engeren Sinne mit pathetischer Aura, das Bild bestimmen, wachsen die Geschichten sich zu Erzählungen aus, die an Mythen erinnern. Dies gilt insbesondere für archaisch angelegte Helden realistischer Prägung wie etwa Edgar Rice Burroughs' *Tarzan*, für Klassiker der Science Fiction etwa Alex Raymonds' *Flash Gordon* und nicht zuletzt für die zahlreichen mit übersinnlichen Kräften ausgestatteten Superhelden, die seit 1938 in der Nachfolge des Prototyps *Superman* von Jerry Siegel und Joe Shuster das Universum des Comic bevölkern. Ausnahmslos auf derartige Beispiele beziehen sich die in der Forschung vorfindlichen Aussagen über Comics als mythenähnliche Gebilde. „Wie diese Großen der Überlieferung", so formuliert Stahl, „sind die neuen Helden der Strips ausgezeichnete Vertreter der Gattung Mensch, ideale Projektionen, von vollendeter Schönheit, stark, von ungewöhnlicher Herkunft oder Geschichte."[9]

Der Kosmos von *Asterix* hingegen bietet einen Helden, wie er unscheinbarer kaum sein könnte. Rein äußerlich eine Zwergengestalt, sogar ein wenig verwachsen wirkend, scheint er wenig mit den Erben des Herkules gemeinsam zu haben, wie sie in den Abenteuer-Comics so oft anzutreffen sind. Dass sich hinter dieser Unscheinbarkeit ein Ausbund an Pfiffigkeit und nach Konsum einer geheimen Droge – jenem von Miraculix kredenztem magischen Trank – gewaltige Körperkräfte verbergen, verletzt ein den Heros kennzeichnendes ehernes Gesetz, nämlich dass seine äußere Erscheinung und seine „Substanzialität" (Kerényi) eine Einheit bilden. Sein Partner Obelix wiederum scheint es auf den ersten Blick zwar auf eine mannhaft-heroische Statur zu bringen und seine gewaltigen Kräfte sind nur allzu offensichtlich. Allerdings ist er vom Leibesumfang her kaum als „ideale Projektion" und von „vollendeter Schönheit" anzusehen. Was ihm aber vor allem fehlt, ist jene intellektuelle Größe, die den Heros unbedingt auszeichnet und ohne die sich seine mythische Aura nicht zu konstituieren vermag. In unterschiedlicher Weise machen Asterix und Obelix so den konventionellen *straight hero* im allgemeinen und den nordamerikanischen Superhelden im besonderen lächerlich. Wie beispielhaft an den Protagonisten zu sehen ist, tritt in der gesamten Geschichte Komik an die Stelle von Pathos und weder die potentiell tragische Seite des Mythos noch ein irgendwie gearteter Erlösungsgedanke kann in diesem Kontext aufkommen – es sei denn in Form der Persiflage.

In diesem Zusammenhang ist es bezeichnend, dass die religiöse oder – in einem weiteren Sinn – spirituelle Thematik als solche in *Asterix* weitgehend ohne Interesse ist.[10] Während der Geschichtswissenschafter allenthalben fündig wird, geht der Theologe bzw. Religionswissenschaftler bei der Suche nach relevanten Stoffen leer aus bzw. ist gezwungen sich mit einigen wenigen parodistischen Versatzstücken zufrieden zu geben. Ausgerechnet das vielleicht prominenteste Relikt religiösen Brauchtums in *Asterix*, der Menhir oder ‚Hinkelstein', ist nicht nur seines authentischen Kontexts völlig entkleidet, sondern reiht sich in seiner fälschlichen Zuordnung zum Keltentum ein in die zahlreichen anachronistischen Späße, die die Schöpfer von Asterix mit Stoffen, Ereignissen und Requisiten aus Vorzeit und Antike treiben.

Auch die ehrwürdigen Instanzen des Druiden und des Barden, die bei religiösen Zeremonien der Gallier wohl wichtige Rollen einnahmen, bleiben von satirischer Überformung nicht verschont. Während die Behinderung des Letzteren in der Ausübung seines Amtes zu den unverzichtbaren *running gags* der Serie zählt, wird der Magier Miraculix (frz. Panoramix) zum Chefideologen und Ausrüster der widerspenstigen Dörfler umgepolt; seine Rolle als lebende Trikolore und patriotische Symbolfigur kommt in seinem blau-weiss-roten Outfit zum Vorschein, das er im Gegensatz zur überlieferten rein weißen Gewandung der antiken Druiden trägt. Die Figur des Sehers wiederum im gleichnamigen Band 19 von 1972 (dt. 1975) ist das Paradebeispiel eines Scharlatans, der die abergläubischen Neigungen einfacher Menschen für zutiefst profane Zwecke ausnutzt. Und nicht zuletzt stellen sich auch die wenigen Anspielungen auf die biblische Überlieferung als anachronistisch-parodistische Schlenker heraus, wie etwa die Übernachtung des Helden-Duos im Stall zu Bethlehem in Band 26, *Die Odyssee*, von 1981 (dt. 1982). *Asterix* erweist sich auch in diesen Partien als ein säkulares Epos, dem kaum etwas heilig ist – weit entfernt von den religiösen oder spirituellen Dimensionen des Mythos. Zwar liefert die Serie André Stoll zufolge eine „Mythologie der III. Republik",[11] insofern die geistigen, sozialen und kulturellen Dispositionen, auf die angespielt wird, dem republikanischen Bewusstsein der Zeit vor dem 1. Weltkrieg entstammen – doch handelt es sich dabei nicht um Respektbezeugung und Verehrung, sondern um reine Burleske.

Kennzeichnend für *Asterix* sind bestimmte Strategien der Komisierung, „Werkzeuge des Komischen",[12] die stets das historische Setting einer imaginierten Antike um 50 v. u. Z. als Ausgangspunkt nehmen. Diese Stoffwahl hat dem Werk von Goscinny und Uderzo den Ruf eines Historien-Comics eingebracht, wobei bisweilen ignoriert wird, dass die Verwendung dieser Stoffe parodistischen Absichten folgt. Von daher hat die häufig von Historikern gestellte Frage nach der korrekten Wiedergabe des geschichtlichen Materials nur eine sehr begrenzte Berechtigung. Denn für die Machart von *Asterix* ist es typisch, dass zeitgenössische Einstellungen, Verhältnisse und Ereignisse in ‚antiker' Einkleidung dargeboten und in dieser komischen Verzerrung aus anderer Perspektive auf unterhaltsame Weise inszeniert werden.

Das Prinzip des Anachronismus verlegt dabei politische Rituale und finanztechnische Usancen (*Asterix bei den Schweizern*) ebenso wie sportliche Großereignisse (*Asterix bei den olympischen Spielen*), zivilisatorische Umbruchprozesse (*Die Trabantenstadt*), Erscheinungen des modernen Massentourismus (*Asterix in Spanien*) oder des öffentlichen Nahverkehrswesens (*Asterix bei den Briten*) in eine antik drapierte Comic-Welt. Bekannte Persönlichkeiten aus Kultur und Zeitgeschichte werden in römische Uniformen gesteckt und mit neuen Rollen in der Geschichte ausgestattet, gefeierte Schauspieler und Fernsehstars wie Lino Ventura, Jean Marais oder Liz Taylor leihen Handlungsträgern der fiktionalen Antike ihr Konterfei. Gerne wird dabei auch in *Asterix* die Geschichte ein Stück weit neu- oder umgeschrieben, wie etwa die Entdeckung der neuen Welt (*Die große Überfahrt*), oder es werden ganz neuartige, bisher nicht bekannte Ätiologien präsentiert, wie etwa die Begegnung von Obelix mit der Sphinx von Gizeh (*Asterix und Kleopatra*).

Nach der historischen Erzählung bildet die Reiseerzählung das bedeutsamste literarische Grundmuster der *Asterix*-Geschichten. Die Erkundung anderer Länder und fremder Ethnien zählt gleich nach dem Dauerkonflikt mit den Machthabern des römischen Imperiums und deren militärischem Apparat zu den bevorzugten Beschäftigungen des gallischen Heldenduos. Geleitet von einem völlig unanfechtbaren patriotischen Selbstbewusstsein, müssen ‚die Anderen' und ihr Gebaren den Helden notwendigerweise absonderlich bis verrückt erscheinen: nicht nur die Römer spinnen! Obgleich nicht wenige dieser fremden Eigenarten durchaus mit Neugier und Sympathie wahrgenommen werden können, drängt sich hier doch ein wenig der Eindruck auf, dass die allgegenwärtigen Karikaturen des Fremden einer hemmungslosen Propagierung fremdenfeindlicher Muster dienen und so auf schiere Xenophobie hinauslaufen könnten. Eine solche Wertung unterschlägt jedoch den Umstand, dass die hier gebotenen Fremdheitsstereotypen insofern eine gute Portion Selbstironie mit sich führen, als sie nicht einfach die Fremden, sondern die – im gesellschaftlichen Bewusstsein der Franzosen – präsenten Klischees des Anderen und Fremden zur Schau stellen und persiflieren.

Dass dies zu Missverständnissen und zu Missbrauch führen kann, hat nicht zuletzt die erste deutschsprachige Publikation von *Asterix* Mitte der 60er Jahre im Rolf Kauka Verlag gezeigt. Deren fehlendes Verständnis für die selbstironische Komponente des Originals und für die – neben allem Klamauk – in *Asterix* erkennbaren subtileren Formen des Humors ließen die erste deutsche Edition in einem politischen Fiasko enden. Getreu der zeitgenössischen Manier, importiertes Comic-Material einem vorgestellten deutschen Leserhorizont anzupassen, machen die Texter des deutschen Studios aus den drolligen Galliern wackere Germanen mit Namen *Siggi und Babarras*, so auch die neue Bezeichnung der Serie. Aus dem Dorf in der Bretagne wurde das rheinische „Bonnhalla", dessen Bewohner tapfer den an die Stelle der Römer getretenen „NATOlischen Besatzern" die Stirn bieten und auch ansonsten in bester deutschnationaler Manier keine Gelegenheit meiden, sich mit ihren Nachbarn anzulegen. Als sich die xenophoben Phrasen bei der Veröffentlichung der Episode *Die Goldene Sichel* gar in antisemitische Dimensionen aufschwangen, war es für Goscinny und Uderzo mit derlei ‚Germanisierung' zu Ende, sie entzogen Kauka die Lizenz und der deutsche *Asterix* erscheint seitdem im Ehapa Verlag.[13]

Eine dritte Ebene des satirischen Witzes in Asterix entfaltet sich auf dem Feld der Intertextualität und der Intermedialität, d. h. hier operieren die Autoren mit Anspielungen auf bekannte literarische Texte, Werke des Theaters, des Films, der Bildenden Kunst – und nicht zuletzt auf andere Comics. Die unter diesen allen vielleicht augenfälligsten und gewichtigsten, weil in engster Verbindung mit der antiken Thematik stehenden Passagen stellen die zahlreichen Zitate aus Werken römischer Historiker und Schriftsteller in lateinischer Sprache dar. Obgleich von Kritikern bisweilen als bloße Zurschaustellung von Sinnsprüchen klassisch-humanistischen Bildungsguts abgetan, haben es viele dieser Sentenzen in sich, da sie nicht selten Komposita aus unterschiedlichen Quellen darstellen und über die in der Handlung gegebene Situation hinaus auf ein Geflecht von Bedeutungen verweisen, das nur derjenige in allen Teilen zu goutieren vermag, der diese Bezüge zu decodieren imstande ist. Ähnliches gilt für die im französischsprachigen Original enthaltenen Wortspielereien mit Jargon, Neologismen, Sprachklischees und dergleichen, die – in einigen Beispielen von dem Romanisten André Stoll trefflich analysiert[14] – zumeist nicht übersetzbar sind. Dennoch wird auch in den deutschsprachigen Ausgaben versucht, so viel als möglich von der im Original angelegten Sprachartistik zu bewahren bzw. analoge Effekte durch Eigenschöpfungen zu erzielen.[15]

Nicht weniger verspielt, doch ungleich offensichtlicher stellen sich die intertextuellen und intermedialen Referenzen auf der Ebene des Bildes dar. Wenn Asterix und Obelix auf ihrer Spanien-Reise mit den leibhaftigen Protagonisten aus Cervantes *Don Quijote* konfrontiert werden (*Asterix in Spanien*), die Auftritte der ägyptischen Herrscherin in *Asterix und Kleopatra* dem Drehbuch des monumentalen Hollywood-Films *Kleopatra* von 1963 entnommen wurden oder Théodore Géricaults berühmtes Gemälde *Das Floß der Medusa* von 1818 als Rahmen eines der üblichen Schiffbrüche der Piraten herhalten muss (*Asterix als Legionär*) – stets werden herausragende und einem breiten Publikum bekannte Figuren, Ereignisse und Objekte aus Literatur- und Kunstgeschichte wirkungsvoll inszeniert. Anspielungen auf die Comic-Literatur werden nicht nur vereinzelt genüsslich eingestreut, wie etwa die unvermeidlichen Reverenzen an Hergé, den Großmeister der belgischen Comic-Schule der *ligne claire*, im Band *Asterix bei den Belgiern*: Hier schleichen sich die Detektive Schulze & Schulze als ihrem Naturell entsprechend unbeholfene Mitstreiter des gallischen Aufgebots ein. Darüber hinaus gelangen Anspielungen auf Comic-Kollegen bis auf die Ebene der *running gags*, etwa in Form der Piratenbande, deren Charaktere parodistische Wiederaufnahmen der zeitgleich mit *Asterix* in *Pilote* gestarteten Abenteuerserie *Barbe Rouge* (dt.: *Der rote Korsar*) von Jean-Michel Charlier und Victor Hubinon darstellen.

Mit all diesen Zügen und Besonderheiten hat sich *Asterix* im Bewusstsein nicht nur einer Lesergeneration so sehr festgesetzt, dass einzelne Elemente des *Asterix*-Universums, die, wie etwa der eingangs erwähnte ‚Hinkelstein', ganz anderen Zusammenhängen entstammen, als originäre Hervorbringungen des Comic wahrgenommen werden. Mittlerweile gibt es sogar

Publikationen, in denen die Unterschiede zwischen Fiktion und Wirklichkeit des *Asterix*-Universums gänzlich aufgehoben erscheinen und die Konstellationen der Serie und ihrer Figuren wie authentische soziale Handlungen thematisiert werden. So hat Keijo Karjaleinen 2007 unter dem Titel *Politix. Asterix und Politik* als Extrakt aus dem Geschehen der bisher erschienen Bände eine akribische Analyse des *Asterix* angeblich zugrunde liegenden politischen Systems vorgelegt.

Nicht wenige Redensarten der Figuren sind zu geflügelten Worten geworden und auch zahlreiche markante Szenen und Motive der einzelnen Abenteuer des gallischen Helden-Duos sind zu Bildern einer Vorstellungswelt avanciert, an der – weit über enge Fan-Kreise hinaus – ein Großteil der älteren wie jüngeren Zeitgenossen partizipiert. Bezeichnenderweise führte dies u. a. dazu, dass *Asterix* selbst wieder Gegenstand zahlreicher Persiflagen werden konnte, von denen wiederum einige in dem durch sie ausgelösten Streit um Urheberrechte tiefe Spuren in der deutschen Rechtsprechung zogen. So führte die Auseinandersetzung um Jens Jeddelohs *Falsches Spiel mit Alcolix*,[16] einer 1989 im Münchner Saga Verlag erschienen Parodie der Gallier-Serie, in der die Dorfbewohner durch den Genuss von Beaujolais Primeur Unbesiegbarkeit erlangen, 1993 zu einer Entscheidung des Bundesgerichtshofs von weit reichender Bedeutung. Die eine Verurteilung des Parodisten beinhaltende Entscheidung wird seither als „Alcolix"- bzw. „Asterix"-Urteil immer dann in Copyright-Prozessen herangezogen, wenn es um eine juristische Wertung des Verhältnisses von Übernahme und Eigenschöpfung bei Parodien geht.[17]

Auf diese und andere Weise „wanderten die symbolischen Identifikationen" der Asterix-Lektüre „in die Alltagserfahrung ein"[18] und wurden somit Teil eines Deutungshorizonts, „aus dem sich Meinungen und Handlungsmuster ableiten lassen".[19] Auf diese allgemeinste Formel gebracht, besitzt das Werk von Goscinny und Uderzo wohl mythische Qualitäten, wenngleich die Unterschiede zum Mythos traditioneller Prägung nicht übersehen werden sollten. Denn Hervorbringungen der populären Kultur in der Art von *Asterix* weisen infolge ihrer satirischparodistischen Ausrichtung immer auch eine ausgesprochen entmythologisierende Tendenz auf. Nicht ohne Grund spricht etwa Umberto Eco zwar vom „*Mythos* von Superman", kennzeichnet aber gleichzeitig den Kosmos von dessen komischem Pendant im nordamerikanischen Comic, den Peanuts von Charles M. Schulz, als die „*Welt* von Charlie Brown".[20] Anstelle der mit allzu viel Erhabenheit aufgeladenen und letztlich uneinlösbare Konnotationen mitführenden Klassifikation als ‚Mythos' wäre Asterix vielleicht besser unter der sachlicheren Bezeichnung ‚Phänomen' unterzubringen. Die Verwendung dieses Begriffs besitzt im übrigen innerhalb der populären Kultur eine gewisse Tradition und bereits das französische Magazin *L'express* betitelte 1966 seine Entdeckung des neuesten Maskottchens der Franzosen mit „Le Phénomène Astérix".[21] Im übrigen befände sich *Asterix* damit in bester Gesellschaft: als so genanntes ‚Phänomen' der zeitgenössischen Kultur stünde die Serie in einer Reihe etwa mit Joanne K. Rowlings *Harry Potter*.

Einer für alle – alle für einen

Die außerordentliche Popularität von Asterix lässt einen geradezu verdächtig erscheinenden Konsens innerhalb der Leserschaft erahnen. Alleine etwa der Umstand, dass Schüler wie Lehrer sich gleichermaßen – wenngleich aus unterschiedlichen Interessen und in unterschiedlicher Wahrnehmung – an *Asterix* erfreuen, spricht Bände. Dabei findet jede der Lesergruppen etwas anderes in diesen Comics vor: Während die jüngeren Kinder sich wohl in erster Linie an Klamauk, verprügelten Römern und den niedlichen Intermezzi mit Idefix delektieren, haben die Französisch-, Latein- und Geschichtslehrer endlich den ‚guten' Comic entdeckt, den man guten Gewissens und ohne Schund-Verdacht empfehlen und im Unterricht einsetzen kann. Die Beliebtheit dieser Comic-Serie ist wahrhaftig phänomenal, denn *Asterix* vereint mittlerweile nicht nur nahezu alle Generationen unter seinen Lesern, sondern auch Angehörige ganz unterschiedlicher sozialer und Bildungsschichten, Menschen mit ansonsten durchaus abweichenden Vorlieben und Abneigungen und sogar Anhänger gänzlich differierender Lebensstile und politischer Meinungen.

Dies wird exemplarisch deutlich in der anscheinend friedlichen Koexistenz zweier Aspekte, die den *Asterix*-Kosmos ganz wesentlich prägen: Da ist zum einen der rebellische Gestus, der imperiale Machtansprüche und Eingriffe in die Autonomie der eigenen Lebenswelt zurückweist und das Recht auf Selbstbestimmung und Erhaltung der eigenen Kultur und Umwelt mit aller Kraft erkämpft; zum anderen – und daneben – aber auch das klammheimliche, bisweilen offene Liebäugeln mit einer imaginären ‚guten, alten Zeit', in der man sich noch an einfachen Feindbildern orientieren durfte, in der Männer noch etwas galten und die Klischees vom schwachen Geschlecht ganz ungeniert gepflegt werden durften. Nicht zuletzt in den deutschsprachigen Imitationsversuchen und Folgeprodukten der *Asterix*-Reihe treten diese gegensätzlichen Seiten dann in markanter, entweder die eine oder die andere Tendenz betonender Akzentuierung hervor. So haben die Versuche deutscher Verleger, das Bestseller-Rezept auf deutsche Verhältnisse umzumünzen, häufig zu Apotheosen germanophiler Biederkeit und eines krachledern drapierten Spießertums geführt, wie sie sich bereits in den *Asterix*-Übertragungen aus dem Hause Kauka andeuteten. Ein besonders schönes Beispiel dafür ist die Serie *Birbad* von 1986, in der bierselige Teutonen süddeutscher Provenienz zur fröhlichen Jagd auf schlitzäugige Hunnen mit Punkerbürste blasen. Demgegenüber hat sich der gallische Geist der Revolte u. a. in einer Vielzahl so genannter *Asterix*-Verfremdungen niedergeschlagen, die seit den 70er Jahren von anonymen Verfassern in Umlauf gebracht wurden und von den Urheberrechtsinhabern des Originals juristisch verfolgt werden. Es handelt sich dabei um Anspielungen auf zeitgenössische politische Auseinandersetzungen, wie die Anti-Atom-Bewegung (*Asterix und das Atomkraftwerk*), die Konflikte um den Ausbau des Frankfurter Rhein-Main-Flughafens (*Asterix im Hüttendorf*), die Nachrüstungsdebatte von 1983 (*Asterix in Bombenstimmung*), die in Montagen einzelner, mit neuen Texten versehener Panels aus den Originalbänden dargeboten werden.

In diesem Zusammenhang ist es auch nicht uninteressant zu fragen, warum ein Produkt der populären Kultur, das so deutliche – wenngleich ironisch gebrochene – patriotisch-französische Züge aufweist, auch und gerade im deutschen Raum einen derartigen Erfolg erzielen konnte. Nicht nur die einstige Erbfeindschaft der benachbarten Nationen, die im 19. und 20. Jahrhundert in kriegerische Katastrophen mündete, scheint dafür denkbar ungünstige Voraussetzungen zu bieten, sondern auch die Tatsache, dass die Autoren angetreten waren, ein dezidiert „französisches Thema" vorzulegen.[22] Recht düster für potentielle Sympathien sieht es auch aus, wenn man das Bild der Deutschen in *Asterix* vergleicht mit den ungleich sympathischer ausfallenden Nationalstereotypen etwa der Belgier, der Briten, der Spanier und anderer europäischer Nachbarn. Denn sind es nicht gerade die Deutschen, die als völlig humorlose Pedanten, grausame Barbaren und unbelehrbare Militaristen im Band *Asterix und die Goten* im Vergleich zu allen anderen Völkern am schlechtesten wegkommen?

Umso verwunderlicher ist die Tatsache, dass der Publikumserfolg der Serie in Deutschland demjenigen in Frankreich kaum nachsteht und dass die Verkäufe einiger Alben sogar diejenigen der französischen Ausgabe überstiegen. Im übrigen nahm der Siegeszug der mittlerweile auf über 60 Bände angewachsenen Mundart-Ausgaben seinen Ausgang vom deutschen Verleger, bevor diese in Frankreich und international Schule machten. Die Gründe für diese erstaunlichen Befunde dürften zum einen darin liegen, dass sich die historisierenden Eigenklischees der Deutschen wie der Franzosen, wie sie insbesondere in der populären Ikonographie der jeweiligen Ahnen in Erscheinung tritt, trotz feindlicher Stereotypen des jeweils Anderen in der Vergangenheit nur wenig voneinander unterscheiden: Den Deutschen fiel die Eingemeindung der Gallier deshalb relativ leicht, weil sie dem eigenen Bild der ‚germanischen Vorfahren' in weiten Teilen entsprachen. Zum anderen weigerte sich das deutsche Publikum ganz offensichtlich, die im Bild der ‚Goten' unverhüllt zu Tage tretenden Negativstereotypen auf sich zu beziehen. Die Fraktur-Sprechblasen von unzivilisierten und pickelhaubenbewehrten Barrasköppen waren allzu sehr dem französischen Preußen-Bild des 19. Jahrhunderts verhaftet, als dass die Nachkriegsdeutschen Anlass gesehen hätten, sich darin wieder zu finden. Auf seine Weise zeigte das bereits die Kauka-Version des einschlägigen Bands, in der plötzlich von *Ost*goten die Rede war und somit die problematische Symbolik auf die erbittert bekämpften Widersacher im Kalten Krieg appliziert werden konnte.

Wie es scheint, entdecken alle in diesen Geschichten Dinge, die sie ansprechen und die ihren Bedürfnissen entgegenkommen. Ob dies im Einzelnen berechtigt ist oder ob die Leser dabei manchmal Projektionen ihrer Wünsche und Neigungen aufsitzen, sei dahingestellt. Von Bedeutung ist letztlich nur, dass der Kosmos von *Asterix* für alle die Möglichkeit bereithält, sich einzubringen, und dass der eine Asterix für alle – oder zumindest: so viele – zu stehen vermag. „Einer für alle – alle für einen!" – Damit hätte sich dann das Motto eines anderen französischen Bestsellers, der weit über die Landesgrenzen hinaus Verbreitung gefunden hat, nämlich von Alexandre Dumas' *Die drei Musketiere*, in etwas abgewandelter Form im 20. Jahrhundert aufs neue aktualisiert.

Das obligatorische Bankett schließt jedes Asterix-Abenteuer ab.

Anmerkungen

1 Knigge 2004, 158.
2 Uderzo 1986, 141.
3 So der Untertitel des Buchs *Der Kultfaktor.*
4 Ebenda, S. 187–192.
5 Stahl 1976, 24.
6 Hofmann 1970, S. 61.
7 Kerényi 1988, 11 f.
8 Ebenda, 12.
9 Stahl 1976, 22.
10 Vgl. Spickermann 2001, S. 105.
11 Stoll 1974, S. 147.
12 Brenne 1999, S. 108.
13 Siehe dazu ausführlicher Dolle-Weinkauff 1990, 218–224 und Sackmann 2006, S. 128–139.
14 Stoll 1974, S. 109–114.
15 Vgl. Grassegger 1985; Penndorf 2001; Picout 2008
16 Siehe Geisenhanslük 1989.
17 Vgl. Rehbinder 2004, S. 191.
18 Eco 1984, S. 188.
19 Stahl 1976, 24.
20 Eco 1984, S. 187 und S. 223 [Hervorhebungen v. Vefasser, BDW].
21 L'express No. 796, 19.–25.9.1966.
22 Uderzo 1986, S. 126.

Quellen

Asterix Werkedition 1989–2006, Bd. 1–32, Stuttgart.
Asterix und das Atomkraftwerk [um 1978], o. O.
Asterix im Hüttendorf [um 1980], o. O.
Asterix in Bombenstimmung [um 1982]., o. O.
Donner, Karl-Heinz 1986: Birbad – Das Germanendorf, Augsburg.
Jeddeloh, Jens 1989, Falsches Spiel mit Alcolix, München.

Literaturhinweise

Barthes, Roland 1981, 6. Aufl.: Mythen des Alltags, Frankfurt.
Brenne, Stefan 1999: Asterix und die Antike, in: Antico-mix: Antike in Comics, hg. v. Tomas Lochman. Basel, S. 106–119.
Brodersen, Kai (Hg.) 2001: Asterix und seine Zeit. Die große Welt des kleinen Galliers, München.
Campbell, Joseph 1999: Der Heros in tausend Gestalten. Aus dem Amerikanischen von Karl Koehne, Frankfurt und Leipzig.
Dolle-Weinkauff, Bernd 1990: Comics. Geschichte einer populären Literaturform in Deutschland seit 1945, Weinheim und Basel.
Eco, Umberto 1984: Apokalyptiker und Integrierte. Zur kritischen Kritik der Massenkultur, Frankfurt am Main.

Fuhrmann, Manfred 1976: Asterix der Gallier und die „römische Welt". Beobachtungen über einen geheimen Miterzieher im Lateinunterricht, in: Alte Sprachen in der Krise. hg. v. Manfred Fuhrmann, Stuttgart, S. 105–127.
Geisenhanslük, Ralph 1989: Asterix contra Alcolix. Plagiat oder Parodie – ein Streit um geistiges Eigentum, in: Die Zeit, Nr. 20, 12. 5. 1989.
Grassegger, Manfred 1985: Sprachspiel und Übersetzung. Eine Studie anhand der Comic-Serie Asterix, Tübingen.
Hofmann, Werner 1973: Zu kunsthistorischen Problemen der Comic Strips, in: Vom Geist der Superhelden, hg. v. Hans Dieter Zimmermann, S. 64–73.
Kerényi, Karl (1988, 11. Aufl.): Die Mythologie der Griechen. Die Götter-, Menschheits- und Heroengeschichten. 2 Bde., München.
Knigge, Andreas C. 2004: 50 Klassiker Comics. Von Lyonel Feininger bis Art Spiegelman, Hildesheim.
Penndorf, Gudrun 2001: Asterix übersetzen – oder das Wechselspiel in Bild und Sprache, in: Asterix und eine Zeit. Die große Welt des kleinen Galliers, hg. v. Kai Brodersen, München, S. 212–230.
Picout, Sabine 2008, Multimediale Übersetzung – Translation von Comics. Am Beispiel der Comic-Serie Asterix; Französisch – Deutsch, Saarbrücken.
Rehbinder, Manfred 2004, 13. Aufl.: Urheberrecht. München.
Royen, René van/ Vegt, Sunnyva van der 1998: Asterix – Die ganze Wahrheit, München.
Royen, René van/ Vegt, Sunnyva van der 2001: Asterix auf großer Fahrt, München.
Sackmann, Eckart 2006: Bonnhalla am Rhein – Asterix als Politklamauk, in: Deutsche Comicforschung 2007, hg. v. Eckart Sackmann, Hildesheim, S. 128–139.
Schmeh, Klaus 2004: Der Kultfaktor – Vom Marketing zum Mythos: 42 Erfolgsstorys von Rolex bis Jägermeister. Frankfurt.
Spickermann, Wolfgang 2001: Asterix und die Religion, in: Asterix und eine Zeit. Die große Welt des kleinen Galliers, hg. v. Kai Brodersen, München, S. 105–126.
Stahl, August 1976: Die Mythologie der Comics, in: Comics und Religion, hg. v. Jutta Wermke, München, S. 18–32.
Stoll, André 1974: Asterix – Das Trivialepos Frankreichs. Bild- und Sprachartistik eines Bestseller-Comics, Köln.
Uderzo, Albert 1986: Der weite Weg zu Asterix. Stuttgart.
Wermke, Jutta (Hg.) 1976: Comics und Religion, München.
Keijo Karjalainen 2007: Politix. Asterix und Politik, Köln.

Madonna (1990) fotografiert für den Film Dick Tracy *(1990).*

Madonna

Masken des Begehrens und Verheißung des Glücks

von Helmut Hein

Bei Max Frisch ist das eigene Leben etwas, zu dem man keinen unmittelbaren Zugang hat. In seinem durchaus autobiografischen Roman „Mein Name sei Gantenbein“ erscheint Selbstvergewisserung als eine Art Anprobe: Man testet vor einem (imaginären) Spiegel wechselnde Kleider und schaut, welche passen. Das Leben ist ein Kostümfest, die eigene Identität eine Maske unter anderen, für die man sich schließlich entscheidet. Geradezu programmatisch, leitmotivisch heißt es: „Ein Mann hat eine Erfahrung gemacht, jetzt sucht er die Geschichte seiner Erfahrung […].“ Diese Geschichte ist zunächst eine Erfindung, Fiktion, am Anfang noch sehr diffus und flüssig. Eine Geschichte, die man sich immer wieder erzählt, verfestigt sich, wird zum Mythos, einem Mythos, den man mit der Zeit für das eigene Leben hält: So war es! So und nicht anders!

Das 20. Jahrhundert wurde oft beschrieben als ein Jahrhundert der Massen, der vielen Einzelnen, die sich in nichts von anderen unterscheiden, obwohl genau das ihr größter Wunsch ist. Ihnen fehlt die wesentliche Kompetenz des Schriftstellers: Fantasie, die Fähigkeit, sich selbst Geschichten auszudenken, mit denen man am Ende verschmilzt, „Kleider“, die zu Körpern werden, Masken, in denen man das eigene Ich zu erkennen meint.

Zum Jahrhundert der Massen gehört das System der „Stars“. Stars leben nicht nur für sich, sondern auch für andere. Ihre Existenz wird mythisch, ihre Geschichte ist, sofern sie Stars sind, die Geschichte vieler. Der Star ist nicht nur Schauspieler oder Sänger. Seine wichtigste Aufgabe besteht darin, dass er die „Kleider“, die Rollen und Masken bereitstellt, in die viele andere schlüpfen können, die ansonsten nackt wären. Im Star erkennen die, die ihn als seine Fans abgöttisch verehren, ihr eigenes besseres Selbst, die Möglichkeit eines anderen Daseins, das glamouröser, interessanter, erotischer, „lebendiger" ist als das eigene Leben. Zum Mythos – und zum Charisma, das zum Mythos gewordene Personen „verströmen" – gehört, dass er/es nicht als irgendwann von irgendwem erfundene Geschichte erscheint, sondern als das in den Geheimniszustand erhobene Sein. Der Mythos muss dementieren, dass er „nur" eine Geschichte unter anderen ist. Die Erzählung, die unser Leben durchdringt, verändert und hält, muss einmalig sein, notwendig. Einst sprach man vom Fatum. Seine moderne Version nennt sich Authentizität.

Zu den Paradoxien und Ambivalenzen des Star-Systems zählt, dass eigentlich jeder weiß oder zumindest wissen könnte, dass seine Sphäre die Welt des Scheins ist, sich aber genau das verbergen muss. Denn ein Spiel entfaltet seine Wirkung erst, wenn man es ernst nimmt. Man darf nicht aus der Rolle fallen, die Maske darf nicht verrutschen – sonst beginnt sofort die Ernüchterung. Eine Verführung wirkt nur so lange, wie man sie nicht als solche durchschaut.

Ich stelle mir vor

Genau hier beginnt die irritierende, verstörende Geschichte Madonnas, die vertraute Wahrheiten außer Kraft zu setzen scheint. Madonna wurde zur charismatischsten Figur der Pop-Geschichte, die ihre Anhängerschaft nicht nur permanent in Aufregung versetzte, sondern zur Nachahmung anregte, obwohl sie sich jeder Festschreibung konsequent entzog: eine Ikone, deren Bild ständig verwischte. Die authentische Madonna verschwand; sie war immer eine andere. Wer nach ihrer Identität suchte, bekam nur eine Serie von Rollen, Kostümen, Masken zu fassen. Sehr viel mehr als die rüde Punk-Prinzessin Patti Smith war sie eine Schülerin Rimbauds und seiner exzentrischen Visionen: „Ich ist ein anderer". Dort, wo ihr mich sucht, bin ich bestimmt nicht zu finden. Bei Madonna wird Max Frischs Identitäts-Spiel („Ich stelle mir vor") zur permanenten Performance, zu einer virtuosen, schillernden Präsenz, die sich dem Zugriff, der Fixierung entzieht.

Wer Madonna – zu Recht! – für einen modernen Mythos hält, muss sofort hinzufügen: im Zeitalter der Dekonstruktion. Die Verachtung, die dieser Meisterin der Metamorphose, dieser postmodernen Artistin zugerichteter, „gerüsteter" Körper und Seelen am Beginn ihrer Karriere aus den Feuilletons entgegenschlug, beruhte auf Verkennung. Als versuche da jemand, der selbst nichts ist, jemanden zu imitieren, dessen Niveau er aber nicht annähernd erreichen kann. So wurde Madonna, als sie früh schon die Monroe-Maske aufsetzte, als scheiternder Vamp aus der Spätzeit des Hollywood-Glamours „dechiffriert", dem das Charisma seines Idols vollkommen fehle, weshalb der Versuch einer Nachahmung nur peinlich oder höchstens rührend wirke. Madonna wurde als anmaßendes Pop-Dummchen beschimpft, das sich mit einem Projekt, das zu groß für es war – eine sein zu wollen, die sie gar nicht sein konnte –, nur selbst entblößte.

An dieser Analyse war alles falsch. Madonna wollte nicht die Monroe sein. Die Monroe wurde zu einem Mythos erst nach ihrem frühen und dubiosen Tod. Zu Lebzeiten warf man ihr dasselbe vor wie Madonna jetzt: nur ein Sex-Objekt zu sein, dessen Leben von geschäftstüchtigen Managern enteignet und als Projektionsfläche normierter Männerwünsche hergerichtet wurde. Madonna wollte nicht erst sterben, um zur Göttin zu werden. Sie wollte überhaupt keine Diva sein. Sie verweigerte sich allen Authentizitätsbedürfnissen, die rasch wahnhafte und zerstörerische Züge annehmen können. Sie zitierte und experimentierte lieber. Am ehesten noch den Protagonisten Max Frischs vergleichbar, verwandelte sie das Leben in ein Kostümfest und einen Maskenball. Madonna war von Beginn an nicht nur eine „Erzählung", die sich andere ausgedacht hatten, sondern selbst die Erzählerin: „Ich stelle mir vor [...]". Und dann werde ich sehen, was aus mir und aus euch in diesem Spiel wird.

Selbst-Inszenierungen im Kampf um Anerkennung

Madonna wurde zur Provokation für die Hochkultur, weil sie deren Regeln und „Settings“ lustvoll unterminierte. Mit den Mitteln der Konvention, auch der Kunst, bekam man sie nicht zu fassen. Sie unter- und überbot sie zugleich. Madonna ließ sich von dem faszinieren, was in der Kultur üblicherweise nur sublimiert, „gezähmt“ erscheint, also von der Sprache des Körpers und der Macht des Begehrens. So gesehen war sie stets eine fast schon nietzscheanische Vitalistin, die nicht vor dessen Motto „Lebe wild und gefährlich“ (nur dann kannst du werden, der du bist) zurückschreckte.

Für Madonna gibt es aber die Natur nicht pur, bloß, „nackt“. Wenn sie so erscheint, handelt es sich bereits um ein raffiniertes Spiel. Selbst das wüsteste Verlangen bedarf (bei ihr) einer Verkleidung. Aus diesem Grund interessierte sie sich für die Beschreibungen, die Masken des Begehrens, für die Inszenierungen im Kampf um Anerkennung zwischen den Geschlechtern, auch zwischen Star und Publikum. Bei Madonna ist Natur von Anfang an ein Kunst-Produkt, der Körper ein Artefakt, Verführung eine Strategie. Jede Performance ist bei ihr reflexiv: Sie weiß, was sie tut. Sie schaut in den Spiegel – und sie bemerkt, dass er die Struktur eines Mosaiks hat aus Tausenden von Splittern, dass er aus einem riesigen Repertoire besteht. Das Selbst, das sich da so kunstvoll vor aller Augen konstituiert, setzt sich aus den vielen anderen zusammen, die sich auch schon in Szene gesetzt haben. Madonna ist eine „Historikerin“; sie sieht sich im Fundus um. In dem, was einst Mode war, erkennt sie die Chance, die künftige Möglichkeit. Das gilt nicht nur für die Kostüme im engeren Sinn, sondern auch für Haltungen, Gesten, Blicke, alle Formen der Begegnung, für die es immer schon eine kulturelle Form gibt.

Eine verspätete Karriere

Zu behaupten, Madonna – kein Künstlername: Sie wurde als Madonna Louise Ciccone am 16. August 1958 in Bay City, Michigan geboren, im selben Monat und im selben Jahr wie Michael Jackson – komme von ganz unten, aus den Slums oder einer verkommenen Bohème, wäre sicher übertrieben. Ihr Vater war Automechaniker, sie wuchs kleinbürgerlich auf, war aber von Beginn an ein renitentes und ehrgeiziges Kind. Sich zufriedengeben war ihre Sache nicht, zu vergessen auch nicht. Später spielte sie virtuos mit ihrem Dasein zwischen den Kulturen und Geschlechtern. Aber am Anfang stehen ein großer Schmerz und ein traumatischer Verlust. Es war in den frühen 60ern nicht leicht, ein Migrantenkind zu sein, auch nicht im multiethnischen Amerika. Madonnas Großeltern väterlicherseits waren aus Italien eingewandert. Man kann davon ausgehen, dass sie eine Sehnsucht antrieb. Das Gefühl der Fremdheit ließ sich selbst durch die Bereitschaft zur Anpassung nicht ohne Weiteres kompensieren.

Später wird Madonna, in ihren Songs, aber mehr noch in ihren Videos, immer wieder Geschichten erzählen, die sie als Wanderin zwischen den Welten präsentieren. Die Freiheit, die sie sich nimmt, bleibt grundiert von der Schwere der Herkunft, vor allem von der katholischen Tradition, die sie prägt, selbst dort, wo sie sich ihr (scheinbar) verweigert. Die Intensität, auch der Hitzegrad der Konflikte ist dort am größten, wo sie sich der Ikonografie des Christentums bedient. Madonna wird immer beides sein: Sünderin und Büßerin. Als Sünderin wirkt sie paradoxerweise wie eine Heilige, als Büßerin merkwürdig blasphemisch; als wäre selbst die Demut bei ihr nur eine Falle, ein Hinterhalt.

Zu Madonnas Vorgeschichte gehört auch ein traumatischer Verlust: der frühe Tod der Mutter, die mit 30 an Brustkrebs starb. Die Wut, die kaum verhohlene Aggressivität Madonnas, zeigt sich bei ihr in merkwürdigen Formen. Ihr Wunsch nach Perfektion und totaler Kontrolle hat sicher mit diesem für ein Kind kaum fassbaren Schicksalsschlag zu tun; auch der Wunsch, den eigenen Körper durch manisches Bodybuilding so zu präparieren, dass er unverwundbar scheint. Eine marmorne oder stählerne Statue ist immun gegen Krankheit, gegen „Befall". Madonna war ein verlorenes und versehrtes Mittelstandskind, das die Liebe seiner Angehörigen nicht retten konnte, weil es nicht die Mutterliebe war. Die zweite Frau des Vaters, Joan Gustafson, die Haushälterin der Familie, akzeptierte Madonna nie.

Ihr eigenes Leben begann als Irrfahrt. Sie war auf der Suche, wusste aber nicht so genau, was sie suchte. Sie wollte wahrgenommen werden, egal wo und wie. Sie eine Narzisstin zu nennen, wäre zu einfach. Madonna war nie passiv; sie wollte nicht warten. So erklären sich ihre wechselnden Rollen: im Schultheater, in der Cheerleadermannschaft. Madonna war auf dem Weg zu sich selbst. Sie konnte sich aber nicht finden, solange sie „brav" blieb, den Erwartungen der anderen genügen wollte. Sie galt als gute Schülerin. Ihre Intelligenz ist genauso unbezweifelbar wie ihre Disziplin. Aber früh schon zog es sie an andere, fremde, „dunkle" Orte. Sie wollte Tänzerin werden. Das versprach Präsenz. Madonna nahm den Tanz ernst, aber sie verschmähte vorgefundene Formen. Tanzen hieß für sie: sich so bewegen, wie sich noch keine bewegt hat. Tanz war für sie nicht Ausdruck – so sah es nur aus –, sondern Strategie: Verstellung und Verführung. Was ist mein Körper und was kann er bewirken?

Höllenstürze, Himmelfahrten

Selbst bei etwas (scheinbar) so Elementarem wie der Sprache des Körpers vertraute sie nicht ihren spontanen Einfällen, sondern dem Studium der „Bestände". Mit ihrem Tanzlehrer Christopher Flynn besuchte sie Museen und Theater, auch die Schwulendiscos von Detroit. Dort war nichts so, wie es prima vista erschien. Je mehr die Körper von sich preisgaben, umso jenseitiger wurden sie. Selbst der Blick auf die schimmernde Haut verlor sich in einem Reich der Zeichen und Verweise. Für die junge Madonna waren die Discobesuche nie reines Vergnügen; sie war als Forscherin, als Suchende unterwegs. Diese dionysischen Nächte lieferten das Rohmaterial für ihre späteren Performances, wobei sich Madonna wie Marcel Proust, der Geschichtsschreiber der Décadence, von den Fetischen faszinieren ließ. Oder besser: von den Dingen, die Depots der Psyche waren, vollgesogen mit vergangenen Erregungen.

In Räumen, Kostümen und Masken überleben vergangene Sensationen. Schon die frühe, tanzende Madonna ist eine Ethnografin: nicht nur der Lust, sondern auch der Leere. Aus beiden komponiert sie ihre ersten dancefloor-Auftritte. Sie verkleidet sich, sie verbirgt sich, ohne dass der Betrachter es merkt, hinter Accessoires. Das Video, das die Öffentlichkeit nachhaltig verstört, aber gerade deshalb Madonna ins kollektive Gedächtnis einbrennt, heißt frivolerweise *Like A Virgin*. Madonna präsentiert, ohne dass man sie für ihre Erscheinung haftbar machen könnte, den Plunder einer schon halb verschollenen Epoche. Alles, was sie trägt, ist second hand, verbraucht: die Kruzifixe und Lederarmbänder und die bauchfreien Tops. Kaum Neues, eher Müll. Und doch löst sie eine Massenhysterie unter den Teenagern aus. Man kleidet sich, wie sich Madonna kleidet. Das hat etwas Fieberhaftes. Was in der Mode stets eine Rolle gespielt hat und was in diesen Jahrzehnten immer wichtiger wird, steht auch bei Madonna im Zentrum. Böse Zungen würden es ein Recycling nennen, das von der Gedächtnislosigkeit einer beschleunigten Moderne profitiert. Wer sich nicht erinnert, dem erscheint alles (immer wieder) neu. Aber das ist bei Madonna gerade nicht der Fall. Sie untersucht das Vorhandene mit dem Blick des Geschichtsphilosophen Walter Benjamin: Vieles von dem, was verbraucht und abgetan scheint, ist es nicht. Im Plunder gilt es die Potenzen zu entdecken, die dafür sorgen, dass man das Alte auf neue, erregende Weise re-arrangieren und re-inszenieren kann. Wer verändern will, was gerade gilt, findet in der Vergangenheit Verbündete. Madonna will weder vergessen, noch eine Tradition einfach fortsetzen. Das provoziert. Sie weiß z. B. sehr wohl, wofür das Kreuz steht. Wenn sie selbst Kreuze trägt – am liebsten immer mehrere – oder sich selbst an ein Metallkreuz hängt wie während der umstrittenen *Confessions*-Tour, spielt sie mit den Pathosforme(l)n des Christentums. Ihr Antrieb ist nicht satirisch oder gar blasphemisch. Sie verrückt lediglich das Kreuz aus vertrauten Kontexten. Dadurch erlangen scheinbar schon erloschene Gefühle eine neue Heftigkeit und Intensität.

Der französische Zeichentheoretiker Roland Barthes untersuchte einst die Trivialmythen der Moderne. Er wollte wissen, was für die Massen zum Mythos wird und warum das so ist. Das entfremdete Subjekt kennt keinen inneren Halt mehr; es braucht Exoskelette. Dazu gehören die mythischen Erzählungen und Figuren, die allgegenwärtig sind und zwar „hinter dem Bewusstsein", wie Hegel das einst nannte, prä- oder post-reflexiv; je nachdem. Madonna, das *material girl* in einer *material world*, ist verglichen mit den Barthesschen Trivialmythen eine romantische Heldin: hochbewusst, die Reflexion in allem vorantreibend, noch in den Gesten und Akten der Leidenschaft immer auch ein wenig spöttisch, ironisch, „gebrochen". Noch das Selbstverständlichste zeigt sie als Artefakt und Arrangement.

Deshalb ist Madonna selbst dort, wo sie als Königin der *dancefloors*, der nächtlichen Begegnungen auftritt, scheinbar verspätet und vordergründig paradox eine existenzialistische Priesterin. Das ist nicht frivol-metaphorisch gemeint. Madonna findet sich nicht mit der Entmythologisierung ab, die manchmal als das wichtigste Projekt der Moderne erscheint. Sie teilt nicht das Sinnenfeindliche, Säkulare einer Rationalität, die nur noch Pläne und Vorschriften, den privaten Nutzen und die allgemeine Moral gelten lässt. Wenn Madonna eine Heidin sein sollte – und das ist noch nicht ausgemacht! –, dann eine Heidin, die brennt, eine bekennende Sünderin auf der Suche nach Erlösung.

Am Christentum interessiert sie vor allem sein glühender, erotischer Kern: das permanente Martyrium des Fleisches und seine Verdammnis und das Schicksal einer sehnsüchtigen, weil einsamen Seele. Bei Madonna wird der eschatologische Mythos von der Vergebung der Sünden und der Restitution des Fleisches, von Auferstehung und „Verklärung" zu einem synkretistischen Spektakel. In der Disco – die unbestreitbare Mitte von Madonnas Musik – und im Musik-Video-Clip, den sie zum anstößigen, avantgardistischen Kunstwerk erhob, sind Himmel und Hölle stets nahe beieinander; oft scheinen sie zu verschmelzen oder wie bei einem Vexierbild mal die eine, dann wieder die andere Gestalt zu zeigen. Wo der Trivialmythos üblicherweise flach ist, geht es bei Madonna in die Tiefe – und in die Höhe. Die aufgeladene Nacht mit ihrer peitschenden und hallenden Musik, mit ihren Lichtern, die alles nur verzerrt zeigen, mit ihren momenthaften, sofort wieder sich entziehenden Reizen verdichtet sich zum Augenblick und zur Arena der Entscheidung. Es geht um Himmel- oder Höllenfahrt, Absturz oder Rettung in einem sexuellen Pandämonium, das einen religiösen, „heiligen" Kern hat. Nicht nur der Körper verlangt nach Erlösung, sondern auch die Seele.

Die reflexive Frau

Reflexivität heißt bei Madonna nicht: klarer, tagheller Verstand. Ihre Reflexion ist die des Traums; und sie hat etwas Rauschhaftes. Körperwünsche, Masken des Begehrens, religiöse Passion – all das vermischt und verschiebt sich. Von Verdrängung sollte man in Madonnas Lust-Kosmos nicht sprechen; eher von Perversion; alles verformt sich; nichts erscheint so wie es ist.

Camille Paglia, Kulturtheoretikerin, Kritikerin des Zeitgeists vor allem in seiner feministischen Form und bekennender Madonna-Fan, behauptet in ihrem großen Essay „Venus der Ätherwellen", Madonna beginne spätestens mit ihrem *Like A Virgin*-Video „jene Flut von Sexualmasken aus ihrem Inneren hervorzutreiben, die wie die bemalten Gestalten einer Maskerade auftauchen und verschwinden". Madonna, die Unfassbare, die sich entlarvenden Beschreibungen entzieht, gerade weil sie virtuos mit den „funkelnden Extremen des Bösen und der Unschuld" spielt.

Den Feminismus provoziert sie, weil sie so souverän, ja dominierend auftritt wie keine Sängerin in der Pop-Geschichte vor ihr und doch (scheinbar) mutwillig hinter den erreichten Stand der Geschlechterdebatte zurückfällt – oder wie ähnliche Formeln immer lauten mögen. „Nein bedeutet stets nein!", heißt das erste Gebot des Korrektheits-Kodes. Bei Madonna, sagt Paglia (und sie hat vermutlich recht), ist das „Nein" wie seit jeher ein wichtiger Teil des „Werberituals bei der sexuellen Annäherung und Verführung". Paglia stichelt: „Sogar im Tierreich kann man es beobachten." In der Erotik gibt es ein Bündnis des Archaischen, des bloßen Instinkts mit zivilisatorischem Raffinement. „Keine Masken mehr", referiert Paglia die Position der Feministinnen. „Ja" soll immer ja bedeuten und „nein" nein. Aber ohne Unsicherheit, ohne Angst, ohne das innere Zittern einer prekären Erwartung und Bereitschaft, gibt es keine Erotik; und ohne Masken keinen Mythos. „Wir sind nichts als Masken", fasst Paglia Madonnas Position zusammen.

Das Begehren braucht die Maske; jenseits der Maske gibt es nur rohesten Sex – und die Ehe. Der Traum braucht sie; seine Bilder verdecken und evozieren immerzu das, was gemeint ist und verborgen, unausgesprochen bleibt. Auch die Kunst braucht die Maske. Das Kino meint nie nur die eine Geschichte, die (scheinbar) gerade erzählt wird, sondern alle Geschichten, auch die unerzählten, die in den Zuschauern ruhen. Rätselhaft bleibt es, zumindest auf den ersten Blick, warum ausgerechnet die mythische Madonna, die große Zauberin, als Schauspielerin in fast allen Fällen, mit Ausnahme von *Susan ... verzweifelt gesucht* und *Dick Tracy*, scheitert. Vielleicht wird sie, paradoxerweise, im Kino zu sichtbar – und zwar nicht nur, wenn sie sich entblößt wie in Uli Edels spekulativem *Body of Evidence*. Vielleicht verträgt gerade das, von dem sie kündet, diese Art von auserzählter und vorgeführter „Evidenz" nicht.

Der Mythos Madonna lebt von dem, was nicht zu sehen ist. Die große Abwesenheit ist die Voraussetzung einer Radikalisierung der Präsenz. Die Maske verspricht etwas, was sie selbst nicht leistet. Aber mit der Maske verschwindet auch das, was sie verbirgt. Klarheit bedeutet nicht Fülle, sondern Leere. Freilich bleibt das Versprechen der Tänzerin und Sängerin Madonna trügerisch. Sie setzt Assoziationen und Wünsche frei, deren Adressatin sie unmöglich sein kann. Mit dem Star gibt es keine *unio mystica*. Der Psychoanalytiker Lacan sagt: Jeder muss erkennen, dass sein Wunsch unmöglich ist. Er lässt sich nicht erfüllen. Der Ort der Erfüllung wäre das Grauen und der Wahn. An die Stelle des unmöglichen Wunsches tritt ein gefräßiges Bedürfnis. Der Fan will mit dem Star kommunizieren. Er kann es nur indirekt, indem er kauft, was ihm angeboten wird. So verkommt der Wunsch zur Ware. Das Glück hat seinen Preis.

Madonna ist diese Ware. Aber sie ist auch, und das ist ein Novum in der Geschichte des Pop, diejenige, die (sich) verkauft. Ein frühes Video mit dem absichtsvoll verräterischen Titel *Borderline* zeigt, wie sie zum Star wird. Man kann es zynisch oder aufrichtig nennen, dass vieles von dem, was Madonna produziert, nicht nur eine Lesart zulässt. Die „Göttin" Madonna ist eine Virtuosin des mehrfachen Schriftsinns. Schon in *Borderline* kann man Zeuge sein, wie sie mit der Kamera verschmilzt. Paglia schwärmt von den „herausfordernden, schmelzflüssigen Augen". Aber diese Augen sind nicht authentisch. Es sind nicht Madonnas Augen, die wir heimlich betrachten. Sie sind Mittel, um kalkulierte Effekte zu erzielen, Zeichen und Versprechen des Glücks, an dem die Konsumenten nur in ihrer Fantasie – und durch den Kauf des Produkts! – teilhaben können.

Das „Glück", das auf dem Markt gehandelt wird, ist bestenfalls sein Schein. Zum Mythos wird jemand, wenn er diesen Schein nicht nur routiniert bedient, sondern so in Szene setzt, dass der Schein nah an das heranrückt, wofür er steht. In ihren besten Momenten war bei Madonna das Versprechen des Glücks vom Glück selbst kaum noch zu unterscheiden. Weil das so ist, erreichte Madonna – über viele Jahre! – nicht nur die eine oder andere Subkultur, sondern (fast) alle, auch die Pubertierenden, die ansonsten sehr ablehnend sind, wenn jemand, der sehr viel älter ist, ihnen vormachen will, wie das Leben geht. Von Madonna lassen sie es sich gern zeigen. Sie übernehmen ihre Rollen, Masken, Kostüme, auch wenn es einen Großteil des Taschengelds kostet. Sie misstrauen dem Markt noch nicht.

Nackte Wahrheiten

Während in den USA die puritanischen Erben der Pilgerväter, aber auch die Adepten eines feministischen Korrektheits-Kode den „heißen" sexuellen Kern des Subjekts abkühlen und mit Verboten umstellen (wollen), betreibt Madonna in den 80er-Jahren zunehmend eine Befreiung, Steigerung und Ausdifferenzierung des Erotischen; wobei das Erotische zunächst noch nicht nackt auftritt, sondern maskiert und kulturell überformt. Es geht nicht so sehr um den Trieb und seine Befriedigung – obwohl dieses Versprechen selbstverständlich zur kommerziellen Ausbeutung des Erotischen gehört –, sondern um ein Begehren, das nicht profanen Zielen dient, sondern der ständigen Produktion von (erregenden) Unterschieden. Während die „offizielle" Gesellschaft in allem, was anders ist, zunehmend ein Problem sieht und die Unterschiede zwischen den Geschlechtern und Personen skandalisiert oder leugnet, forciert Madonna die Differenzen. Identität setzt Unterschied(e) voraus – bei ihr also wieder Rollen, Kostümierungen, nicht die eindeutige Lust, sondern die perverse, „gebrochene", in einem Spiel der Transformationen und Metamorphosen sich in Subkulturen und „Sprachen" vervielfältigende.

Subjekte gibt es nur als sexuelle, und diese sexuellen Subjekte lassen sich stets (nur) vom Anderen faszinieren, von einem, der nicht so ist wie man selbst. Die Tänzerin und Sängerin Madonna kommuniziert mit ihrem Publikum von Anfang an sexuell. Aber das Sexuelle ist bei ihr, auch wenn sie noch so freizügig auftritt, nie „nackt" oder „Natur", sondern verkleidet, erscheint nicht als simpel, sondern unendlich raffiniert. In ihren Performances entzieht sich Madonna – anders als Michael Jackson, der in dieser Hinsicht eindeutiger, „politischer" war – den Erwartungen, Zuschreibungen und Festlegungen. Madonna bleibt in den 80er- und noch in den frühen 90er-Jahren, also in der Zeit, als ihr Mythos sich bleibend ausprägt, eine Nomadin weniger der Lust als eines insistierenden Begehrens, von dem sich nicht sagen lässt, wem es eigentlich gilt. Sie passiert alle Masken und

Milieus, sie inszeniert sich als virtuose Transvestitin (jenseits einer sexuellen „Orientierung").

Zu den Authentizitätsbehauptungen, mit denen sie freilich immer nur spielt, als offenbare sich im Moment der äußersten Lust die Person, die ansonsten verschlossen bleibt, gehört bei ihr das Theaterhafte. Madonna „macht" permanent Szenen und dechiffriert auf diese Weise, was ansonsten kulturell verkleidet und verstellt bleibt. Madonnas Nacktheit ist, so gesehen, eine Entlarvung vorgeschriebener Rollen, eine zunehmend boshafte Subversion all dessen, was „richtig" sein will, weil es eindeutig ist. Vielleicht erklärt das die Hysterie, die Madonna bei den diversen Kirchen auslöst, gerade auch bei den säkularen, weil diese von einer klaren, haltbaren Botschaft leben und nicht vom Schillern der Posen und der Positionen. Der Vorwurf, den man Madonna machte – dass das, was sie treibe, haltlos sei und nihilistische Konsequenzen habe – ist nicht unbegründet. Madonna, die wollüstige Expertin der Dekonstruktion, der vielen Masken und der unverhofften Entblößungen dürfte das als Kompliment betrachten.

War Madonna jemals wirklich nackt? Durchaus. Als junge Frau, als sie nur weg wollte aus ihrer kleinbürgerlichen Umgebung und der väterlichen Autorität, die für sie wie eine fremde Macht war, ging sie nach New York und tat, was notwendig war, um zu überleben und sich so zu erfinden, wie es der amerikanische Traum vorschrieb: als *success*. Sie kellnerte, sie nahm Gelegenheitsjobs aller Art an, sie suchte Kontakte und sie ließ sich, wie es das Klischee für ehrgeizige Novizinnen vorzuschreiben scheint, nackt fotografieren. Als sei der preisgegebene Körper das Billett zum Erfolg. Daraus wurde nichts. Aber die Fotos gab es. Diese Nacktbilder einer Anonyma, die zunächst nichts wert waren, waren später, als Madonna längst zum Mythos geworden war, sehr viel wert. Millionen für ein wenig nackte Haut, für ein Geheimnis, das keines war! Madonna verstörte diese pornografische Posse, weil sie in dieser Geschichte das war, was sie nicht mehr sein wollte: ein Objekt, ein Körper, eine Aktie, die anderen Profit brachte.

Vielleicht lässt sich ihr extremstes Projekt, das beinahe ihre Karriere ruiniert hätte, durch ihren heftigen Unwillen erklären. Sie wollte sich den Gespenstern der Vergangenheit nicht fügen. Sie verabscheute es, dass andere – Männer – ihr Bild, und zwar in seiner drastischsten Form, „ganz nackt", ausbeuteten. Wenn Madonna, die Meisterin der Masken, schon vor aller Augen nackt sein musste, dann wollte sie sich zumindest selbst in Szene setzen. Und zwar so, dass selbst die vollkommene Nacktheit nur eine neue Maske war.

Madonnas Performances wirkten immer schon wie verhohlene Doubles der Selbst-Inszenierungen der Künstlerin Cindy Sherman. Auch sie benutzte ihren Körper für die Darstellung und Dekonstruktion der Rollen-Bilder, die Amerika seinen Frauen allen Ernstes vorschlug. Cindy Sherman entstellte die Ikonografie der Kino- und Werbewelt und machte sie so auf eine erschreckende Weise sichtbar. In den zugleich vertrauten und gespenstischen Frauenbildern ihrer Inszenierung kollabieren die Glücksversprechen Amerikas. Cindy Sherman zeigt den Rest, der nach dem Ende der Utopien bleibt.

Madonna steigert in *Sex* die Bilderwelt Cindy Shermans, weil sie sich vollkommen nackt in verschiedenen Rollen präsentiert. Die Provokation Madonnas ist dabei manchmal nah an der Psychose, wenn sie sich etwa splitternackt mitten auf einer Vorstadt-Straße vor üppigen Palmwedeln, Sonnenschirm und weißer Mauer mit blondiert-gewellter Perücke, die Hände rituell auf ihren beiden Brustwarzen mit einem Täschchen in der Armbeuge und auf High Heels ergeht. Was ist mit dieser Vorort-Hausfrau passiert, deren lebenslang einstudierte Normalität sich mit einem Mal zu einem exhibitionistischen Wunsch- und Traum-Universum weitet? Wo geht diese Frau hin? Wofür hat sie sich entschieden? Fragen, die Madonna gerade nicht interessieren. Nackt ist nackt! So versucht sie einen Autostopp mitten auf dem Highway und sorgt für Unruhe. So zeigt sie sich über einen Spiegel gebeugt oder in klobigen Stiefeln und hochgeschobenem Shirt auf einem Fenstersims stehend.

Sex hat Madonna geschadet. Sie wurde nicht nur verurteilt – das wäre ihr recht gewesen, hätte ins Konzept gepasst –, sondern verschmäht. Nie verkauften sich ihre Alben schlechter als in dieser Sex-Epoche. Der nackte Körper verstört, aber er verkauft sich nicht; oder höchstens in einem kurzen Moment des Skandals. Das galt selbst noch für ihr Parallel-Projekt, das Album *Erotica*. Die Neugier auf Madonna setzt Verkleidung, nicht Nacktheit voraus.

Der Körperpanzer

Vielleicht hat sich Madonna von dieser Niederlage nie mehr erholt. Sie begann sich zu interessieren, wie sie auf andere wirke. Das ist immer das Vorspiel zum Ende. Dazu passt, dass sie eine panische Angst vor dem Altern ergriff, die einer Göttin unwürdig ist. In den Videos und Bühnenperformances der 80er-Jahre versuchte sie, in verschiedenen Rollen perfekt zu sein. Jetzt begann sie, ihren Körper zu panzern.

Der Kampf gegen den Verfall ist per se unerotisch. Zudem schließen sich Sport und Sex aus, beides geht nicht. Gestählte Muskeln kann man nicht streicheln, sie sollen etwas leisten, sie empfinden nichts; ihre einzige Lust ist die Funktionslust. Ihre späten Performances und Tourneen sind, wie bei anderen Pop- und Rock-Stars auch, Demonstrationen der Fitness. Die späte Madonna verblüfft auf ihren Monster-Tourneen durch ihre Athletik, wird aber dadurch merkwürdig asexuell. Madonna wollte immer souverän sein. Das gelang ihr noch bei *Sex*, obwohl sie scheiterte. Jetzt will sie etwas beweisen. Sie macht sich abhängig von den Blicken der anderen. Sie verliert das eigene Urteil, ihren Instinkt.

Mick Jagger, der wie sie nicht altern will, wird zur ausgemergelten Mumie. Er hält an einem juvenilen Körperschema fest, aber wo einst Weichheit war, „Fleisch“, das alles ausdrücken und versprechen kann, sind jetzt nur noch Skelett und Haut. Und eine gespenstische Vitalität, die sofort erlischt, wenn er die Bühne verlässt.

Madonnas Shows verwandeln sich in einen dynamischen Hi-Tech-Zirkus. Sie selbst erscheint wie ein großes, glänzendes

Rädchen einer Maschinerie. Ihr verpanzerter Körper wird zur reinen Oberfläche. Er hat keine Tiefe mehr, kein Unbewusstes. Er ist nur noch Plan und Wille. Die einst flirrenden, mehrdeutigen Masken des Begehrens werden durch klare Gesten ersetzt. Selbst Madonnas späte Dominanz, ihr Wunsch zu herrschen, der noch die kleinste Bewegung prägt, wirkt seltsam hilflos. Das Publikum bewundert nur noch, was es zu sehen bekommt. Der Traum ist aus ihrem Dasein verschwunden. Stellvertreterin ist sie bloß noch in einem banalen Sinn: eher als Symptom denn als Symbol einer Schwerarbeit, die fast alle ständig leisten müssen, wenn sie nicht scheitern wollen.

Die *Confessions,* die Madonna bei ihrer gleichnamigen Tour in Szene setzt, die Botschaft, die sie verkörpert, ist die der Vergeblichkeit selbst im Moment (im „Schein") des äußersten Glanzes. Gerade weil sie die Zeitlichkeit leugnet, weil sie meint, sie könne Körper und Seele so einem permanenten Recycling, einem immer wieder neuen, verblüffenden Re-Arrangement unterwerfen, wie die „Kostüme" des Daseins, verströmen ihre Auftritte schon seit den späten 90er-Jahren zunehmend die panische Tristesse eines letzten Aufschubs. Die alternde Madonna wird immer „jünger", fitter, noch mehr à la mode und „omnipräsent". Das ist höchstens noch die Parodie oder Travestie einer frohen Botschaft. Auch Mythen erschöpfen sich. Dann wird das Heilige nicht nur zuschanden, sondern zu Schund.

Mamma madonna

„Ich stelle mir vor ...", sagte Madonna einst wie Max Frischs Gantenbein. Und dann setzte der betörende Strom der Visionen, die Abfolge wilder, unhaltbarer Verwandlungen ein. Denn die „wahre" Madonna blieb stets unfassbar. Präsent war sie nur in einer verwirrenden Serie von Bildern, Szenen, „Sounds". In mir habt ihr eine, auf die könnt ihr nicht bauen. Auch das war Madonna auf dem Weg zum Mythos. Was bei ihr immer vor allem bedeutete: Kunst und Kraft der Metamorphose. Immer wieder eine andere sein; die, die ihr gerade sehen (oder selbst sein) wollt, die sich aber eurem fatalen Wunsch nach Besitz, nach Dauer entzieht.

Man kann den Moment, in dem die ekstatische Madonna zur ernsthaften wurde, zu einer, mit der sich zeitweise sogar die Kirchen und die Vertreter der Korrektheits-Kodes arrangieren konnten, ziemlich genau bezeichnen: das Fiasko – trotz des dubiosen kommerziellen Erfolgs von 1,5 Millionen verkauften Exemplaren ihres Buchs auf einen Schlag – ihres *Sex*-Projekts. Madonna war so weit gegangen wie noch nie. Sie hatte durch die Radikalisierung ihres Spiels mit Masken und De-Maskierungen sogar die wüst-dekonstruktive Künstlerin Cindy Sherman überboten – und musste plötzlich erfahren, dass auch Göttinnen sterblich sein können. Bis zu *Sex* war sie aus jedem Skandal, jeder Empörung gestärkt hervorgegangen. Sie „entkleidete" selbst in der provokantesten Pose nicht sich selbst, sondern die anderen. Jetzt, mit und nach *Sex,* erschien Madonna, die „Exhibitionistin", die noch in der vollständigen Entkleidung eine Kulturgeschichte der vorgeschriebenen Kleider, Rollen, Masken der Frau in Szene setzte, als Verrückte, als eine jedenfalls, die sich „vergangen" und verirrt hatte, deren Verworfenheit sie aus der Gemeinschaft (auch der medialen, der nur imaginären) ausschloss. Madonna, die mit Vorliebe ihre dunkle Seite, die einer gar nicht reuigen, sondern souverän-selbstbewussten Maria Magdalena gezeigt hatte, musste jetzt bereuen, coram publico eine andere werden, wenn sie auf Re-Sozialisierung – das bedeutete vor allem mediale Präsenz und kommerziellen Erfolg – weiterhin Wert legte.

Die Versöhnung mit dem, was man gern die „Mitte der Gesellschaft" nennt, nahm bei Madonna vor allem drei Formen an: die eines vollkommen unironischen Körperkults; die Verschiebung der als frivol empfundenen sexuellen Intensität und Ekstase ins bekennerhaft Religiöse; und die einer exemplarischen „Mamma" die nicht nur selbst Kinder hat (wenn auch von verschiedenen Männern), sondern Kinder adoptiert, „rettet" (wenn auch oft gegen den Willen der Familienangehörigen und der betroffenen Gesellschaften, die sich durch solche Aktionen vor den Augen der Weltöffentlichkeit diskriminiert sehen). Freilich schimmert auch bei dieser neuen, kompatiblen Madonna gelegentlich die alte durch. So beschränkt sich ihr neuer religiöser Ernst nicht auf ein bestimmtes Bekenntnis – etwa das durch Geburt und Tradition naheliegende katholische –, sondern nimmt sofort synkretistische Züge an. So wie die frühe Madonna ein Faible für die Masken des Begehrens hatte, lässt sie sich jetzt von den diversen Masken des Religiösen faszinieren. Sie wird so wieder zur Trendsetterin: als Gläubige im Zeitalter der Globalisierung und einer durch Google garantierten Verfügbarkeit und Präsenz aller *contents*, selbst der transzendenten. Einst wurde sie durch ihre Patchwork-Performances berühmt, die Kleider, Stile, Rollen, Masken aller Zeiten und Milieus mischten und damit einer Kritik unterzogen. Jetzt reist sie durch die Welt, wird ad hoc zur Jüdin oder Buddhistin, übersetzt die innersten Überzeugungen sofort in sichtbare Symbole, die ihre körperliche Erscheinung ästhetisch, aber auch zeichenhaft verändern.

Sie entzieht sich jeder möglichen „Verhaftung" auch jetzt noch, indem sie eine Passantin zwischen den verschiedenen Phantasmen bleibt und zumindest die Möglichkeit bewahrt, sich ständig neu initiieren zu lassen, nicht mehr als selbstherrliche Souveränin der Lust, sondern im Schutz eines Systems gesicherter Wahrheiten und Praktiken. Die späte Madonna entdeckt den Charme des Haltbaren. Das kann komische Züge annehmen, wenn sie etwa mit einem neuen Gesundheits- und Körperkult ihren Kampf für eine ewige Jugend und gegen den drohenden Verfall führt. Es kann frivol wirken – auf einem Terrain, das jede Frivolität kategorisch auszuschließen scheint – wie bei ihrer synkretistischen Religiosität. Oder ein wenig skurril, wenn ausgerechnet die große Solitärin Madonna – wie alle anderen auch – ihren durch Alter und Anfechtungen aller Art gekränkten Narzissmus durch eigene und angenommene Nachkommenschaft überhöht. Kinder sind die Form der Unsterblichkeit, an der selbst der Ungläubige festhält; oder vielmehr: die eine neu-heidnische, zutiefst verzweifelte Gesellschaft hysterisch forciert.

Die mythische Madonna hat stets ein exemplarisches Leben geführt. Sie war eine Stellvertreterin, an der ihre Fans in übersteigerter, glamouröser, tröstender Form ihr eigenes Schicksal studieren konnten. Das gilt auch für die 50-jährige Madonna, die nur noch Reichtum und Ruhm (scheinbar) vor der Banalität des Daseins bewahren. Sie ist ein Star; aber ansonsten ist sie wie alle anderen. Sie betreibt Bodybuilding, sie ernährt sich gesund, sie heiratet und lässt sich scheiden, sie nimmt sich immer jüngere Liebhaber, weil man immer so jung ist wie der, der einen begehrt. Sie wird gläubig (sofern der Glaube zumindest das „kleine Vielleicht" zu garantieren scheint, auf das auch der alternde Philosoph Ernst Bloch hoffte) und sie inszeniert sich, als würde sie die Rolle einer katholischen, italienischen Frau übernehmen, als *big mamma* – auch wenn das nicht so ganz zu Jugendwahn und seriellen Affären passen will. Aber vielleicht wird ein Leben nicht mythisch durch seinen Glanz, durch eine Souveränität, die nicht nur anziehend ist, sondern auch verstörend wirkt, sondern durch sein Scheitern, durch die Fehler, die sichtbar werden, durch das, was die „Erbsünde" mit der Zeit an Spuren am Körper und in der Seele hinterlässt.

Gegen-Madonna: Die traurige Geschichte von Michael Jackson, dem Pop-Prinzen der Herzen

Michael Jackson ist tot – und mit einem Mal ist alles anders. Mehr als zwei zurückliegende Jahrzehnte lang war er nur noch, im besten Fall, ein Ritter der traurigen Gestalt, im schlimmeren ein Perverser, ein Kinderschänder, ein Sicherheitsrisiko. Jeder hat noch die Bilder vor Augen: wie er seinen Sohn über das Gitter seines Hotelbalkons präsentiert; wie er, mit Mundschutz – ob aus paranoider Angst vor Infektionen oder aus Scham – das Gerichtsgebäude betritt; wie er auf seiner Märchentraum-Ranch Neverland mit Tieren und Kindern spielt, ein Peter Pan, dem man alles zutraut; oder wie er, zwanghaft, mit immer neuen Operationen und Chemo-Therapien sein Gesicht verändert, bis er nicht mehr stupsnasig-schwarz, aber auch nicht richtig weiß ist. Ein Wanderer zwischen den Rassen, den Geschlechtern, den verschiedenen Altern!

Nach seinem jähen Tod wurde Michael Jackson plötzlich zu einem Objekt hysterischer Zuneigung – die Vergleiche mit Lady Di waren zahlreich und alles andere als zufällig. Die Fronten hatten sich verkehrt. Nicht Michael Jackson, der partout nicht schwarz und erwachsen sein wollte, dessen Geschlecht so beunruhigend changierte, war jetzt der Böse, sondern die, die ihn bezweifelt und verfolgt hatten. Michael Jacksons Tod als globalisierte, multi-mediale *soap* mit Millionen trauernden „Angehörigen", die ihn nie gekannt oder auch nur gesehen hatten; sein Ende als Psycho-Drama, das – warum eigentlich? – zur Identifikation einlud: Selbst das, was eben noch als narzisstischer Wahn, als schönheitschirurgisches Massaker beschrieben und verpönt wurde, erschien plötzlich als tragische Hautkrankheit, die ihm seine Identität raubte, und als medizinische Notmaßnahme, die eine tückisch-fortschreitende Krankheit notdürftig zum Stillstand bringen sollte. Der tote Michael Jackson wurde wiedergeboren als mythischer Schmerzensmann, an dessen Leid andere die Schuld tragen (sollten). Selbst das, was eben noch als haltlose Tabletten- und Drogensucht kriminalisiert worden wäre, kehrte jetzt medial wieder als Totschlag oder gar Mord an einem Hilflosen und Abhängigen.

Rückblickend war es ein charismatischer und exemplarischer Weg, den Michael Jackson zurückgelegt hatte: vom Objekt der Wünsche und sehnsüchtigen Projektionen anderer, damals als rührender Kinderstar, über das welterobernde Idol zum Verräter an den Idealen des besseren Amerika und seiner zahlenden Kundschaft bis zum Märtyrer.

Auch Michael Jackson wollte seine (künstlerische) Identität und seine Geschäfte in die eigene Hand nehmen, sich von den Vorstellungen und Vorschriften des Vaters und seiner Plattenfirma lösen. Aber er schaffte es nie, wie Madonna zu werden. Selbst nicht in den glücklichen Jahren, als er zusammen mit Quincy Jones drei wunderbare Pop-Alben produzierte, von denen eines, *Thriller*, bis heute das erfolgreichste der Pop-Geschichte ist. Michael Jackson ähnelte Madonna und Prince, seinem anderen Antipoden, in vielem. Alle drei waren das, was die Generation vor und die nach ihnen nicht wollte oder schaffte: perfekte Performer, deren Seele nicht nur und nicht so sehr der „Sound" war, den sie auf durchaus *mainstream*-artige Weise revolutionierten, sondern der Tanz, die Körper-Präsenz.

Beide, Madonna und Michael Jackson, standen für eine Auflösung dessen, was die Natur ein für alle Mal vorzuschreiben scheint: Rasse, Geschlecht, sexuelle Orientierung. Sie waren Mischwesen, gleitend, „sündig", vitale und glamouröse Verwüster fixer Identitäten. Sie waren keine Revolutionäre wie Jimi Hendrix oder Janis Joplin; von Politik versprachen sie sich nichts (mehr). Ihre Subversion galt den Bildern und Rollen – Eigentumsverhältnissen ganz anderer Art, als sie die Marxisten vor Augen hatten.

Michael Jackson wuchs noch in einer Zeit und Umgebung auf, als es hart war, ein Schwarzer zu sein. Es gab Quoten, selbst für Facharbeiter. Die Schwarzen sollten in ihrem Ghetto bleiben, nur „Alibi-Neger" es ausnahmsweise schaffen dürfen. Aber Michael Jacksons Projekt war dennoch eines, das in vielem an das des heutigen Präsidenten Obama erinnert: Es setzte auf ein Verschwinden der Unterschiede durch Versöhnung. Die Gegensätze sollten sich im Abstraktum der „Humanität" wie von selbst auflösen – und nicht durch Kampf und Revolte überwunden werden. *Black or white*, wie eine berühmte Michael Jackson-Single hieß, sollte keine Rolle (mehr) spielen.

Dabei war Jackson, der in seiner Autobiografie *Moonwalk*, die er als 30-jähriger auf dem Höhepunkt seines Erfolgs schrieb und in der er sich als einen (nicht nur durch seinen Vater) Geschlagenen und als den einsamsten Menschen der Erde entwirft, zwischendurch, in Songs wie *Beat it* oder *Bad* durchaus wütend. Aber es war ein Zorn, der purer Ausdruck blieb und vor allem als sexuelle Energie, als Tanz-Wut wahrgenommen wurde.

Jackson wurde wie Madonna zum Mythos. Zwischendurch sollte diese Rolle revidiert werden, revoziert zu der eines Verbrechers der gewöhnlichsten Art, eines Kinderschänders. Das Gericht sprach ihn frei. Sein Helden-Image aber wurde erst durch das äußerste Opfer, seinen rätselhaften Tod, wiederhergestellt. Erst der tote Michael Jackson wurde unbezweifelbar.

Pop als Massenphänomen des letzten Jahrhunderts, des Jahrhunderts der Massen, hat zweifellos Nähe nicht nur zur medialen Allgegenwart, sondern auch zum Charisma, zum Messianischen, zu dem, was viele ergreift, ohne dass sie sich wehren können oder wollen. Madonna hat die Ursprungsthese der Frauenbewegung, Simone de Beauvoirs „Man wird nicht als Frau geboren, man wird zur Frau gemacht", zum Movens einer verwirrenden und betörenden Revue der Masken erhoben. Sie selbst ging durch alle Bilder und Wünsche hindurch – und blieb nur mit sich identisch als die Geschäftsfrau, die sich gegen alle (männlichen) Erwartungen partout behaupten wollte.

Der früh schon geschundene Michael Jackson glaubte mehr und naiver als sie an den amerikanischen Traum, alle Menschen seien frei und gleich geboren und dazu bestimmt, ihr eigenes Glück (und ihre unverwechselbare Identität) zu schmieden. Michael Jackson war „gläubiger" als Madonna, die als gewiefte Machiavellistin mit den Pathosformen nur spielte. Jackson war deshalb auch gefährdeter, zerbrechlicher. Aber oft in der Geschichte sind die prekären Existenzen die machtvolleren, deren Glanz über ihr eigenes Leben hinausreicht.

Abbildungsverzeichnis

S. 18: Aus: Elze, Peter (Hg.): Heinrich Vogeler. Reisebilder aus der Sowjetunion 1923–1940. Worpswede 1988, S. 26.

S. 33: Aus: Murina, Elena: Vasilij Nikolaevic Cekrygin. Moskva 2005, S. 112. ISBN 5-902801-02-8 (vorh. Bay. Stabi, Bibliothek LMU u. a.).

S. 40 l. o.: Aus: Lenin, Wladimir Iljitsch: Vollständige Sammlung der Aufsätze. Bd. 1, Moskau: Verlag der politischen Literatur, 1971. (Original: V.I. Lenin. Polnoe sobranie sočinenij. Tom 1. M.: Izdatel'stvo političeskoj literatury, 1971.)

S. 40 r. o.: Stillberg, Ephraim: Portrait of Joseph Stalin at the Stalin Museum in Batumi (Georgia).

S. 40 l. u.: © Bundesarchiv, Bild 183-S33882 / CC-BY-SA.

S. 40 r. u.: © akg-images GmbH, Berlin.

S. 58: © Rene Burri / Magnum Photos / Agentur Focus

S. 77: Alborta, Freddy / Calla C., Rolando: Tecnología Fotográfica, La Paz.

S. 82: White House Press Office (WHPO).

S. 91: Rowe, Abbie: White House Photographs. John F. Kennedy Presidential Library and Museum, Boston.

S. 95: © akg-images GmbH, Berlin / picture-alliance / dpa.

S. 116: © Leo Baeck Institute, New York.

S. 140: Nikolaus von Nathusius 1980.

S. 153: Bundesarchiv, B 145 Bild-F059404-0019 / Schaack, Lothar / CC-BY-SA.

S. 162: Foto Edward Quinn, © edwardquinn.com.

S. 169: Archiv des Verfassers.

S. 175: Foto Edward Quinn, © edwardquinn.com.

S. 182: © akg-images GmbH, Berlin.

S. 191: Life-Magazin von 07.04.1952 (Cover).

S. 195: © akg-images GmbH, Berlin / Album.

S. 199: © akg-images GmbH, Berlin / Album.

S. 205: © akg-images GmbH, Berlin / Album.

S. 210: Nationaal Archief, Den Haag, Rijksfotoarchief: Fotocollectie Algemeen Nederlands Fotopersbureau (ANEFO), 1945-1989 – negatiefstroken zwart/wit, nummer toegang 2.24.01.05, bestanddeelnummer 924-5895 / Peters, Hans / Anefo.

S. 227: LES ÉDITIONS ALBERT RENÉ.

S. 230: Foto: Dick Tracy; © TOUCHSTONE PICTURES / Album / akg-images GmbH, Berlin.

Autorinnen und Autoren

Dr. Bernd Dolle-Weinkauf	Fachbereich Neuere Philologien, Johann Wolfgang Goethe-Universität Frankfurt am Main
Prof. Dr. Winfried Fluck	John F. Kennedy-Institut (Abteilung für Kultur), Freie Universität Berlin
John Andreas Fuchs M. A.	Wissenschaftl. Mitarbeiter am Lehrstuhl für Amerikanistik, Katholische Universität Eichstätt-Ingolstadt
Anita-Maria Goda M. A.	Institut für Kunstgeschichte, Universität Bonn
Prof. Dr. Hubert Goenner	Institut für Theoretische Physik, Georg-August-Universität Göttingen
Prof. Dr. Michael Hagemeister	Historisches Seminar (Ost- und Südosteuropa), Ludwig-Maximilians-Universität München
Dr. Helmut Hein	Freiberuflich tätig als Journalist – Literatur und Philosophie, Regensburg
Dr. Stephan Lahrem	Freier Lektor und Autor, Berlin
Prof. em. Dr. Hans Maier	Staatsminister a. D.; R. Guardini-Lehrstuhl, Ludwig-Maximilians-Universität, München
Prof. Dr. Michael Neumann	Institut für Neuere Deutsche Literaturwissenschaft, Katholische Universität Eichstätt-Ingolstadt
PD Dr. Stefan Samerski	Lehrstuhl für Kirchengeschichte des Mittelalters und der Neuzeit, Ludwig-Maximilians-Universität München
Prof. Dr. Carsten-Peter Warncke	Kunstgeschichtliches Seminar und Kunstsammlung, Georg-August-Universität Göttingen

Editorische Notiz

Trotz aufwendiger Recherche ist es uns nicht gelungen, sämtliche Rechteinhaber ausfindig zu machen. Der Verlag verpflichtet sich, geltend gemachte rechtmäßige Ansprüche nach den üblichen Honorarsätzen zu vergüten.